国家自然科学基金面上项目『家庭资本、影子教育与社会再生产』（71774112）研究成果

我国基础教育课外补习研究

Research on Extracurricular Tutoring of Basic Education in China

薛海平◎著

科学出版社
北京

内 容 简 介

本书对我国当前盛行的、被国际学术界称为“影子教育”的课外补习进行了深入探讨。本书基于具有全国代表性的大样本基线调查数据，采用多层线性模型、Hurdle 模型、结构方程模型、倾向值匹配等高级统计分析方法，分析了我国基础教育阶段学生参与课外补习的规模、支出现状及变化趋势，探讨了学生是否参与课外补习及参与时间对学习成绩的影响，探究了学生参与课外补习在家庭资本与升高中和升大学之间的中介效应，讨论了影子教育与学校教育联合社会再生产的作用机制。本书将传统的社会再生产理论关注视角从学校教育拓展到影子教育，丰富和完善了传统的社会再生产理论，揭示了当前教育社会再生产作用机制的新变化，系统展示了国内关于影子教育研究的最新成果。

本书可供高等院校教育学、经济学、社会学专业的学生以及广大教育工作者参考。

图书在版编目（CIP）数据

我国基础教育课外补习研究 / 薛海平著. —北京：科学出版社，2021.1
ISBN 978-7-03-067758-7

Ⅰ. ①我…　Ⅱ. ①薛…　Ⅲ. ①基础教育-校外教育-研究-中国
Ⅳ. ①G639.2

中国版本图书馆 CIP 数据核字（2020）第 271867 号

责任编辑：崔文燕　黄雪雯 / 责任校对：彭珍珍
责任印制：李　彤 / 封面设计：润一文化

科学出版社 出版
北京东黄城根北街 16 号
邮政编码：100717
http://www.sciencep.com

北京九州迅驰传媒文化有限公司 印刷
科学出版社发行　各地新华书店经销
*
2021 年 1 月第　一　版　开本：720×1000　B5
2021 年 1 月第一次印刷　印张：15
字数：265 000

定价：99.00 元

序

1964 年，美国社会学家詹姆斯·科尔曼教授带领一个研究小组收集了美国各地 4000 所学校 60 万名 1—12 年级学生的数据，开展了美国教育领域最大规模的调研，然后他们对这些调研材料进行了大量分析。到了 1966 年，科尔曼向美国国会递交了《关于教育机会平等》的报告，这就是美国社会学史和教育史上著名的《科尔曼报告》。该报告有一个重要发现：影响孩子学习成绩的最主要因素不是学校，而是家庭。从教育公平视野看，这一发现意味着学校教育对教育不平等的作用有限，而家庭背景对教育不平等作用更大。《科尔曼报告》引发了教育研究热潮：一方面，更多更为细致的研究致力于评估各类学校资源对学生学业成就的影响；另一方面，很多学者开始将视野转向学校外部，更多关注非学校资源（特别是家庭教育投资）对儿童教育机会和教育结果获得的影响。

2016 年，也就是《科尔曼报告》问世半个世纪后，《美国社会学年鉴》（Annual Review of Sociology）刊登了一篇《学习在校园之外：趋势与启示》（Learning beyond the school walls: Trends and implications）的综述文章，该文章透过教育分层视角集中探讨了校外学习活动（特别是课外补习）对教育不平等的影响，并展示了课外补习在全球范围内的扩张趋势。该文章还表示，目前世界上很多地方的学生在日常的学校学习结束后，都还会参加一些校外的学习活动。家长为孩子安排和购买一对一的私人辅导、集体式授课的辅导班等，并希望通过这些课外学习活动提高孩子的学习能力和考试成绩。近些年来，课外补习在我国发展迅速，家庭和学生竞相参加课外补习成为我国基础教育阶段日益普遍的社会现象，由此引发的一系列社会问题引起了政府、社会和学者的广泛关注。与学校教育相比，课外补习虽然也具有重要的教育与社会影响，但受世界各国教育研究人员的关注要少得多，课外补习理论与实证研究也很薄弱。

《我国基础教育课外补习研究》的作者利用我国基础教育多项可靠的基线调

查数据，采用计量经济学模型，多视角、多层次、多方法深入地研究了中国基础教育课外补习问题，这在已有研究中尚不多见，具有鲜明的特色。该书从基础教育阶段学生家庭资本与课外补习参与的关系、课外补习对学生成绩和中高考升学的影响、课外补习在家庭资本与学生成绩和升学结果之间的中介效应等多个视角研究家庭资本与学生教育获得问题，不仅从学生个体和家庭微观层次研究课外补习参与与其学业成就关系问题，也从社会宏观层次研究教育社会再生产和社会平等问题。该书采用了多层次分析方法、结构方程模型、倾向值匹配等多种高级统计分析方法来研究课外补习问题，力图克服传统研究方法的缺陷。

该书在多个方面均有所创新，具体来说有四点。第一，迄今为止，绝大多数关于课外补习的实证研究均基于横截面数据描述课外补习发展现状，基本没有采用追踪调查面板数据揭示课外补习长期发展趋势的实证研究。该书对我国义务教育阶段学生参与课外补习的长期发展趋势进行了实证研究，探讨了近年来我国义务教育阶段课外补习的发展规律。第二，父母利用家庭资本使学生获得课外补习机会的直接目的是帮助学生提升成绩和增长才艺，最终目的是帮助学生获得更多更好的升学机会。迄今为止，有许多研究关注了学生参加课外补习对其成绩的影响，鲜有研究探讨学生参加课外补习对其升学结果的影响。该书既探讨了初中生参加课外补习对其升高中结果的影响，也探讨了高中生参加课外补习对其升大学结果的影响。第三，许多相关研究关注到了家庭资本对学生学校教育获得以及影子教育获得的影响，但将学校教育与影子教育相结合来探究家庭资本对学生学习成绩以及升学影响的研究相对较少，而探究影子教育在家庭资本影响学生教育获得的中介效应的相关研究几乎没有。该书建立了一个联合社会再生产理论模型来考察家庭资本是如何通过影子教育影响学生教育获得的作用机制的，同时通过实证研究检验了影子教育在家庭资本与学生教育获得之间的中介效应。第四，传统的社会再生产理论家，如法国的布迪厄，美国的科尔曼、鲍尔斯和金迪斯等，研究了学校教育在家庭资本再生产中的作用机制，而作为学校教育重要补充的影子教育在家庭资本再生产中的作用尽管日益受到学者和公众的关注，但一直缺乏相关的理论和实证研究。该书探讨了基础教育阶段影子教育在家庭资本再生产中的作用问题，将传统的社会再生产理论关注视角从学校教育拓展到影子教育，并与中国实际情况相结合，补充和完善了传统的社会再生产理论，揭示了当代教育社会再生产中作用机制的新变化。

基础教育领域课外补习问题是当前我国政府和社会各界高度关注的重要问题，吸引了越来越多的学者开展相关研究，但我国基础教育课外补习问题研究还很薄弱，该书作者长期以来一直致力于基础教育课外补习问题研究，取得了丰硕的研究成果。该书集中呈现了作者和项目组成员近年来对我国基础教育课外补习问题研究代表性成果,也在一定程度上反映了我国基础教育课外补习研究的最新进展。该书不仅对教育经济领域的研究人员具有重要的学习参考价值，同时也能为教育行政管理部门和家长理性认知、科学对待课外补习提供重要参考依据。当然，该书还存在一些有待改进之处，如各章内容从总体上的综合和互相呼应还略显不够等。课外补习问题是随着教育和社会经济发展而需要不断深入研究的一个课题，我希望并相信作者会百尺竿头更进一步，将此项研究继续深入进行下去，取得更丰硕的研究成果。

闵维方

前　言

20 世纪 90 年代以来，被国际学术界称为“影子教育”的课外补习（education supplementary tutoring）在世界各地迅速发展。影子教育有两种主要形式：非正式组织的家教和机构化的校外辅导培训。我国基础教育阶段的学生竞相参加影子教育以提高学习成绩或增长才艺，期望在未来的升学和就业竞争中获取优势，学生间和家庭间的教育竞争也因此从校内扩展到校外，从学校教育体系延伸到影子教育体系。学生间和家庭间围绕影子教育日益激烈的博弈和竞争可能会给我国教育和社会发展带来巨大且深刻的影响。影子教育不仅可能影响学生的在校成绩和升学，也可能维持或加剧社会不平等，成为继学校教育之后另外一个代际传递家庭资本的隐蔽工具。因此，教育的社会再生产机制有可能发生重要改变，教育的社会再生产不仅可以通过家庭资本影响子女学校教育机会的获得而实现，也可以通过家庭资本影响子女影子教育机会的获得而实现。具体表现为：家庭资本影响子女学校教育和影子教育机会获得的数量和质量，最终通过影响子女资本获得实现家庭资本代际传递。

世界各国的教育决策者和研究人员关注的焦点是从幼儿园到小学和中学再到大学的主流学校教育系统，与学校教育相比，影子教育很难被观测和监控，相关的数据也很难被收集，因此，影子教育虽然也具有重要的教育与社会影响，但受到的关注要少得多。全球范围内，有许多学者研究了家庭资本与学校教育获得之间的关系，阐述了学校教育在家庭资本再生产中的作用机制，却鲜有学者探讨影子教育在家庭资本再生产中的作用机制。本书基于我国多项大样本基线调查数据，采用计量经济学模型，深入、系统地研究了我国基础教育阶段的影子教育问题，探讨了学生家庭资本、影子教育与学校教育获得三者之间的关系，揭示了影子教育在家庭资本再生产中的作用机制。

具体来说，本书共十章。第一、二章主要探讨了我国基础教育阶段学生参与影子教育的规模和支出的现状以及变化趋势，分析了影响我国基础教育阶段学生影子教育选择和支出的因素。第三至五章主要探讨了家庭资本对我国基础教育阶段学生参与学术类和兴趣类影子教育的影响，分析了影子教育在家庭资本和以学生成绩为测量指标的学校教育获得之间的中介效应。第六至八章主要探讨了我国基础教育阶段学生参与影子教育及参与时间对其在校成绩的影响。第九、十章主要探讨了我国基础教育阶段学生参与影子教育对其升高中和升大学结果的影响。本书力图全景揭示我国基础教育阶段学生家庭资本、影子教育与学校教育获得三者之间的关系，全面展示国内有关影子教育研究的最新成果。

本书的主要特色在于基于大数据，多视角、多方法、深入系统地研究了我国基础教育阶段的影子教育问题，这在已有研究中尚不多见。具体来说，大数据体现在本书采用的数据均来自具有全国代表性的大样本基线调查数据，如北京大学的中国家庭追踪调查（China Family Panel Studies，CFPS）数据和 2017 年中国教育财政家庭调查（China Institute for Educational Finance Research-Household Survey，CIEFR-HS）数据、中国人民大学的中国教育追踪调查（China Education Panel Survey，CEPS）数据、国际学生评估项目（program for international student assessment，PISA）、2015 年中国四省市中学生调查数据。多视角体现在本书既关注基础教育阶段学生家庭资本与影子教育参与的关系，也关注影子教育对学生成绩和升学的影响，还关注影子教育在家庭资本与学生成绩和升学结果之间的中介效应问题。多方法体现在本书采用多种高级统计分析方法来研究基础教育阶段的影子教育问题，如采用多层线性模型和 Hurdle 模型研究家庭选择影子教育的影响因素，采用倾向值匹配方法研究影子教育对学生成绩的影响，采用结构方程模型研究影子教育在家庭资本与学生成绩和升学结果之间的中介效应。

影子教育是教育研究领域新兴的问题，本书对中国基础教育阶段的课外补习问题进行了系统、深入的理论与实证研究，对高等院校教育学、经济学、社会学类专业的学生及广大教育工作者具有重要参考价值。影子教育问题也是当前我国教育管理部门以及为中小学制定“减负”政策和推进基础教育公平过程中所面临的重大问题，而国内针对该问题的实证研究不多，本书的研究成果可为教育管理部门和中小学管理者实施“减负”政策和推进基础教育公平提供重要参考依据。

目　录

第一章

我国义务教育课外补习：现状与趋势

课外补习是指为提高学生学业成绩而进行的正规学校教育外的补充性教育活动。①国际学术界通常称课外补习为“影子教育”（shadow education），即主流学校教育投射的一个影子。②20 世纪 90 年代以来，课外补习在全球范围内迅速蔓延，无论是在发达国家、新兴市场国家，还是在发展中国家，到处可见各种形式的课外补习。21 世纪以来，课外补习在中国发展迅速，广大中小学生放学后、假期中便不停地赶赴各个课外补习地点寻求课外辅导。有义务教育阶段学生的家庭热衷于为学生投资课外补习活动，由此将教育竞争从校内扩展到了校外。课外补习的激烈竞争，不仅增加了学生学业负担和家庭经济负担，而且干扰了学校教育健康发展，还可能维持与加剧社会不平等。本章将基于北京大学的中国家庭追踪调查数据，对我国义务教育阶段学生参与课外补习的现状和长期发展趋势进行实证研究，探讨近年来我国义务教育阶段课外补习发展规律，希望研究结论有助于清晰地展示我国义务教育阶段课外补习活动发展全貌，为当前我国政府出台课外补习治理政策和措施提供科学理论依据。

---

① Bray M，Kwok P. Demand for private supplementary tutoring：Conceptual considerations，and socio-economic patterns in Hong Kong[J]. Economics of Education Review，2003，22（6）：611-620.

② Stevenson D L，Baker D P. Shadow education and allocation in formal schooling：Transition to university in Japan[J]. American Journal of Sociology，1992，97（6）：1639-1657.

第一节 研究设计

一、文献综述

（一）义务教育阶段学生参与课外补习规模研究

在中国、日本、韩国等深受儒家传统文化影响的东亚国家，义务教育阶段学生参加课外补习早已是一种普遍现象。2004 年，中国城镇居民教育与就业调查显示，小学和普通初中参加课外补习的城镇学生比例分别为 73.8%和 65.6%。[①]中国家庭追踪调查 2012 年的数据显示，在所有被调查的义务教育在校生中，有 24.6%的学生参加了课外补习，初中生和小学生参加课外补习的比例分别为 30%和 22.6%。[②]Bray 等针对中国香港 2011—2012 学年中学生的抽样调查显示，9 年级和 12 年级学生参加课外补习的比例分别为 53.8%和 71.8%。[③]日本 2007 年的一项调查显示，有 15.9%的小学一年级学生在塾中补习，更高年级学生参与课外补习的比例更高，直至初中三年级，这一比例上升为 65.2%。[④]陈纯槿和郅庭瑾基于国际学生评估项目 2015 年调查数据比较分析发现，在参与调查的 22 个国家及地区中，课外补习参与率最高的是位于东南亚地区的泰国，其数学、外语、自然科学的课外补习参与率依次为 91.2%、89.4%和 89.7%。除泰国外，课外补习参与率较高的国家及地区还有希腊、韩国、保加利亚，其数学、外语课外补习参与率都高达 80%以上。相比之下，北欧国家，如冰岛的课外补习参与率较低，其数学、科学、外语的补习参与率均处于 60%以下。课外补习参与率最低的是丹麦，其数学、外语、自然科学的课外补习参与率分别为 31.3%、32.4%和 23.9%。中国学生参与数学、外语、语文课外补习的比例为 65.7%—74%。[⑤]

城乡间、区域间、学校间和不同家庭背景间学生的课外补习率存在很大差异。对东欧和亚洲 12 国的一项调查研究显示，各国城市地区学生的课外补习率都比农

① 薛海平，丁小浩. 中国城镇学生教育补习研究[J]. 教育研究，2009（1）：39-46.

② 薛海平. 从学校教育到影子教育：教育竞争与社会再生产[J]. 北京大学教育评论，2015（3）：47-69，188-189.

③ Bray M，Zhan S，Lykins C，et al. Differentiated demand for private supplementary tutoring：Patterns and implications in HongKong secondary education[J]. Economics of Education Review，2014，38（1）：24-37.

④ Ministry of Education and Training in Japan. Report on the situation of academic learning activities of children[R]. Tokyo：MonbukagakushoHokokusho，2008.

⑤ 陈纯槿，郅庭瑾. 国际比较中的课外补习[N]. 光明日报，2018-07-14，（第 6 版）.

村地区高，差距最大的是哈萨克斯坦，达到 24.2 个百分点。[①]薛海平和丁小浩的研究发现，我国大中城市的中小学生参加课外补习的比例高于小城市。[②]中国家庭追踪调查 2012 年数据显示，直辖市/省会城市、地级城市、县城、农村学生参加课外补习的比例分别为 56.1%、50.9%、36.5%和 13.9%。[③]Bray 等的研究发现，质量较好的学校的学生更有可能参加课外补习。[④]Southgate 的研究发现，21 个国家的学生家庭社会经济地位与课外补习之间存在正相关关系。[⑤]在中国内地，家庭社会经济背景较好的学生参加课外补习的比例普遍高于家庭社会经济背景较差的学生；在中国香港，家庭社会经济地位同样对学生参加课外补习有显著正向影响。[⑥]在日本、韩国和中国等东亚国家，课外辅导主要服务于成绩优异的学生，基本属于"培优"型，而不是"补差"型。[⑦⑧]

（二）义务教育阶段学生家庭课外补习支出研究

课外补习费用已成为许多国家中小学生家庭的一项重要支出。新浪数据中心联合一起作业发布的《2017 全国中小学生课外培训调查报告》显示，参加课外补习的家庭中，有一半以上中小学生每年参加课外补习支出为 2000—10000 元，其中 13.7%的家庭课外补习支出每年达 2 万元以上。[⑨]2017 年，中国教育财政家庭调查数据表明我国基础教育阶段学生课外补习支出平均每年为 5616 元，参加兴趣类和学术类课外补习的补习学生的每年平均支出分别为 3554 元和 5021 元。[⑩]魏易和刘舒畅基于 2017 年中国教育财政家庭调查数据发现，我国基础教育阶段学生课外补习支出平均每年为 5616 元，参加兴趣类和学术类课外补习补习学生的每年

---

① Silova I. Private tutoring in Eastern Europe and Central Asia：Policy choices and implications[J]. Compare：A Journal of Comparative and International Education，2010，40（3）：327-344.

② 薛海平，丁小浩. 中国城镇学生教育补习研究[J]. 教育研究，2009（1）：39-46.

③ 薛海平. 从学校教育到影子教育：教育竞争与社会再生产[J]. 北京大学教育评论，2015（3）：47-69，188-189.

④ Bray M，Zhan S，Lykins C，et al. Differentiated demand for private supplementary tutoring：Patterns and implications in HongKong secondary education[J]. Economics of Education Review，2014，38（1）：24-37.

⑤ Southgate D E. Determinants of shadow education：A cross-national analysis[D]. The Ohio State University，2009.

⑥ Bray M，Zhan S，Lykins C，et al. Differentiated demand for private supplementary tutoring：Patterns and implications in hongkong secondary education[J]. Economics of Education Review，2014，38（1）：24-37.

⑦ 马克 · 贝磊. 直面影子教育系统——课外辅导与政府政策抉择[M]. 丁笑炯译. 北京：联合国教科文组织北京办事处，2009.

⑧ 薛海平，丁小浩. 中国城镇学生教育补习研究[J]. 教育研究，2009（1）：39-46.

⑨ 陈楚潺. 课外辅导行业市场巨大 逾一成受训学生家庭年花费 2 万[EB/OL].（2018-01-22）. http://finance.sina.com.cn/chanjing/cyxw/2018-01-22/doc-ifyqwiqi2011191.shtml.

⑩ 潘兴彪. 我国课外补习市场调查：谁在补，补什么[EB/OL].（2018-02-02）. http://news.gmw.cn/2018-02/03/content_27567644.htm.

平均支出分别为 3554 元和 5021 元。[①]

课外补习活动在许多境外国家和地区都消耗了大量社会资源，尤其韩国表现得更加突出。2006 年，韩国参加了课外补习的学生家庭总支出约为 240 亿美元，占国内生产总值（gross domestic product，GDP）的 2.8%。[②]2004 年，土耳其参加了课外补习的学生家庭支出约为 29 亿美元，占国民生产总值（gross national product，GNP）的 0.96%。[③]2002 年，在大学之前的各教育阶段，埃及家庭每年在课外补习上的花费约为 1800 万美元，占 GDP 的 1.6%。[④]日本 2010 年的一项调查显示，其家庭课外补习费用大约为 120 亿美元。[⑤]中国香港 2010 年的一项调查显示，初中生课外补习支出接近 2.55 亿美元。[⑥]

城乡和不同地区、不同家庭社会经济背景的学生的课外补习支出水平存在较大差异。2004 年，薛海平和丁小浩的研究表明，在我国城镇中小学生中，大中城市学生的课外补习支出水平高于小城市学生。[⑦]曾满超等对中国初中生课外补习城乡差异的分析显示，城市学生参加课外补习的支出水平均远高于农村学生。[⑧]Kim 和 Lee 对韩国的研究显示，家庭收入越高，学生的课外补习支出越高；学习成绩突出的学生（班级排名前 10%），其课外补习支出要远远超出学习成绩一般的学生（班级排名前 30%—70%）；父母受教育层次更高的家庭、有更高教育要求的家庭的课外补习支出更多；在机会均等化政策尚未覆盖的区域，亦即能够进行择校的学生，在课外补习上花费要少。[⑨]2011 年，Bray 等对中国香港中学生课外补习的调查研究发现，高收入家庭的课外补习支出也较高。[⑩]

---

① 魏易，刘舒畅. 我国课外补习市场调查：谁在补，补什么[EB/OL].（2018-02-03）. http://news.gmw.cn/2018-02/03/content_27567644.htm.

② Kim S，Lee J-H. Private tutoring and demand for education in South Korea[J]. Economic Development & Cultural Change，2010，58（2）：259-296.

③ Tansel A，Bircan F B. Private supplementary tutoring in Turkey：Recent evidence on its various aspects[J]. Social Science Electronic Publishing，2007，9（1）：162-171.

④ Satoko Y，Harumi T，Adela G. Arab Republic of Egypt Education Sector Review：Progress and Priorities for the Future[M]. Washington：World Bank，2002：67.

⑤ Dawson W. Private tutoring and mass schooling in East Asia：Reflections of inequality in Japan，South Korea，and Cambodia[J]. Asia Pacific Education Review，2010，11（1）：14-24.

⑥ Synovate L. Marketing survey of tutoring businesses in Hong Kong[R]. Cited in Modern Education Group Limited，Global Onering for stock market launch，Hong Kong，2011.

⑦ 薛海平，丁小浩. 中国城镇学生教育补习研究[J]. 教育研究，2009（1）：39-46.

⑧ 曾满超，丁小浩，沈华. 初中生课外补习城乡差异分析——基于甘肃、湖南和江苏 3 省的初中学生课外补习调查[J]. 教育与经济，2010（2）：7-11.

⑨ Kim S，Lee J-H. Private tutoring and demand for education in South Korea[J]. Economic Development & Cultural Change，2010，58（2）：259-296.

⑩ Bray M，Zhan S，Lykins C，et al. Differentiated demand for private supplementary tutoring：Patterns and implications in hongkong secondary education[J]. Economics of Education Review，2014，38（1）：24-37.

（三）文献总结

全球范围内，义务教育阶段学生参加课外补习已是一种日益普遍的现象。研究表明，城乡间、地区间、学校间、家庭间的学生课外补习参与率和课外补习支出存在明显差异。大量参加课外补习不仅加重了义务教育阶段学生的学业负担，还在一定程度上增强了教育分化与社会分层之间的对应性。因此，若课外补习成为一种维持和强化社会分层的机制，则其会阻碍社会阶层间的良性循环和正常的社会流动。受调查数据样本规模和时间限制，已有的大多数国内课外补习实证研究并不能准确地反映全国义务教育阶段学生参与课外补习的现状。此外，我国义务教育阶段学生参加课外补习已经存在较长时期，有其自身的发展趋势和规律，但很少有学者基于纵向调查数据对我国义务教育阶段课外补习的发展趋势和规律进行实证研究。本章基于具有全国代表性的追踪调查数据，不仅能准确反映我国义务教育阶段学生参与课外补习的现状，还能刻画出2010—2016年我国义务教育阶段学生参与课外补习的发展趋势和规律。

二、研究数据与变量说明

本章使用的数据全部来自北京大学“985 工程”项目资助、北京大学中国社会科学调查中心在2010年、2012年、2014年、2016年的中国家庭追踪调查数据。该数据义务教育阶段学生样本数分别为4746名、3899名、4125名和3179名。统计分析中的变量说明见表1-1，该数据集中对课外补习的变量进行了说明。本章中的课外补习是指为提高学生学业成绩或增长学生才艺而进行的正规学校教育外的补充性教育活动，包含学业类和才艺类校外培训，这两类校外培训活动均有助于学生在未来的升学竞争中处于优势地位。

表1-1　变量说明

变量类型	变量名	变量说明
个人层面	数学成绩等级	1. 差，2. 中，3. 良，4. 优
	语文成绩等级	1. 差，2. 中，3. 良，4. 优
	是否参与课外补习	0. 否，1. 是
	过去一年的课外补习费用	连续变量，单位：元
	性别	0. 女，1. 男

续表

变量类型	变量名	变量说明
家庭层面	父亲最高学历	1. 文盲，2. 小学，3. 初中，4. 高中，5. 大专，6. 大学本科及以上
	母亲最高学历	1. 文盲，2. 小学，3. 初中，4. 高中，5. 大专，6. 大学本科及以上
	家庭人均年纯收入	连续变量，单位：元
	家庭所在地区	1. 东部，2. 中部，3. 西部
学校层面	学校层次	0. 小学，1. 初中
	学校所在地	1. 直辖市/省会城市，2. 一般城市（县级市或地级市），3. 县城，4. 农村（含乡镇）
	是否重点校	0. 否，1. 是
	是否重点班	0. 否，1. 是，2. 不设重点班

三、研究方法

学生课外补习的参与率和支出受到个人、家庭和学校等多层次、多方面因素的影响，因此，学生课外补习的参与率和支出的影响研究面对的是具有嵌套关系的多层次数据结构。常规的普通最小二乘法（ordinary least squares，OLS）只能对涉及某一层数据的问题进行分析，不能对涉及多层数据结构的问题进行综合分析，而近年来发展成熟的多层线性模型方法则可以对多层数据结构问题进行综合分析。多层线性模型方法在三个方面优于常规统计方法：一是它能够对个体单位实现较好的效应估计；二是它可以对各层次之间的效应建立模型并进行假设检验；三是它可以分解各层次之间的方差和协方差成分。本书采用该种方法来估计学生课外补习参与率和支出的影响因素，研究结论将更加准确。

（一）零模型（Model-0）

该模型将学生课外补习参与率和支出的总差异分解为学生个体差异和校际差异两个层面，主要用于探讨学生课外补习参与率和支出在校际是否存在显著差异，模型如下

$$\text{学生层：} Y_{ij}=\beta_{0j}+r_{ij}，\ r_{ij}\sim N(0,\ \delta^2) \tag{1-1}$$

$$\text{学校层：} \beta_{0j}=\gamma_{00}+\mu_{0j}，\ \mu_{0j}\sim N(0,\ \tau_{00}) \tag{1-2}$$

其中，Y_{ij} 表示第 j 个学校第 i 个学生的课外补习参与率和支出，β_{0j} 表示学校 j 学

生的平均课外补习参与率和支出，γ_{ij} 表示总体学生的课外补习参与率和支出，μ_{0j} 表示学校之间的随机效应，δ^2 表示学生层面的课外补习参与率和支出的差异，τ_{00} 表示学校之间学生课外补习参与率和支出的差异。

（二）层一模型（Model-1）

在 Model-0 的基础上加上学生层面的变量构建 Model-1，主要用来考察学生层面的变量对学生课外补习参与率和支出的影响情况，模型如下

学生层：$Y_{ij}=\beta_{0j}+\beta_{1j}$（性别）$+\beta_{2j}$（父亲最高学历）$+\beta_{3j}$（母亲最高学历）$+\beta_{4j}$（家庭人均纯收入）$+\beta_{5j}$（学生语文成绩）$+\beta_{6j}$（学生数学成绩）$+r_{ij}$，$r_{ij}\sim N(0,\ \delta^2)$　（1-3）

学校层：$\beta_{0j}=\gamma_{00}+\mu_{0j}$，$\mu_{0j}\sim N(0,\ \tau_{00})$　（1-4）

（三）层二模型（Model-2）

在 Model-1 的基础上加上学校层面的变量构建 Model-2，主要用来考察学校层面的变量对学生课外补习参与率和支出的影响情况，模型如下

学生层：$Y_{ij}=\beta_{0j}+\beta_{1j}$（性别）$+\beta_{2j}$（父亲最高学历）$+\beta_{3j}$（母亲最高学历）$+\beta_{4j}$（家庭人均纯收入）$+\beta_{5j}$（学生语文成绩）$+\beta_{6j}$（学生数学成绩）$+r_{ij}$，$r_{ij}\sim N(0,\ \delta^2)$　（1-5）

学校层：$\beta_{0j}=\gamma_{00}+\gamma_{01}$（学校层次）$+\gamma_{02}$（是否重点校）$+\gamma_{03}$（是否重点班）$+\gamma_{04}$（学校所在地）$+\mu_{0j}$，$\mu_{0j}\sim N(0,\ \tau_{00})$　（1-6）

第二节　我国义务教育阶段学生参与课外补习的现状及趋势

一、我国义务教育阶段学生参与课外补习的规模现状及变化趋势

（一）我国义务教育阶段学生参与课外补习规模现状

2016 年，全国义务教育阶段学生参与课外补习的比例为 15.7%，其中，东部

和中部相差不大，分别为 19.1%和 19.8%，均明显高于西部的 9.0%。学校在直辖市/省会城市的学生参与课外补习的比例最高（50%），显著高于学校在农村（包括乡镇）的 12.2%，两者相差 3 倍多。初中生参与课外补习的比例（19.2%）要显著高于小学生（14.6%）。重点校学生的参与比例（19.1%）要高于普通校学生（13.9%）。男生参与课外补习的比例为 15%，低于女生的 16.5%，两者差异并不显著（表 1-2）。不同学生参与语文科目和数学科目的课外补习的比例存在显著差异。学生的语文成绩和数学成绩越好，其参与课外补习的比例就越大。父母学历不同的学生，其参与课外补习的比例存在显著差异。学生的父母学历越高，其参与课外补习的比例就越大。家庭人均年纯收入最高的 25%的家庭，学生参与课外补习的比例为 35.2%；而家庭人均年纯收入最低的 25%的家庭，学生参与课外补习的比例为 9.3%。

表 1-2　2016 年义务教育阶段学生课外参与率差异（*N*=3179）

项目		占比（%）	χ^2
家庭所在地区	东部	19.1	61.90***
	中部	19.8	
	西部	9.0	
学校所在地	直辖市/省会城市	50.0	6.70**
	地级市	15.8	
	县城	16.4	
	农村（包括乡镇）	12.2	
学校层次	小学	14.6	9.636***
	初中	19.2	
学校类别	重点校	19.1	20.69***
	普通校	13.9	
班级类型	重点班	16.1	0.086
	普通班	15.4	
	不设重点班	15.5	
学生性别	男	15.0	1.38
	女	16.5	

续表

项目		占比（%）	χ^2
学生语文成绩	优	18.7	12.11**
	良	16.0	
	中	14.2	
	差	12.6	
学生数学成绩	优	18.9	19.77***
	良	16.4	
	中	14.4	
	差	10.4	
父亲最高学历	大学本科及以上	36.7	58.84***
	大专	26.9	
	高中	19.9	
	初中	17.0	
	小学	13.5	
	文盲/半文盲	7.8	
母亲最高学历	大学本科及以上	45.9	117.55***
	大专	25.3	
	高中	30.5	
	初中	18.3	
	小学	14.1	
	文盲/半文盲	7.9	
家庭人均年纯收入分组	最高 25%	35.2	129.73***
	中上 25%	21.5	
	中下 25%	13.7	
	最低 25%	9.3	

+ $p<0.1$，* $p<0.05$，** $p<0.01$，*** $p<0.001$，余同。

（二）我国义务教育阶段学生参与课外补习规模的变化趋势

从表 1-3 可知，总体而言，从 2010 年到 2012 年再到 2014 年，义务教育阶段学生参与课外补习的比例呈上升趋势，2016 年，学生参与课外补习的比例有所下降。家庭所在地区不同的学生参与课外补习的比例从 2010 年到 2012 年和 2014 年整体有所上升，在 2016 年出现明显下降。其中，2010 年，东部地区学生参与课外补习的比例要明显高于中部和西部地区；2012 年、2014 年和 2016 年，东部地区和中部地区学生参与课外补习的比例较为接近，但依然明显高于西部地区。从 2010 年到 2012 年再到 2014 年,重点班学生和普通班学生的课外补习比例整体较为稳定，而且重点班的学生参与课外补习的比例均高于普通班的学生和不设重点班的学生。同样，从 2010 年到 2012 年再到 2014 年，不同学校所在地、学校层次、学生性别、学生成绩、父母最高学历和家庭人均年纯收入的学生参与课外补习的比例整体呈上升趋势，但在 2016 年均有不同程度的下降。

表 1-3　学生参与课外补习的比例

项目		2010 年	2012 年	2014 年	2016 年
样本量		4746	3899	4125	3179
家庭所在地区（%）	东部	31.9	30.5	35.3	19.1
	中部	25.4	30.2	33.8	19.8
	西部	16.7	13.2	14.3	9.0
学校所在地（%）	直辖市/省会城市	52.0	56.1	67.7	50.0
	地级市	40.0	50.9	57.9	15.8
	县城	24.3	36.5	35.9	16.4
	农村（包括乡镇）	12.0	13.9	16.2	12.2
学校层次（%）	小学	23.3	22.6	26.1	14.6
	初中	28.6	30.0	32.5	19.2
学校质量（%）	重点校	49.4	35.2	37.4	19.1
	普通校	23.6	21.3	25.1	13.9
班级类型（%）	重点班	40.0	32.7	34.5	16.1
	普通班	27.3	26.1	26.3	15.4
	不设重点班	22.5	23.6	27.4	15.5
学生性别（%）	男	24.3	23.1	27.6	15.0
	女	25.0	26.1	28.2	16.5
学生语文成绩（%）	优	31.8	32.8	34.4	18.7
	良	27.7	26.0	28.1	16.0

续表

项目		2010 年	2012 年	2014 年	2016 年
学生语文成绩（%）	中	20.4	20.0	25.4	14.2
	差	12.5	13.4	12.4	12.6
学生数学成绩（%）	优	32.8	33.1	35.9	18.9
	良	26.8	26.9	27.9	16.4
	中	18.5	17.7	23.5	14.4
	差	18.3	16.5	16.7	10.4
父亲最高学历（%）	大学本科及以上	59.6	61.3	57.6	36.7
	大专	57.7	54.3	59.1	26.9
	高中	38.3	37.2	42.6	19.9
	初中	26.2	25.3	29.2	17.0
	小学	17.4	12.7	20.8	13.5
	文盲/半文盲	10.8	7.8	10.5	7.8
母亲最高学历（%）	大学本科及以上	65.6	75.0	73.1	45.9
	大专	59.0	65.0	63.5	25.3
	高中	48.9	50.4	51.5	30.5
	初中	31.0	29.9	34.2	18.3
	小学	16.8	15.5	21.0	14.1
	文盲/半文盲	11.4	8.1	10.7	7.9
家庭人均年纯收入分组（%）	最高 25%	42.6	44.5	49.6	35.2
	中上 25%	24.8	29.0	35.7	21.5
	中下 25%	16.9	20.4	20.5	13.7
	最低 25%	14.9	17.0	13.9	9.3

二、我国义务教育阶段学生课外补习支出的现状及变化趋势

（一）我国义务教育阶段学生课外补习支出的现状

2016 年，义务教育阶段学生参与课外补习的平均支出为 2311.97 元。如表 1-4

所示，从地区来看，东部地区学生的课外补习平均支出最高，为 3022.07 元，其次是中部地区，为 2432.43 元，西部地区最低，为 1625.56 元。从学校所在地来看，直辖市/省会城市学生的课外补习平均支出最高，为 3000.00 元，农村（包括乡镇）的学生课外补习平均支出最低，仅为 936.94 元，前者是后者的 3 倍多。从学校层次来看，小学生课外补习平均支出为 1972.12 元，初中生课外补习平均支出为 3044.93 元。从学校质量来看，重点校学生课外补习平均支出为 3019.91 元，普通校学生课外补习平均支出为 2056.97 元。从班级类型来看，重点班学生课外补习平均支出为 3362.84 元，高于普通班（2206.49 元）和不设重点班（2043.84 元）的学生。不同性别的学生课外补习平均支出差异并不显著。从学生语文成绩和数学成绩来看，语文成绩为优的学生的课外补习平均支出最高，数学成绩为良的学生的课外补习平均支出最高。从父母最高学历来看，父母最高学历为大学本科及以上的学生的课外补习平均支出最高，父母最高学历为文盲/半文盲的学生课外补习平均支出最低。从家庭人均纯收入来看，家庭人均年纯收入最高 25%的学生的课外补习平均支出最高，为 4472.05 元，而家庭人均年纯收入最低 25%的学生的课外补习平均支出最低，为 1321.27 元，前者是后者的 3 倍多。

表 1-4　2016 年义务教育阶段学生参与课外补习支出差异（*N*=499）

项目		课外补习支出（元）	χ^2
地区	东部	3022.07	6.024***
	中部	2432.43	
	西部	1625.56	
学校所在地	直辖市/省会城市	3000.00	12.434***
	地级市	1611.11	
	县城	1772.00	
	农村（包括乡镇）	936.94	
学校层次	小学	1972.12	2.721***
	初中	3044.93	
学校质量	重点校	3019.91	2.118**
	普通校	2056.97	

续表

项目		课外补习支出（元）	χ^2
班级类型	重点班	3362.84	3.822**
	普通班	2206.49	
	不设重点班	2043.84	
学生性别	男	2385.34	0.411
	女	2233.20	
学生语文成绩	优	2959.35	2.441*
	良	1911.54	
	中	1937.27	
	差	2905.52	
学生数学成绩	优	2404.09	1.236
	良	2735.17	
	中	1791.05	
	差	2201.76	
父亲最高学历	大学本科及以上	9534.91	6.14***
	大专	3520.37	
	高中	2492.09	
	初中	2195.52	
	小学	1448.69	
	文盲/半文盲	1331.82	
母亲最高学历	大学本科及以上	9484.12	15.89***
	大专	3025.79	
	高中	2364.81	
	初中	2183.16	
	小学	1365.70	
	文盲/半文盲	1208.24	
家庭人均年纯收入分组	最高 25%	4472.05	15.724***
	中上 25%	2301.77	
	中下 25%	1241.18	
	最低 25%	1321.27	

（二）我国义务教育阶段学生课外补习支出的变化趋势

从表 1-5 可知，总体而言，从 2010 年到 2012 年再到 2014 年，全国义务教育阶段学生的课外补习平均支出呈上升趋势，2016 年，学生课外补习平均支出有所下降。东部地区和西部地区学生的课外补习支出从 2010 年到 2012 年再到 2014 年均上升，而在 2016 年有所下降；中部地区学生的课外补习支出从 2010 年、2012 年、2014 年到 2016 年均有所上升。重点班学生的课外补习支出从 2010 年、2012 年、2014 年到 2016 年均上升；普通班学生和不设重点班的学生课外补习支出在 2010 年、2012 年到 2014 年上升，但在 2016 年有所下降。语文成绩和数学成绩为差的学生的课外补习支出从 2010 年、2012 年、2014 年到 2016 年上升，语文成绩为中的学生从 2010 年到 2012 年上升，而 2014 年到 2016 年下降，其他学生课外补习支出从 2010 年到 2012 年再到 2014 年上升，但在 2016 年有所下降。父母最高学历为大学本科及以上的学生的课外补习支出从 2010 年、2012 年、2014 年到 2016 年均上升，父母为其他学历的学生的课外补习支出在 2010 年到 2012 年再到 2014 年均上升，但在 2016 年有所下降。同样，从 2010 年到 2012 年再到 2014 年，不同学校所在地、学校层次、学校质量、学生性别和家庭人均年纯收入的学生参与课外补习的支出均有所上升，但在 2016 年均有不同程度的下降。

表 1-5　我国义务教育阶段学生课外补习支出的变化趋势

项目		2010 年	2012 年	2014 年	2016 年
样本量		1079	1040	1149	499
地区（元）	东部	1647.01	3038.21	3866.22	3022.07
	中部	1390.52	1768.21	2128.68	2432.43
	西部	418.67	1213.59	1746.99	1625.56
学校所在地（元）	直辖市/省会城市	2984.42	5119.09	8362.27	3000.00
	地级市	1624.56	3321.20	3389.02	1611.11
	县城	997.55	1550.64	1813.49	1772.00
	农村（包括乡镇）	378.03	894.25	1440.57	936.94
学校层次（元）	小学	1256.67	1927.25	2570.80	1972.12
	初中	1333.48	2847.56	3314.15	3044.93
学校质量（元）	重点校	2362.35	2684.47	3476.99	3019.91
	普通校	1172.23	1953.54	2466.47	2056.97

续表

项目		2010 年	2012 年	2014 年	2016 年
班级类型（元）	重点班	1856.17	3177.77	3245.04	3362.84
	普通班	1068.75	2573.84	2796.54	2206.49
	不设重点班	1256.61	2106.91	2754.08	2043.84
学生性别（元）	男	1184.73	2056.81	2706.71	2385.34
	女	1380.52	2389.39	2915.17	2233.20
学生语文成绩（元）	优	1807.53	2165.91	3069.67	2959.35
	良	1215.92	2101.60	3097.99	1911.54
	中	806.22	2448.81	2124.89	1937.27
	差	983.76	2108.03	2669.95	2905.52
学生数学成绩（元）	优	1706.51	2420.60	2998.62	2404.09
	良	913.10	2409.21	3144.16	2735.17
	中	913.10	1974.44	2327.15	1791.05
	差	814.79	1100.15	1807.34	2201.76
父亲最高学历（元）	大学本科及以上	3806.82	4527.95	6433.33	9534.91
	大专	2530.83	3071.95	4067.82	3520.37
	高中	1478.04	2680.75	3294.84	2492.09
	初中	998.04	1593.11	2272.22	2195.52
	小学	623.30	889.39	1581.00	1448.69
	文盲/半文盲	162.65	579.66	1354.97	1331.82
母亲最高学历（元）	大学本科及以上	3471.19	5131.11	7502.28	9484.12
	大专	2507.46	3961.15	5324.75	3025.79
	高中	2015.17	3256.10	4164.03	2364.81
	初中	1080.75	1582.87	2190.26	2183.16
	小学	658.83	1227.78	1547.16	1365.70
	文盲/半文盲	153.50	701.64	1400.00	1208.24
家庭人均年纯收入分组（元）	最高 25%	2119.37	4074.90	4624.98	4472.05
	中上 25%	825.38	2134.46	2620.02	2301.77
	中下 25%	510.68	1358.31	1323.06	1241.18
	最低 25%	374.52	1138.88	1548.91	1321.27

从表 1-6 可知，从 2010 年、2012 年、2014 年到 2016 年，我国义务教育在校生规模分别是 15 220 万人、14 459 万人、13 835.7 万人、14 242.4 万人。义务教育阶段学生课外补习总支出分别为 480.99 亿元、792.21 亿元、1083.77 亿元和 516.97 亿元，除了 2016 年有所下降，其他年份均呈上升趋势。

表 1-6　不同年份义务教育补习情况

项目	2010 年	2012 年	2014 年	2016 年
义务教育在校生规模（万人）	15 220	14 459	13 835.7	14 242.4
义务教育阶段学生参加课外补习人数（万人）	3 833.44	3 556.91	3 860.16	2 236.06
义务教育阶段学生课外补习总支出（亿元）	480.99	792.21	1 083.77	516.97
义务教育财政性经费支出（亿元）	7 794.97	9 662.06	12 735.78	14 208.83
义务教育阶段学生课外补习支出总花费占当年义务教育财政性费用比例（%）	6.17	8.20	8.51	3.64
GDP（亿元）	413 030	519 322	643 974	743 585
义务教育阶段学生课外补习支出总花费占当年 GDP 比例（%）	0.12	0.15	0.17	0.07

资料来源：2010 年、2012 年、2014 年、2016 年中国统计年鉴。

三、我国义务教育阶段学生课外补习参与率和支出的影响因素分析

在估算学生参与课外补习规模的影响因素时，首先考察在学生和学校两个层面均不放入任何自变量的零模型（具体结果参见表 1-7）。一方面，由 $p<0.01$ 可得出，校际学生课外补习参与率存在显著差异；另一方面，由 ICC[①]=0.281 可知，学生参与课外补习的规模总差异的 28.1%来自不同的学校。在 Model-1 中加入学生层面的变量，发现男生的课外补习参与率显著低于女生。母亲的最高学历越高，学生课外补习参与率就越高。家庭人均年纯收入越高，学生课外补习参与率就越高。父亲最高学历、学生语文成绩和学生数学成绩对学生的课外补习参与率没有显著影响。在 Model-2 中加入学校层面的变量，发现除了家庭人均年纯收入对学生课外补习参与

① 组内相关系数（intraclass correlation coefficient，ICC），是检验因变量在不同群组之间是否有差异的检验值，根据 Cohen 对 ICC 的界定，ICC<0.059 表示低度组内相关，0.059<ICC<0.138 为中度组内相关，ICC>0.138 为高度组内相关。

率有显著正向影响外，其他因素对学生课外补习参与率并没有显著的影响。

表 1-7　课外补习参与率影响因素多层线性模型回归分析结果

项目			Model-0	Model-1	Model-2
固定效应	学生层面	男生（以女生为参照）		-0.024* （0.013）	-0.003 （0.031）
		父亲最高学历		0.006 （0.007）	-0.008 （0.017）
		母亲最高学历		0.031*** （0.007）	0.015 （0.018）
		家庭人均年纯收入		0.050*** （0.008）	0.052*** （0.019）
		学生语文成绩		-0.012 （0.009）	0.026 （0.021）
		学生数学成绩		-0.013 （0.008）	0.019 （0.019）
	学校层面	初中（以小学为参照）			-0.013 （0.034）
		重点校（以非重点校为参照）			-0.003 （0.039）
		学校所在地			-0.022 （0.028）
		重点班（以非重点班为参照）			0.041 （0.054）
		不设重点班（以非重点班为参照）			-0.010 （0.039）
	截距		0.183 （0.125）	-0.015 （0.031）	-0.001 （0.136）
随机效应	学生层		0.133*** （0.013）	0.109*** （0.012）	0.077*** （0.025）
	学校层		0.340*** （0.005）	0.337*** （0.005）	0.322*** （0.011）
	ICC		0.281	0.244	0.193

注：括号中为标准误，括号上方为回归系数，余同。

同样，由表 1-8 可知，校际学生的课外补习支出存在显著差异，其中，学生课外补习支出总差异的 33.1%来自不同的学校。在 Model-1 中加入学生层面的变量，发现母亲最高学历和家庭人均年纯收入对学生课外补习支出有显著的正向影响，即母亲最高学历越高、家庭人均年纯收入越高，学生课外补习支出就越多。在 Model-2 中加入学校层面的变量，发现学生层面的父亲最高学历和家庭人均年纯收入对学生课外补习支出有显著的正向影响；在学校层面，重点校学生的课外补习支出显著高于非重点校，重点班的学生课外补习支出显著高于非重点班。

表 1-8　课外补习支出影响因素多层线性模型回归分析结果

项目			Model-0	Model-1	Model-2
固定效应	学生层面	女生（以男生为参照）		–125.308 （299.624）	–3.780 （255.612）
		父亲最高学历		253.604 （163.972）	294.982* （154.685）
		母亲最高学历		410.590*** （156.086）	125.540 （151.742）
		家庭人均年纯收入		737.799*** （172.041）	731.514*** （164.186）
		学生语文成绩		111.722 （199.625）	144.898 （185.010）
		学生数学成绩		154.524 （195.339）	121.632 （184.966）
	学校层面	初中（以小学为参照）			47.223 （279.022）
		重点校（以非重点校为参照）			594.935** （323.026）
		学校所在地			–110.899 （215.217）
		重点班（以非重点班为参照）			1343.234*** （404.729）
		不设重点班（以非重点班为参照）			1193.907*** （322.823）
	截距		2082.52 （200.617）	–901.801 （684.451）	587.210 （942.159）
随机效应	学生层面		1488.796*** （218.414）	1112.964*** （243.502）	216.060*** （106.062）
	学校层面		3013.505*** （113.570）	2957.944*** （115.740）	891.913*** （78.835）
	ICC		0.331	0.273	0.195

第三节 研究结论与政策建议

一、研究结论

根据对我国义务教育阶段学生参与课外补习比例和支出的研究，得出如下主要研究结论。

1）2016 年，被调查学生当中有 15.7%的学生参加了课外补习，人均补习支出为 2311.97 元。按照 2016 年我国义务教育在校生规模为 14 242.4 万人计算，则全国约有 2236.06 万名学生参加了课外补习，课外补习总支出为 516.97 亿元，相当于当年义务教育财政性费用的 3.64%，占当年 GDP 的 0.07%。

2）学生参与课外补习的比例和支出在家庭间、学校间和地区间存在差异。从课外补习比例来看，家庭社会经济地位越高，学生课外补习的参与率越高。重点校学生的课外补习参与率高于普通校。成绩较好的学生的课外补习参与率较高。东部地区学生参与课外补习的比例最高，中部地区的学生参与课外补习的学生比例次之，西部地区学生参与课外补习的比例最低。从课外补习支出来看，家庭社会经济地位较高的学生，其课外补习支出也较高。重点校和重点班学生的课外补习支出高于普通校和普通班的学生。

3）2010 年、2012 年、2014 年和 2016 年，我国义务教育阶段分别有 24.7%、24.6%、27.9%、15.7%的学生参加了课外补习，人均课外补习支出分别为 1279.45 元、2227.23 元、2807.58 元和 2311.97 元。2010 年、2012 年、2014 年和 2016 年，我国义务教育阶段学生约为 15 220 万人、14 459 万人、13 835.7 万人、14 242.4 万人，由此可以推算出，参加课外补习的义务教育阶段学生分别约为 3759.34 万人、3556.91 万人、3860.16 万人、2236.06 万人。义务教育阶段学生课外补习总支出分别约为 480.99 亿元、792.21 亿元、1083.77 亿元、516.97 亿元，占当年义务教育财政性费用的比例分别为 6.17%、8.20%、8.51%、3.64%，约占当年 GDP 的 0.12%、0.15%、0.17%、0.07%。总体而言，从四次的追踪调查数据中可以看出，学生参与课外补习的比例和支出整体上呈增长趋势，不过在 2016 年大部分指标均有所下降。中部地区学生、重点班学生、成绩较差的学生、父母最高学历为大学本科及以上的学生，其课外补习支出均递增。

二、结论讨论

研究结果显示，我国有大量义务教育阶段学生参加课外补习并为此支付了较高的课外补习费用，其背后有深刻的文化、教育、经济和政治等原因。从文化原因来看，我国儒家文化源远流长，“学而优则仕”的观点自古受到推崇。受“望子成龙，望女成凤”观念的影响，让孩子接受最好的教育始终是父母的美好愿望和执着追求。显然，这些观念对学生参与课外补习的行为有着重要影响。从教育原因来看，学生参与课外补习是为了获得更多和更优质的教育资源。目前，我国的学校教育升学体系仍然建立在考试的基础上，学生参加课外补习能够在教育数量和质量上获得优势，从而在升学考试中处于更有利的位置。从经济原因来看，父母希望通过课外补习这一方式更多地投资于子女的教育，提高子女的人力资本。参与课外补习能够让子女在未来接受更高层次的教育，提高子女的学业成绩和教育收益率，所以参与课外补习是一个明智的选择。从政治原因来看，按照最大化维持不平等（maximally maintained inequality，MMI）①理论和有效维持不平等（effectively maintained inequality，EMI）②理论，不同家庭阶层子女的受教育机会是有差异的。当义务教育没有完全普及时，社会经济地位较高的父母总是会寻找各种方式，使其子女的受教育机会最大化；当义务教育普及时，由于我国义务教育发展并不均衡，地区间、城乡间以及校际的教育质量存在一定差距。此时，竞争的核心不在于受教育机会，而在于受教育数量和质量。社会经济地位较高的家庭为了有效维持其优势地位，就会努力让其子女参与课外补习以获得更高质量的教育，帮助其子女在未来的升学和就业中取得优势。

多层线性模型显示，成绩较好的学生参与课外补习的概率和支出高于成绩较差的学生。重点校和重点班学生的课外补习支出显著高于非重点校和非重点班的学生。而且统计描述也显示，成绩较好的学生参与课外补习的比例较高，重点校学生参与课外补习的比例和支出均显著高于普通校学生，重点班学生参与课外补习的比例和支出均显著高于普通班学生，而且重点班学生的课外补习支出连年增长。这表明，尽管在我国义务教育在校生课外补习中，“培优”“补差”两种类型并存，但占主导地位的还是“培优”类型的课外补习。

---

① Raftery A E, Hout M. Maximally maintained inequality: Expansion, reform, and opportunity in irish education, 1921—75[J]. Sociology of Education, 1993, 66（1）: 41-62.

② Lucas S R. Effectively maintained inequality: Education transitions, track mobility, and social background effects[J]. American Journal of Sociology, 2001, 106（6）: 1642-1690.

此外，相比于2010年、2012年和2014年，2016年学生的课外补习参与率和平均支出有所下降，可能的原因是政府出台的政策对课外补习的供给和需求都有所减少。一方面，2014年，《教育部关于印发〈中小学教师违反职业道德行为处理办法〉的通知》发布，该通知明确规定，中小学教师“组织、要求学生参加校内外有偿补课，或者组织、参与校外培训机构对学生有偿补课的”都属于违反职业道德的行为。2015年，教育部制定并印发了《教育部关于印发〈严禁中小学校和在职中小学教师有偿补课的规定〉的通知》。另外，教育部进行过两次自查工作，其中，2016年7月，《教育部办公厅关于开展治理中小学有偿补课和教师违规收受礼品礼金问题自查工作的通知》发布。该通知指出，教育部展开了为期3个月的中小学有偿补课和教师违规收受礼品礼金问题自查工作。对在职教师禁止提供课外补习的一系列措施，使得课外补习的供给有所减少。另一方面，2014年《教育部关于进一步做好小学升入初中免试就近入学工作的实施意见》发布，截止到2017年，大部分城市已经实现了免试就近入学。就近入学政策的实施和普及，在一定程度上减缓了家长和学生的升学压力，也让课外补习的需求有所减少。当然，该研究结论仍需要后续研究予以证实。

东部地区省（自治区、直辖市）的学生课外补习参与率和平均支出要普遍高于其他地区。当学校教育质量无法达到预期的时候，一些收入较高的家庭会通过影子教育寻求更高质量的教育资源。此外，在义务教育阶段，学校教育更加偏向于提供标准化、规范化的教育，导致一些家庭对教育的差异化需求无法得到满足。这部分家庭有可能将子女送到课外补习班，从而导致不同家庭在学校教育之外获得的市场教育资源的分化，因此，一些经济较为发达的省（自治区、直辖市）的课外补习比例和支出也自然较高。值得关注的是，中部地区学生的课外补习平均支出从2010年、2012年、2014年到2016年均增高的原因可能是随着东部地区对中部地区的产业转移以及国家对中部地区的政策倾斜，中部地区不断崛起。中部地区经济的快速发展，促进了家庭收入的增长。教育是家庭投资的重要组成部分，家庭对教育的重视，促使家庭对课外补习的投资逐渐增多，因此，中部地区学生的课外补习支出不减反增。另外，东北三省的学生课外补习参与率和支出也较高。近些年，东北三省的经济发展趋缓，教师工资水平较低，可能导致有些在职教师参与课外补习以提高收入，刺激了义务教育学生参加课外补习的需求。[①]中部地区的湖南省和西部地区的重庆市和甘肃省

① 薛海平，方晨晨. 我国义务教育课外补习：现状与趋势[J]. 教育经济评论，2019，4（4）：75-97。

的学生课外补习支出较高。通过教育部2016年公开的数据可知，湖南省、重庆市、甘肃省的本科生录取率分别为27.06%、27.19%、20.80%，低于国家平均录取率30.69%。[①]较低的本科生录取率，使得这些省市学生的教育竞争更加激烈，这些省市的学生家长会在校外寻求更多数量和更高质量的课外补习教育，因此，这三个省市的家庭在课外补习上投入较多。

三、政策建议

基于上述研究结论和讨论，本章得出如下主要政策启示。

1）强化对提供课外补习的校外培训机构的监管，严禁公立学校在职教师参与课外补习。2016年，学生课外补习参与率和平均支出均有所下降，可能的原因是近年来政府针对校外培训机构的监管以及禁止公立学校在职教师参与课外补习的政策在一定程度上抑制了课外补习的需求和供给。较低的教师工资水平刺激了公立学校在职教师提供课外补习，因此，政府应提高公立学校在职教师的工资水平。

2）对于社会经济地位较低且学生成绩落后的家庭，政府应给予一定的课外补习费用补助。家庭社会经济地位较高的学生的课外补习参与率和支出均较高。这就加剧了不同阶层家庭学生获取的义务教育资源的不均衡，加大了不同阶层家庭学生获取高中教育和高等教育机会的差异，结果会导致阶层固化和由教育获得差异带来的社会再生产。政府可以给那些社会经济地位较低且学习成绩落后的家庭提供课外补习费用补助，通过补习券、补习津贴等方式帮助这些学生参加课外补习以缩小与其他学生的成绩差距，缩小因家庭背景造成的不同阶层学生在教育获得上的差异，削弱课外补习对阶层固化的维持作用。

3）高中，尤其是优质高中应增加面向农村和社会经济背景较差家庭的招生名额，促进城乡与阶层间高中教育入学机会分配平等。课外补习加剧了城乡和阶层间学生获得义务教育数量和质量的差异，导致农村地区和社会经济背景较差家庭学生获得高中教育的数量和质量都与城市地区和社会经济背景较好家庭学生存在较大差距。这也不利于实现党的十九大报告提出的“努力让每个孩子都能享有公平而有质量的教育”的目标。

4）由于本书采用的四次追踪调查数据的时间跨度不是很大，所以可能并不能

① 教育部. 2016年教育统计数据[EB/OL].（2017-08-22）. http://www.moe.gov.cn/s78/A03/moe_560/jytjsj_2016/.

完全反映我国课外补习的发展趋势。此外，2016 年的缺失样本较多，使得子样本量少于 2010 年、2012 年、2014 年，相比于 2014 年，2016 年的样本量减少了 56.57%，样本量的减少可能会影响部分研究结果。因此，需要更多的证据和更长时间的追踪调查数据来进一步揭示我国义务教育阶段学生参与课外补习的发展趋势。

第二章

家庭校外培训选择与投入：教育消费视角

随着我国社会经济的不断发展、人均收入的提高以及义务教育的普及，各收入水平的家庭已经表现出在经济能力允许的范围内为子女选择更高质量的学校教育的倾向。一方面，家庭对子女教育的投入不断增加，教育支出对家庭造成的负担日益成为各方关注的重要问题；另一方面，随着家庭间收入差距的拉大，来自不同家庭的学生在校内和校外获得的教育资源开始出现分化。随着家庭对教育需求的多样化和教育市场的发展，传统视野之外的机构和资源成为教育的重要组成部分。其中，校外培训行业的迅速增长尤其受关注。

根据 Park 等对 2012 年参与 PISA 调查的 36 个国家或地区的分析，这些国家或地区 15 岁学生中参加过由商业公司提供的有偿课外补习的比例最高达到或超过 50%（如巴西、希腊、韩国、泰国等），最低在 5%—10%（如澳大利亚、奥地利、加拿大、英国、美国等），德国、俄罗斯、西班牙、土耳其、拉脱维亚等国家，以及中国香港地区也占到 30%左右。①在许多国家，课外补习已经发展成市值达数十亿甚至数百亿美元的教育产业。②2010 年以来，我国的校外培训市场也在飞速发展，引起了社会各界的广泛关注。学界对校外培训进行了一定的探讨，但由于缺乏具有省级代表性和全国代表性的调查数据，首先，大多数研

① Park H，Buchmann C，Choi J，et al. Learning beyond the school walls：Trends and implications [J]. Annual Review of Sociology，2016，42：231-252.

② 据估计，2006 年，法国家庭的课外补习支出约为 22.1 亿欧元，每年增长约 10%；2004 年，土耳其家庭的课外补习支出为 29 亿美元，相当于 GDP 的 0.96%；2002 年，在基础教育阶段，埃及家庭每年在课外补习上的花费约为 1800 万美元，相当于 GDP 的 1.6%；2010 年，日本家庭的课外补习费用大约为 120 亿美元；2006 年，韩国家庭的课外补习总支出估计为 240 亿美元，占 GDP 的 2.8%；2010 年，中国香港初中生课外补习支出接近 2.55 亿美元。

究仅关注部分地区或某个学段的情况[①]，尚没有研究对不同省（自治区、直辖市）、地区和城乡的情况进行全面的刻画。其次，大部分课外补习的研究主要针对的是与主流学校课程紧密相关的影子教育，而忽视了兴趣拓展类校外培训。最后，目前对校外培训的研究主要采用的是公平的框架，认为校外培训给家庭带来了沉重的经济负担，加剧了教育不公平；增加了学生的学业负担，对全日制学校的教学秩序造成了冲击。然而，很少有研究从家庭消费的角度出发，对家庭为子女校外教育消费行为进行分析。本章基于全国首个专门针对家庭教育支出的大型家庭入户调查数据，聚焦我国中小学阶段家庭校外培训，分析家庭结构、家庭经济文化资源与子女校外教育消费之间的关系。

第一节　研 究 设 计

一、文献综述

根据已有的研究，家庭对校外培训的选择和投入主要受到四类因素的影响：学生个体、家庭、学校和社会。

从宏观的社会环境角度来看，收入不平等的加剧以及由此导致的阶层流动的固化和家庭对未来经济状况的焦虑刺激了家庭课外补习需求的增加。Reardon[②]以及 Kornrich 和 Furatenberg[③]通过对美国 1972—2017 年的收入不平等的观察发现，随着收入不平等的加剧，家庭对子女教育的投入差距也在不断扩大，结果导致不同阶层的子女在学业成就上的差距扩大。除了收入差距，在许多发展中国家和地区，城乡学校能够获得教育资源和教育质量的差距也会影响到不同家庭对子

---

① 由北京大学教育经济研究所委托国家统计局实施的 2004 年中国城镇居民教育与就业情况调查显示，在参与调查的 4700 多名城镇在校生中，有 55%的在校生参加了校外学科补习。根据 OECD 发布的 PISA 2015 数据，北京、上海、江苏和广东四地有 58%的 15 周岁的学生参与过校外学科补习。根据中国家庭追踪调查数据，2010 年全国有 22.5%的小学生、25.3%的初中生和 26.9%的高中生参加过校外补习。

② Reardon S F. The widening academic achievement gap between the rich and the poor: New evidence and possible explanations. In Duncan G J, Murnane R J. Whither Opportunity? Rising Inequality, Schools, and Children's Life Chances[M]. New York: Russell Sage Found, 2011: 91-116.

③ Kornrich S, Furstenberg F. Investing in children: Changes in parental spending on children, 1972—2007 [J]. Demography, 2013, 50 (1): 1-23.

女的教育投入。[①]

从中观的机构角度来看，以往的研究提出，家庭对校外培训需求的增长有两种假设，分别是高利害的考试和低质量的公立学校。一些国别研究支持第一种假设，即如果考试在升学和毕业中起到决定性作用，那么家庭对课外补习和其他形式的影子教育的需求就会增加。有一些国别研究证实了这一假设[②]，也有一些国际比较研究并未发现两者之间的联系[③]。第二种假设认为，当主流的教育体系，即公立学校的质量较差的时候，家长和学生对课外补习的需求就会增加。[④⑤]除了公立学校质量下滑会导致家长和学生对校外培训需求增加之外，也有研究认为，公立学校标准化会导致家庭，尤其是中产阶级家庭对校外培训需求的增加。因为随着学校的标准化，家长对学校能够提供的教育内容和服务的影响就越小，从而一些家庭到校外寻求满足其差异化、多元化需求的教育。

家庭是本书关注的重点。大量研究表明，家庭社会经济背景越好、家庭规模越小、家庭位于经济越发达地区的学生，其校外培训参与度和支出水平越高。家庭社会经济背景与校外教育消费的正相关关系，一方面表明条件较好的家庭能够负担更多额外支出，另一方面也表明这些家庭的父母能够通过他们的社会关系获得更多的相关信息，在子女教育方面花更多的精力[⑥]，在家庭投资决策中更加偏向于投入子女的教育上[⑦]。因为教育消费除具备一般消费的特征之外，作为实现个人向上流动的重要途径，还具有投资的属性。

对家庭人力资本投资的研究主要始于贝克（Becker）的《家庭论》（*A Treatise on the Family*）中关于家庭决策模型的研究。根据贝克的家庭决策模型，家庭对子女教育的投入取决于受教育所需花费的成本和预期的教育回报。由于教育既是

① 曾满超，丁小浩，沈华. 初中生课外补习城乡差异分析——基于甘肃、湖南和江苏 3 省的初中学生课外补习调查[J]. 教育与经济，2010（2）：7-11.

② Kim J，Chang J. Do governmental regulations for cram schools decrease the number of hours students spend on private tutoring?[J] KEDI Journal of Educational Policy，2010，7（1）：3-21.

③ Baker D P, Le Tendre G K. National Differences, Global Similarities: World Culture and the Future of Schooling [M]. Stanford：Stanford University Press，2005：54-70.

④ Bray M. The shadow education system：Private tutoring and its implications for planners[R]. Paris：IIEP of UNESCO，1999.

⑤ Dang H A，Rogers F H. The growing phenomenon of private tutoring：Does It deepen human capital，widen inequalities，or waste resources?[J]. World Bank Research Observer，2008，23（2）：161-200.

⑥ Park H，Byun S-Y，Kim K-K. Parental involvement and students' cognitive outcomes in Korea：Focusing on private tutoring [J]. Sociology of Education，2011，84（1）：3-22.

⑦ Southgate D. Family capital：A determinant of supplementary education in 17 nations. In Aurini J，Davies S，Dierkes J. Out of the Shadows：The Global Intensification of Supplementary Education[M]. Bingley：Emerald Group，2013：245-258.

投资也是消费，家庭还需要权衡短期非教育消费和长期教育投入回报之间的关系。从家庭的角度出发，最关键的影响因素是家庭收入水平。家庭收入水平与父母的受教育程度、职业以及社会地位紧密相关，因此，家庭收入的高低与家庭对子女教育的投入也高度相关。[①]大量研究表明，由于教育支出具有一定的累退性，低收入家庭对教育的成本，尤其是机会成本更加敏感。另外，父母所受教育程度也是影响家庭教育投入的关键因素。一方面，父母受教育程度与先天的认知能力相关，从而影响到子女认知能力的发展；另一方面，父母受教育程度与社会经济地位和文化资本积累相关，从而影响父母对教育的价值判断、对子女的教育期望以及家庭教养方式等。研究表明，在控制了家庭收入等因素之后，父母受教育程度越高，尤其是母亲的受教育程度越高，家庭对子女教育的投入也相应越高。[②]

除家庭收入和父母受教育程度之外，子女受教育的机会成本和教育回报的预期也受到家庭结构，以及社会文化对男性和女性在家庭和社会中所承担工作的价值判断的影响。在独生子女政策推行多年之后，核心家庭（只由父母和孩子组成的家庭）在我国逐渐占据了主导地位。根据国家卫生健康委员会于 2015 年发布的《中国家庭发展报告 2015》，我国 3 人及 3 人以下的家庭户数占比达到 70.2%，而由夫妻和独生子女构成的核心家庭占比为 64.3%。反映到家庭的消费选择上，孩子越来越成为家庭消费的核心，并逐渐形成以儿童为中心的消费模式。作为“唯一的希望”[③]，独生子女不论性别如何皆成为家庭的中心，而子女的教育消费成为其中最重要的一个方面[④]。这也与贝克的孩子数量和质量的替代理论相对应：当家庭收入增加的时候，父母会更加倾向于提高孩子的质量，而非增加孩子的数量。计划生育政策的介入更加促进了家庭对子女的教育投入。

随着免费义务教育的普及和教育市场的发展，教育产品和服务供给不再局限于传统的公立学校，而转向政府和市场化的教育供给主体的双重配置机制。具体来说，随着免费义务教育的普及，家庭在教育系统内部的支出，尤其是公立教育系统内部的支出开始减少并趋同。然而，这并不意味着不同家庭在子女教育投入上的趋同。收入差距越大，不同收入水平的家庭对教育需求的差异就越大。收入

① Bray M. Counting the full cost：Parental and community financing of education in East Asia [R]. Washington and Bangkok：World Bank-UNICEF，1996.

② Schultz T P. Why governments should invest more to educate girls [J]. World Development，2002，30（2）：207-225.

③ Fong V L. Only Hope：Coming of Age under China's One-Child Policy[M]. California：Stanford University Press，2004：1-178.

④ 叶华，吴晓刚. 生育率下降与中国男女教育的平等化趋势[J]. 社会学研究，2011（5）：153-177.

水平高的家庭可能转而选择将子女送到私立学校就读，或为子女购买校外培训服务，从而导致不同家庭在学校教育之外获得的市场教育资源的分化。不少实证研究指出，校外培训的迅速发展扩大了城乡和不同家庭收入水平学生获得教育资源和教育结果的差距，削弱了学校促进公平的效果，证实了 EMI 理论不仅在正规学校系统内部存在，而且在课外补习市场中也存在。①②③

上述文献呈现了家庭对子女教育的选择和家庭消费结构变化的背景和逻辑：一方面，随着我国市场经济的发展、社会经济的发展和家庭结构的变化，孩子越来越成为家庭消费的核心，各收入水平的家庭已经表现出在经济能力允许的范围内为子女选择更高质量的学校教育的倾向；另一方面，收入不平等的加剧以及家庭对未来经济状况的焦虑导致了家庭，尤其是中产阶级家庭对优质教育资源和差异化教育资源需求的增加。伴随着义务教育的免费和教育市场的发展，家庭可选择的教育产品和服务从传统的公立学校转向学校和市场共同提供，而校外培训则成为家庭教育消费差异化需求的体现。在以往研究的基础上，本章内容主要有三个方面的创新。

首先，以往的研究聚焦于校外培训市场中的学科类课外补习，探讨了家庭的社会、文化、经济和政治资本与子女选择课外补习之间的关系。本章除了关注学科类的课外补习外，还将视角转向了兴趣拓展类的校外培训，探讨了家庭在学科类课外补习和兴趣类校外培训之间的选择。根据有效地维持不平等理论，课外补习是在义务教育免费和均衡化政策影响下，优势阶层家庭获得相对竞争优势的选择。而随着课外补习市场的迅速发展，以及基础教育阶段对素质教育的重视和考试改革对多元评价标准的采纳，兴趣拓展类的校外培训很可能成为优势阶层家庭维持其子女竞争力的选择。

其次，以往的研究在家庭层面主要关注的是家庭的经济、文化和社会资本（主要是家庭收入、父母的受教育程度和职业）与子女教育投入之间的关系，而本章在关注家庭经济和文化资本的基础上，进一步探讨了家庭结构、户籍状态与子女校外教育之间的关系。尽管“二孩”政策已经实施，但独生子女政策的效果还在持续，独生子女家庭以及家庭对不同性别的子女所采取的教育投资策略是否存在差异？这种差异是如何体现到校外培训的消费中的？这些问题仍旧值得探讨。此

① 薛海平. 从学校教育到影子教育：教育竞争与社会再生产[J]. 北京大学教育评论，2015(3)：47-69，188-189.

② 胡咏梅，范文凤，丁维莉. 影子教育是否扩大教育结果的不均等——基于 PISA 2012 上海数据的经验研究[J]. 北京大学教育评论，2015（3）：29-46.

③ 洪岩璧，赵延东. 从资本到惯习：中国城市家庭教育模式的阶层分化[J]. 社会学研究，2014（4）：73-93.

外，本章在户籍的基础上，关注流动人口和本地人口在子女校外教育选择上的差异。与本地家庭相比，流动人口家庭的子女所享有的公共教育资源的数量较少、质量较低，而其所面临的竞争压力和市场环境却与本地人口相似。在外部环境和家庭内部结构的双重影响下，这一部分家庭会对子女校外教育做出怎样的选择？这个问题也值得关注。

最后，考虑到教育支出的数据结构，本章采用两阶段 Hurdle 模型分析家庭因素与校外培训消费之间的关系。另外，本章采用简化式模型（reducedform equation），分层估计家庭校外教育的边际消费倾向，分析不同经济水平的家庭和子女校外教育消费之间的关系。

二、研究数据

本章基于 CIEFR-HS 2017 的数据对我国课外补习的现状进行描述。CIEFR-HS 是国内首个专门针对家庭教育支出的大型入户调查。调查的主要内容包括该家庭学龄儿童的入学机会、政府补贴情况和家庭教育支出情况三个方面。其中，家庭教育支出又包括校内教育支出和校外教育支出两部分。如无特殊说明，本章数据来源于 CIEFR-HS 2017 年的基线调查数据。CIEFR-HS 2017 采取分层、三阶段的概率比例规模抽样方法进行抽样，覆盖全国除西藏、新疆和港澳台地区外的 29 个省（自治区、直辖市）、363 个县，共涉及 40011 户的 127012 个家庭成员。其中，农村为 12732 户，城镇为 27279 户，0—6 岁及 16 岁以上在校生为 2.1 万名，中小学在校生为 1.3 万多名。鉴于本书的研究对象，笔者以 CIEFR-HS 数据中有效回答了校外培训问题的中小学生作为分析的样本。样本在笔者所关注的学校、家庭、个人方面的变量缺失率较低，删除存在缺失的个案之后，最终得到用于回归分析的样本规模为 10470 人。其中，小学生有 5699 名，初中生有 2654 名，高中生有 2117 名；农村地区的学生有 3763 名，城市地区的学生有 6707 名。为比较地区差异，笔者根据《中国统计年鉴（2018）》，把样本分为东北部、东部、中部和西部 4 个地区[①]以及是否为集中连片特困地区。

① 东北部地区包括辽宁、吉林和黑龙江；东部地区包括北京、天津、河北、上海、江苏、浙江、福建、山东、广东和海南；中部地区包括山西、安徽、江西、河南、湖北和湖南；西部地区包括内蒙古、广西、重庆、四川、贵州、云南、陕西、甘肃、青海和宁夏。

三、变量说明

1. 因变量

校外培训一词没有明确的定义。部分研究者将课外补习称为“影子教育”①，意指培训所提供的课程对应于全日制学校的课程，服务于全日制学校的学习和考核目标。近年来，市场中所提供的课外补习已不再局限于全日制学校所开设的科目，而是囊括了艺术、体育、科创、研学等各方面。“校外”不具有地理位置意义，而是指在全日制中小学正式开设的课程以外，由学生家庭出资购买的培训服务。学生接受培训服务的地点可以在校园内，也可以在校园外。本章关注各机构为基础教育阶段在校生提供的各类有偿培训。根据培训的具体内容，笔者将校外培训分为两大类：应对校内学科学习和考试的学科类课外补习，以及不直接对应校内学习目标，旨在满足学生兴趣特长发展、综合素质提升的兴趣班。因变量包括过去 12 个月是否参加过课外补习、是否参加过兴趣班两个二分变量。另外，为了对家庭校外培训的选择和消费行为进行更细致深入的分析，笔者还选择课外补习的费用和兴趣班的费用两个连续变量作为因变量。

2. 自变量

在家庭层面，本章主要关注家庭养育子女的结构，包括子女结构以及父母结构两个方面。首先，家庭子女结构包括子女的数量和子女的性别结构。在我国，由于严格的计划生育政策，2017 年，在中小学学龄人群中，独生子女家庭占很大一部分。根据表 2-1，在家中是独生子女的学生占 78%。在独生子女人群中，女性占 44%；在非独生子女人群中，女性占 51%。其次，笔者将家庭居住结构分为双亲家庭、单亲或父母都不在的家庭。其中，第二种情况不包括父母因外出打工不在家同住的情况。根据表 2-1，来自双亲家庭的学生占样本的 87%，单亲或父母都不在的占 13%。

① Buchmann C. Geeing ahead in Kenya：Social capital，shadow education，and achievement. In Fuller B，Hannum（Eds）. Schooling and Social Capital in Diverse Cultures[M]. Amsterdam：JAI Press，2002：133-159.

表 2-1　本次研究使用的自变量和描述统计

项目			样本量	课外补习		兴趣班	
				参与率（%）	费用（元）	参与率（%）	费用（元）
总样本			10 470	38	6 238	21	4 113
子女	性别	男	5 758	38	6 012	18	3 879
		女	4 712	38	6 512	25	4 319
	年级	小学	5 759	35	4 931	27	4 597
		初中	2 617	43	6 681	15	2 756
		高中	2 094	41	8 644	14	3 489
	成绩	前几名	1 780	36	6 667	29	4 732
		中上	3 037	43	7 006	29	4 509
		中等	4 188	38	5 690	16	3 289
		中下	1 256	33	5 477	11	3 607
		不清楚	209	20	2 967	8	923
家庭	子女结构	独生子女	8 167	41	6 865	24	4 307
		非独生子女	2 303	28	2 951	10	2 367
	父母结构	双亲家庭	9 109	39	6 379	22	4 176
		一方/双方不在	1 361	31	5 058	16	3 519
	户主性别	女	1 675	46	8 247	29	4 959
		男	8 795	37	575	20	3 864
	农村户籍	农村	6 282	29	3 051	11	2 593
		非农村	4 188	52	8 921	37	4 779
	流动人口	流动人口	1 571	38	7 051	23	3 945
		非流动人口	8 899	38	6 095	21	4 146
	母亲受教育程度	小学及以下	3 246	25	2 487	6	2 503
		初中	3 874	38	4 365	17	2 609
		高中	1 780	47	7 277	32	3 553
		大学及以上	1 570	57	11 913	52	6 100

续表

项目			样本量	课外补习		兴趣班	
				参与率（%）	费用（元）	参与率（%）	费用（元）
家庭	母亲工作	白领	1 780	52	10 327	43	5 079
		非白领	8 690	35	4 960	17	3 586
	家庭年纯收入①	一分位	2 094	25	2 576	7	2 173
		二分位	2 094	32	2 988	11	2 863
		三分位	2 094	38	4 354	18	2 969
		四分位	2 094	42	6 265	26	2 844
		五分位	2 094	51	9 291	39	4 947
学校和地区	学校类型	公办	9 632	38	6 290	22	4 137
		民办	838	37	5 647	17	3 793
	城乡	农村	3 769	25	1 995	6	1 895
		城镇	6 701	46	7 533	30	4 346
	区域	东部	4 188	39	8 123	26	5 044
		东北部	1 151	57	6 712	20	4 318
		中部	2 199	38	4 073	19	2 994
		西部	2 932	31	4 481	17	2 956

① 一分位的家庭年纯收入为 11 719 元；二分位的家庭年纯收入为 34 457 元；三分位的家庭年纯收入为 58 851 元；四分位的家庭年纯收入为 92 007 元；五分位的家庭年纯收入为 172 375 元。

除家庭养育子女的结构外，本章也关注家庭的户口状态对子女教育消费选择的影响，包括是否为农村户口、是否为流动人口两个方面。由于公共教育资源投入和分配的城乡差异，以及户口与公共教育资源之间的关系，在其他条件相似的情况下，农村户口和流动人口在获得公共教育资源的难易程度、数量和质量方面都要低于非农村户口和本地人口。根据表 2-1，样本中农村户口的学生占 60%，而流动人口学生占 15%。

本章关注家庭的经济和文化资本对子女教育消费选择的影响，包括家庭收入和父母受教育水平。过往的研究显示，母亲的受教育水平及其在家中的决定权对子女的教育选择和投入的影响更大。因此，本章主要关注母亲的受教育水平及其职业带来的影响。样本家庭的平均年纯收入为 73 896.4 元。在进一步的分析中，根据家庭年收入从低到高分为五组，分析不同收入组家庭的子女教育消费是否存在差异。

3. 控制变量

本章除了关注家庭养育子女的结构、户口状态、家庭经济和文化资本之外，还将学生个人层面的性别、年级和班级成绩，家庭层面的家庭规模、户主性别，以及学校和地区层面的学校类型、城乡和区域地理位置作为控制变量。

四、研究方法

首先，本章使用统计描述的方法来回答学生课外补习参与率的家庭背景和地区差异以及课外补习的类型和提供者。其次，本章将使用 Hurdle 模型分析影响学生是否参与课外补习以及课外补习花费的关键因素。[①]本部分的两类因变量中，第一类因变量为过去 12 个月是否参加过课外补习或兴趣班，第二类因变量为在选择参加的基础上过去 12 个月课外补习或兴趣班的支出。面对这样的数据结构，普通最小二乘法并不是最合适的模型。根据 Wooldridge 的研究，当要解释的变量大致上是连续的，但在一点或多点上有概率为正时，可以使用截取回归模型（censored regression model）。[②]在研究个人、家庭和公司行为时，如家庭教育支出，经常会遇到截取数据。

其次，截取回归模型可分为两大类：第一类为角点解结果（corner solution outcome），即解释变量 y 在严格正值上是一个连续随机变量，但 $P(y=0)>0$；第二类为解释变量 y 在某一个值以上或以下被截取，也就是说，总体中的一部分样本无法被观测到。在本章的样本中，我们可以观测到所有选择或不选择课外补习的样本，对于那些在过去 12 个月中没有选择参加课外补习的学生，其家庭在课外补习上的花费为 0，因此，这属于第一类。有研究使用指数模型 $E(y|x)=\exp(x\beta)$ 来解决角点解问题，有研究使用 Tobit 模型来解决角点解问题，也有研究用 Hurdle 模型，或称之为两步模型（two-part model）来解决这个问题。Hurdle 模型有两步：第一步是二项逻辑回归，用来分析学生对是否参加课外补习的选择（模型 1）；第二步是解释变量取对数的线性模型，用来分析参与课外补习学生的家庭对课外补习的投入（模型 2）。

---

① 笔者也使用了 Heckman-selection 回归模型的 Exponential Type II Tobit 模型进行了同样的分析。根据伍德里奇对两个模型的比较得出的结论，Lognormal Hurdle 模型更加适用于上面所说的角点解问题，回归结果大致相似。

② Wooldridge J M. Econometric Analysis of Cross Section and Panel Data [M]. Cambridge：MIT Press，2010：517-544.

$$\log\left(\frac{P_i}{1-P_i}\right)=a_i+\Sigma b_{ij}Fam_{ij}+\Sigma c_{ij}Ind_{ij}+\Sigma d_{ij}Sch_{ij}+\Sigma c_{ij}Reg_{ij}+e_i \tag{2-1}$$

$$\ln Y_i=\alpha_i+\sum b_{ij}Fam_{ij}+\sum c_{ij}Ind_{ij}+\sum d_{ij}Sch_{ij}+\sum c_{ij}Reg_{ij}+e_i \tag{2-2}$$

其中，P_i是学生 i 在过去 12 个月选择课外补习的概率；Y_i是学生 i 在过去 12 个月的课外补习花费；ΣFam_{ij}是家庭因素，包括家庭年纯收入对数、父母的受教育年限、户主性别、家中在校生数、户籍以及是否为流动人口；ΣInd_{ij} 是个人因素，包括性别、学段和成绩；ΣSch_{ij} 是学校因素，包括学校的类型和质量；$\sum c_{ij}Reg_{ij}$为区域因素，Reg_{ij}是学生所在地区。

最后，本章采用简化式模型，聚焦家庭年纯收入和校外教育支出之间的关系，分析家庭经济水平和子女校外教育消费之间的关系。

$$Y_{ijk}=\alpha+\beta Inc_{ij}+\sum\gamma_{ij}\mathrm{Cov}_{ij}+u_{ij} \tag{2-3}$$

其中，Y_{ijk}为学生 i 所在家庭 j 在课外补习、兴趣班上的支出。为了能够做出比较，除了校外培训支出外，笔者还分析了家庭在一个子女身上的总教育支出，包括校内和校外支出。Inc_{ij}为学生 i 所在家庭 j 的年纯收入，Cov_{ij}为家庭 j 学生 i 的所有其他控制变量。家庭年纯收入的单位为千元，系数 β 代表家庭收入每增加一千元，家庭用于子女某类教育的支出会增加多少。

在对总样本进行分析的基础上，根据本章关注的解释变量，笔者将样本按照家庭子女养育结构、户口状态、母亲受教育水平和职业分组，对系数 β 进行分层估计。需要注意的是，系数 β 仅仅是对家庭年纯收入和教育支出的相关性分析，而非因果分析。

第二节　家庭校外培训选择和消费分析

一、校外培训选择和消费统计描述分析

表 2-1 为不同家庭背景、学校和地区的学生课外补习参与率与费用的描述统计。从学生个人来看，男女生课外补习的参与率和费用相似，而女生课外兴趣班的参与率和费用都要高于男生。一方面，随着学段的升高，课外补习的参

与率整体有所上升，而兴趣班的参与率呈下降趋势，小学阶段分别为 35%和 27%，到高中分别为 41%和 14%。另一方面，随着参与率的上升，学生的课外补习费用也在增加，到高中阶段，课外补习费用达到了 8600 多元。从成绩来看，课外补习参与率最高的是在班级处于中等和中上水平的学生，而兴趣班则是前几名和中上水平的学生的参与率较高。

从家庭背景来看，独生子女的课外补习和兴趣班的参与率和费用都要远高于非独生子女，父母双方都在的学生的课外补习和兴趣班的参与率和费用都要高于父母一方不在或双方都不在的学生，但差异要小于独生子女和非独生子女。户主性别为女性的家庭在样本中的占比只有 16%，其所在家庭的子女课外补习和兴趣班的参与率和费用都要高于户主为男性的家庭。从户籍状态来看，一方面，农村户籍学生的课外补习和兴趣班的参与率和费用都要低于非农村户籍，其差异大于独生子女和非独生子女；另一方面，流动人口子女的课外补习参与率与本地人口相等，而兴趣班的参与率甚至要更高。不同户籍状态的家庭在课外补习和兴趣班上的选择和消费说明，家庭所处的市场环境以及公共资源的可及性对家庭在校外教育的选择和消费上有影响。从家庭的经济和文化资本来看，课外补习和兴趣班的参与率和费用随着家庭收入和母亲受教育程度的增长而增加，母亲受教育程度和职业对子女兴趣班的选择和消费的影响更加明显。母亲受教育程度为大学及以上的学生的课外补习参与率达到 57%，兴趣班参与率达到 52%；母亲从事白领工作的学生的课外补习参与率达到 52%，兴趣班参与率达到 43%。

从学校类型来看，公办学校学生课外补习的参与率和民办学校相似，兴趣班的参与率则高于民办学校学生，而课外补习和兴趣班的费用都要高于民办学校学生。农村地区的学生课外补习参与率几乎是城镇地区学生的一半，而兴趣班参与率仅为城镇地区学生的 1/5。从区域地理位置来看，东北部地区学生的课外补习参与率最高，为 57%；中、东部地区学生的课外补习参与率相似；西部地区最低，为 31%。而在兴趣班参与率上，东部地区最高，为 26%；东北部和中部地区次之；西部仍旧最低。在课外补习和兴趣班费用方面，东部地区都高出其他地区。

二、校外培训选择和消费的 Hurdle 模型分析

表 2-2 是学生选择是否参与课外补习和兴趣班，以及参加课外补习和兴趣班的费用的 Hurdle 模型分析结果。第一阶段为参与模型，包括所有参与和没参与的学生样本，解释变量为是否参与课外补习、是否参与兴趣班，采用 Logit 回归模

型；第二阶段为费用模型，包括所有参与的学生样本，解释变量为参与课外补习、兴趣班的费用，采用 Tobit 回归模型。Logit 回归模型的系数的正负可以判断自变量的变化是增加还是减少事件发生的概率，但是系数值不能够直接用来解释自变量变化对事件发生概率的影响，为此笔者计算了风险比（odds ratio）。

表 2-2　校外培训选择和消费的 Hurdle 模型分析

项目	参与模型		费用模型	参与模型		费用模型
	是否参与课外补习		课外补习费用对数	是否参与兴趣班		兴趣班费用对数
	回归系数（标准差）	风险比（标准差）	回归系数（标准差）	回归系数（标准差）	风险比（标准差）	回归系数（标准差）
独生子女	0.206***	1.229***	0.044	0.484***	1.623***	0.265**
	（0.057）	（0.070）	（0.055）	（0.086）	（0.139）	（0.092）
双亲家庭	0.256**	1.291**	–0.041	0.067	1.069	–0.031
	（0.080）	（0.103）	（0.073）	（0.105）	（0.112）	（0.106）
农村户口	–0.331***	0.719***	–0.424***	–0.439***	0.644***	–0.148*
	（0.057）	（0.041）	（0.051）	（0.072）	（0.047）	（0.070）
流动人口	–0.007	0.993	0.256***	0.125	1.133	0.088
	（0.062）	（0.062）	（0.056）	（0.078）	（0.088）	（0.073）
母亲受教育水平	0.048***	1.049***	0.055***	0.123***	1.131***	0.067***
	（0.008）	（0.008）	（0.007）	（0.011）	（0.012）	（0.010）
母亲白领	0.04	1.041	0.131**	0.1	1.106	–0.05
	（0.063）	（0.066）	（0.051）	（0.072）	（0.079）	（0.063）
家庭年纯收入对数	0.130***	1.139***	0.082***	0.254***	1.289***	0.113***
	（0.017）	（0.019）	（0.014）	（0.028）	（0.036）	（0.022）
户主女性	0.136*	1.146*	0.108*	0.098	1.103	0.136*
	（0.060）	（0.068）	（0.049）	（0.071）	（0.079）	（0.063）
家庭规模	–0.133***	0.876***	–0.106***	–0.165***	0.848***	–0.112***
	（0.018）	（0.016）	（0.017）	（0.025）	（0.021）	（0.024）
学生性别女	0.029	1.029	0.009	0.482***	1.619***	0.154**
	（0.044）	（0.045）	（0.038）	（0.056）	（0.091）	（0.051）
初中	0.382***	1.466***	0.309***	–0.757***	0.469***	–0.198**
	（0.053）	（0.077）	（0.044）	（0.071）	（0.033）	（0.073）
高中	0.141*	1.151*	0.463***	–1.095***	0.335***	0.116
	（0.058）	（0.066）	（0.051）	（0.080）	（0.027）	（0.099）

续表

项目		参与模型		费用模型	参与模型		费用模型
		是否参与课外补习		课外补习费用对数	是否参与兴趣班		兴趣班费用对数
		回归系数	风险比	回归系数	回归系数	回归系数	风险比
		（标准差）	（标准差）	（标准差）	（标准差）	（标准差）	（标准差）
班上成绩 [a]	中上	0.250***	1.285***	−0.012	−0.140+	0.869+	−0.075
		（0.066）	（0.085）	（0.057）	（0.077）	（0.067）	（0.065）
	中等	0.242***	1.274***	−0.084	−0.484***	0.616***	−0.140*
		（0.065）	（0.082）	（0.056）	（0.079）	（0.048）	（0.071）
	中下	0.121	1.128	−0.135+	−0.573***	0.564***	−0.101
		（0.086）	（0.097）	（0.076）	（0.118）	（0.066）	（0.124）
	不清楚	−0.384*	0.681*	0.015	−0.654*	0.520*	0.075
		（0.192）	（0.131）	（0.235）	（0.287）	（0.149）	（0.463）
民办学校		−0.027	0.973	0.013	−0.176	0.838	0.014
		（0.079）	（0.077）	（0.071）	（0.108）	（0.090）	（0.108）
农村地区学校		−0.353***	0.703***	−0.472***	−0.946***	0.388***	−0.230*
		（0.058）	（0.041）	（0.055）	（0.090）	（0.035）	（0.100）
地区 [b]	东北部	0.877***	2.403***	−0.035	−0.225*	0.798*	−0.063
		（0.075）	（0.179）	（0.056）	（0.097）	（0.077）	（0.091）
	中部	0.279***	1.322***	−0.322***	0.096	1.101	−0.252***
		（0.059）	（0.078）	（0.051）	（0.076）	（0.084）	（0.069）
	西部	−0.069	0.933	−0.243***	−0.045	0.956	−0.322***
		（0.056）	（0.052）	（0.051）	（0.072）	（0.068）	（0.067）
常数项		−2.315***	0.099***	7.180***	−4.258***	0.014***	6.259***
		（0.220）	（0.022）	（0.193）	（0.340）	（0.005）	（0.299）
样本量		10 143		3 312	10 107		1 603

a：指学生在班级的相对成绩，参照组是前几名。

b：参照组是东部地区。

表 2-2 显示，家庭养育子女的结构、户籍状态以及家庭经济和文化资本对学生是否选择学科类的课外补习都有显著影响。从家庭层面来看，独生子女和父

母都在的学生相对于非独生子女和父母有一方或双方都不在的学生，其参与课外补习的概率分别要高 23%和 29%。从户籍状态来看，农村户籍学生参与课外补习的概率要比城镇户籍的学生低 28%，而流动人口子女相对于本地人口参与课外补习的概率没有显著差异。从家庭经济和文化资本来看，家庭年纯收入、母亲受教育水平与选择课外补习呈显著正相关，而母亲是否从事白领工作与子女是否参与课外补习并没有显著关系。表 2-2 显示，家庭养育子女的结构（包括是否为独生子女和是否为双亲家庭）仅与选择课外补习的可能性相关，与课外补习费用的多少没有显著关系；而母亲从事白领工作虽然与子女选择课外补习的可能性不相关，但与课外补习费用的多少呈显著正相关。与之相同的是，流动人口子女虽然在课外补习的参与率上与本地人口没有显著差异，但在课外补习费用上却显著高于本地人口子女。也就是说，在其他条件相似的情况下，家庭养育子女的结构仅会影响子女是否选择课外补习，而不会显著增加或减少在课外补习上的费用。另外，母亲从事白领工作与课外补习费用呈显著正相关表明，母亲的话语权和经济地位对子女的课外补习消费有促进作用。而流动人口相对于本地人口来说，用于支付课外补习的费用会更多，则从一个侧面说明了流动人口子女获得的校内教育质量可能低于本地人口，因此，需要通过支付更多的费用购买质量更高的校外教育来弥补校内教育的不足。此外，课外补习的分析结果还显示，相对于成绩优秀的学生，成绩处于中上和中等水平的学生更加可能选择课外补习。因此，对于样本中小学生来说，课外补习包含着一定的“补差”成分，但更加趋近于“培优”。

表 2-2 显示，独生子女家庭选择兴趣班的可能性以及花在兴趣班上的费用都要显著高于非独生子女家庭，同时父母双方是否都在与兴趣班的选择和消费没有显著关系。从子女的性别来看，家庭更加可能为女孩儿选择兴趣班，并且在选择兴趣班的人群中，女孩儿的花费也明显更多。从户籍状态来看，流动人口为子女选择兴趣班的可能性和花费与本地人口都不存在显著差异。从家庭经济和文化资本来看，家庭收入、母亲受教育水平与选择兴趣班的可能性和费用仍旧呈显著正相关，而母亲是否从事白领工作则既不影响兴趣班的选择，也不影响兴趣班的花费。此外，表 2-2 还显示，相对于成绩为中等、中下的学生来说，成绩为中上的学生更加可能选择兴趣班。因此，兴趣班对于样本中小学生来说，更加偏向于“培优”，是在学科成绩较好的基础上的拓展。

三、校外培训的边际消费倾向

根据上述简化式模型，在控制了个人、家庭和区域特征变量之后，笔者分析了家庭在子女校外培训上的边际消费倾向，也就是家庭收入每增加一千元，家庭在子女教育上的投入增量。首先，笔者对全样本进行分析。其次，笔者按照家庭子女结构、父母结构、户籍状态、是否为流动人口、母亲受教育程度以及职业对不同组分别进行回归分析，得出不同分组家庭收入和教育支出之间的关系。表 2-3 仅显示回归结果中家庭年纯收入的系数。

表 2-3　家庭校外培训的边际消费倾向

项目		教育总支出	课外补习支出	兴趣班支出
总样本		44.297*** （4.543）	23.999*** （4.434）	9.708** （3.274）
家庭结构：子女结构	独生女孩	51.103*** （10.010）	22.622* （9.222）	15.017* （6.133）
	独生男孩	47.084*** （5.758）	29.403*** （5.730）	4.441 （3.254）
	非独生女孩	19.917** （6.273）	6.969 （6.025）	4.328 （4.765）
	非独生男孩	16.896*** （4.486）	7.474* （4.434）	4.053 （6.641）
家庭结构：父母结构	一方或双方都不在	54.875*** （13.464）	25.990* （12.404）	−2.693 （9.348）
	双亲家庭	43.585*** （4.762）	23.819*** （4.680）	10.426** （3.474）
户籍状态	城镇或统一户口	65.637*** （8.540）	29.647*** （6.884）	13.338** （4.720）
	农村户口	21.468*** （4.377）	12.717* （5.359）	3.771 （3.591）
是否为流动人口	本地人口	41.384*** （4.713）	21.096*** （4.763）	10.231** （3.606）
	流动人口	59.138*** （14.287）	41.121*** （12.229）	6.318 （7.686）

续表

项目		教育总支出	课外补习支出	兴趣班支出
母亲受教育程度	小学及以下	21.498*** （5.547）	14.317* （6.108）	15.546+ （7.977）
	初中及初中肄业	24.716*** （3.967）	13.942*** （3.294）	3.758 （2.528）
	高中及高中肄业	63.636*** （14.341）	46.109*** （13.335）	15.438+ （9.325）
	大学及大学以上	63.620*** （13.648）	15.379 （12.006）	10.142* （5.149）
母亲职业	白领工作	60.149*** （13.104）	23.751** （7.357）	37.333*** （7.151）
	非白领工作	39.357*** （4.850）	20.062*** （2.708）	20.580*** （3.002）

总的来看，家庭在兴趣班方面的校外边际消费倾向要远低于教育总支出和补习支出。根据表 2-2 的分析结果，家庭更加可能为女孩儿选择兴趣班。而表 2-3 中按照子女结构分组的回归结果显示，尽管随着收入的增加，所有家庭都会增加子女教育投入，但只有独生子女家庭会显著增加课外补习支出，而只有独生女孩儿家庭倾向于增加兴趣班的支出。非独生子女家庭更倾向于增加男孩儿的课外补习支出，结果在 5%的水平上显著。从父母结构来看，当家庭收入增加的时候，所有家庭都会增加对教育的总支出，也会增加对课外补习的支出，但是只有父母双方都在的家庭会更加倾向于增加兴趣班的支出。从户籍状态来看，农村户籍家庭虽然也会增加子女课外补习的支出，但是并不会相应增加兴趣班的支出。而相对于本地人口来说，尽管流动人口投入了更多的收入增量在子女的教育和课外补习上，但其并不会增加对兴趣班的支出；而本地人口很可能因为已经享有了较为优质的学校教育，而将部分收入增量投入兴趣班的支出上。从母亲的受教育程度和职业来看，在其他条件相同的情况下，母亲受教育程度越高，家庭收入的增量用于子女教育的就越多。另外，随着母亲受教育程度的提高，家庭对子女综合素质的培养越加重视。而就母亲的职业来看，无论是从事白领工作还是非白领工作，只要母亲在职，其就会更加倾向于增加子女的各类教育支出。

第三节　研究结论和讨论

一、研究结论

本章基于 2017 年中国教育财政家庭调查的数据，分析了家庭养育子女的结构、家庭户籍和居住状态以及家庭经济、文化资本和家庭校外教育选择以及支出水平的关系。本章不仅将校外教育分为学科类的课外补习和兴趣拓展类的校外培训，还按照关注的解释变量对不同家庭组进行了回归分析，估计了不同家庭组在子女教育校外培训上的边际消费倾向。

首先，家庭社会经济因素和家庭结构因素是本章关注的重点。一方面，根据家庭对子女教育投资的相关文献，家庭子女数量和结构会影响到家庭对子女投资的选择。本章再次证实了这一点：相对于多子女家庭来说，独生子女家庭对子女的校外教育投入更多，并且长期受到独生子女政策的影响，同为独生子女家庭，独生女孩儿能够获得更多的校外教育机会和投入，尤其是在非学科补习的兴趣拓展领域。另一方面，父母结构对兴趣班以及课外补习的支出没有影响，但与是否选择参与课外补习有显著关系。可以说，子女的数量和结构对家庭的子女教育投资策略的影响要大于父母结构。有一部分的原因在于父母双方都在的家庭在样本中占主体位置（87%），而独生子女家庭则占 78%。

其次，相对于城镇户籍学生来说，农村户籍学生选择课外补习和兴趣班的可能性较低，支出也较少，尤其是在非学科补习类的兴趣拓展方面。根据对样本的描述统计，本章农村地区的样本中，有 94.1%为农村户籍；城镇地区的样本中，有 41%为农村户籍。家住在农村地区的农村户籍学生的课外补习平均支出为 1849 元，城镇户籍学生为 3258 元；家住在城镇地区的农村户籍学生的课外补习平均支出为 4021 元，城镇户籍学生为 8962 元。由此可以看到，即使居住在同一个地区，农村户籍学生不仅更少选择课外补习，其支出也要低于城镇户籍学生。一方面，这是由于城镇户籍学生的家庭背景，如家庭收入水平、消费支出、父母受教育水平等，平均来讲要好于农村户籍学生，所以这些家庭更多选择将资源投入到课外补习中。另一方面，城镇户籍学生享有的公共教育资源要多于农村户籍的学生。2017 年中国教育财政家庭调查显示，总体上，9.4%的农村户籍学生上的是民办学校，而城镇户籍学生上民办学校的比例为6.9%。在城镇地区这个差异更加明显，10.1%的农村户籍学生上的是民办学校，而城镇户籍学生为6.8%。民办中小学仍旧收费，相应地减少了这部分家庭子女额外的教育投入。

从不同户籍人群的居住状态来看，流动人口子女虽然在课外补习的参与率上与本地人口没有显著差异，但在支出上却显著高于本地人口子女；而在为孩子选择兴趣班的可能性和花费上，流动人口子女与本地人口子女都不存在显著差异。根据对样本的描述统计，总体上看，有12.6%的流动人口子女在民办学校上学，而有7.7%的本地人口子女在民办学校上学。可见，流动人口子女享有的公共教育资源要少于本地人口子女。因此，流动人口家庭不仅投入了更多的资源在校内教育上，而且投入了更多的资源在校外教育上，很可能是用以弥补校内教育的不足。值得注意的是，流动人口内部本身差异较大。在本章的样本中，80%以上的流动人口在城镇地区，其中，71.8%为农村户籍，28.2%为城镇户籍。相较于城镇户籍的流动人口而言，农村户籍的流动人口养育了更多的子女，家庭收入和支出更少，父母受教育水平更低，同时在民办学校就读的比例更高。13.2%的农村户籍流动人口子女在民办学校，城镇户籍流动人口的这一比例为11.3%。

最后，Hurdle模型的分析结果显示，家庭年纯收入水平和母亲受教育水平与选择校外教育的可能性以及支出水平呈显著正相关。进一步的边际消费倾向分析显示，随着母亲受教育水平的提高，家庭对子女综合素质的培养就越加重视。虽然家庭年纯收入水平和母亲受教育水平对选择校外教育和校外教育支出有稳定并且显著的正向影响，但其影响要远小于子女结构和户籍状态带来的影响，也要小于学段带来的差异。这样的发现也说明，除了家庭因素之外，中小学学制、公共财政对基础教育的投入等正规学校系统的制度因素对家庭是否选择校外教育、选择何种校外教育以及用于校外教育的支出都具有更大的影响。

二、结论讨论

当前，我国实行的是九年义务教育制度，高中阶段会对学生进行分流，国家要求各地普通高中和职业高中的比例大体相当。一方面，大部分地区，由初中升到普通高中需要通过考试进行选拔，初中生面临着中考压力，因此，参加课外补习的比例要高于小学生。而高中生则面临着高考的压力，因此，也有更多的高中生选择学科类的课外补习。另一方面，自2008年开始，我国城乡全面实现免费义务教育。随着免费义务教育的实施，政府加强了对学校收费的管制，公立学校更加偏向于提供标准化、规范化的教育，导致一些家庭对教育的差异化需求无法在公立教育系统内部得到满足。一部分家庭倾向于选择将子女送到私立学校就读，而另一部分家庭则为子女选择课外补习。因此，同样面临着升学压力，初中生参加课外补习的比例反而高于高中生。

此外，本章还有两个与之前的研究不同的发现。其一，之前的研究发现，学生在班级的排名越靠前，参加课外补习的可能性就越高。本章发现，相对于班上成绩前几名的同学来说，成绩中上和中等的学生更多地选择课外补习。一方面，目前的课外补习仍旧是以“培优”为主导的；另一方面，该学生成绩是由家长自己填写的，在一定程度上体现出了家长对子女成绩的主观看法。因此认为孩子成绩在中上和中等水平的家长感受到的提高成绩的焦虑和迫切心理可能要高于认为子女的成绩在班上是前几名的家长。其二，虽然东部地区家庭在课外补习支出上远高于其他地区，但东北部地区学生课外补习的参与率远高于东部地区。对数据进一步分析发现，在职教师给本校学生提供课外补习的情况在全国普遍存在，而且这一情况在东北部、中部和西部地区要比东部地区更普遍。东部地区语文、数学和外语（简称“语数外”）三门课由本校教师提供课外补习的占 1/4 左右，而其他地区基本上达到 30%以上，尤其是语文和数学，有些接近 40%。另外，是否由本校教师提供课外补习与市场教育资源的发达程度相关,校外的教育市场越发达，由本校教师提供课外补习的比例就越低。除了校外教育市场之外，正规教育系统内部的结构安排，包括小学、初中和高中的公办学校占比和质量差异，公办学校教师的薪资水平，以及学校对教学安排和教师激励的自主权的多少，对学生和家庭是否选择校外教育也有影响。这是值得接下来进一步研究和探讨的问题。

第三章

从学校教育到影子教育：教育竞争与社会再生产

当今，教育已经成为个人实现阶层向上流动的重要渠道，同时也是社会中文化再生产进而社会再生产的重要机制。然而，教育社会再生产功能的强弱以及表现形式会受到宏观社会制度、社会分层体系、教育发展状况等因素的影响，从而呈现出重要差异。[①②]近年来，我国义务教育公平问题受到社会高度关注，政府采取了一系列措施来保障义务教育阶段的学校教育公平，因此，义务教育阶段学校教育社会再生产功能受到抑制。与此同时，被国际学术界称为“影子教育”的课外补习在中国迅速发展，义务教育阶段学生竞相参加课外补习活动，导致学生学业竞争从校内扩展到校外，从学校教育延伸到影子教育。义务教育阶段的学生围绕影子教育日益激烈的博弈和竞争，反映了教育社会再生产功能的表现形式发生了重要转变，义务教育社会再生产功能逐渐由学校教育转向影子教育，影子教育的社会再生产功能日益凸显。

经济学中的 MMI 理论认为，家庭社会经济地位不同的学生在教育入学机会获得方面存在差异，只要义务教育没有达到普及程度，学生之间的教育竞争主要围绕义务教育的入学机会而展开。EMI 理论在 MMI 理论的基础上指出，当义务教育达到普及程度时，家庭社会经济地位不同的学生竞争的对象是教育类型和教育质量。由于我国义务教育发展存在不均衡的问题，校际、城乡之间、区域之间的教育质量存在一定差异，家长和学生甚至期望通过择校来获得优质教育资源。

---

① Treiman D J, Yip K B. Educational and occupational attainment in 21 countries. In Kohn M L.（Ed.）. Cross—National Research in Sociology[M]. Newbury Park：Sage，1989：373-394.

② Treiman D J，GanzeboomH B，Rijken S. Educational expansion and educational achievement in comparative perspective[R]. Los Angeles: California Center for Population Research，2003.

而当政府采取措施缓解“择校热”和缩小城乡和校际教育质量差距时，为了有效维持教育不平等，不同社会经济地位的家庭的教育竞争的中心就从学校教育转向了影子教育，课外补习因此蓬勃发展起来。影子教育将使家庭社会经济地位较高的子女获得更多数量和更高质量的教育，这些都可以帮助他们在未来的升学和就业竞争中取得成功，影子教育社会再生产功能也日益显现。迄今为止，有大量学者研究了学校教育社会再生产过程和功能[①][②]，却鲜有学者关注影子教育社会再生产过程和功能。本章将对我国义务教育阶段学生课外补习活动进行实证研究，深入探讨影子教育的社会再生产过程与功能，希望研究结论有助于深化对学校教育、影子教育与教育社会再生产功能三者之间关系的认识，揭示影子教育的社会再生产作用机制，以及希望相关政策建议能促进义务教育乃至社会公平。

第一节　研究设计

一、文献综述

课外补习，是指学生为提高自己的学习成绩而向学校系统之外的培训机构寻求的补充性教育活动。[③]与政府承担的公办学校教育不同，课外补习是由私营机构开办的、旨在盈利的教育机构，又称为私人补习（private tutoring）。目前，课外补习主要有以下两种形式：一种是非正式组织的家教；另一种是机构化的校外辅导培训。近年来，影子教育在全球范围内迅速发展，不论在发达国家、新兴市场国家，还是在发展中国家，到处可见各种形式的课外补习。[④]影子教育在中国也相当普遍，从大城市到县城和乡镇，中小学周围遍布着家教、课外辅导班之类的招生广告，广大中小学生放学后就不停地赶赴各个课外补习地点，再次“享受”

① Brown R. Knowledge, education, and cultural change: Papers in the sociology of education[J]. American Journal of Sociology, 1974, 80（2）: 580-582.

② Bowles S, Gintis H. The problem with human capital theory—A Marxian critique[J]. The American Economic Review, 1975, 65（2）: 74-82.

③ Bray M, Kwok P. Demand for private supplementary tutoring: Conceptual considerations, and socio-economic patterns in Hong Kong[J]. Economics of Education Review, 2003, 22（6）: 611-620.

④ Bray M. The shadow education system: Private tutoring and its implications for planners[R]. Paris: IIEP of UNESCO, 1999.

上课的“殊荣”。[①]义务教育阶段的学生及其家庭围绕影子教育日益激烈的博弈和竞争，不仅加剧了学生学业竞争压力，消耗了家庭和社会大量资源，而且可能会削弱政府推进教育公平的成效，维护与扩大社会不平等。[②③]

1. 不同背景学生接受课外补习的差异研究

尽管在许多国家，义务教育阶段学生参加课外补习早已是一种普遍的现象。但许多研究表明，城乡间、区域间、校际、家庭间、个体间学生接受课外补习存在明显差异。

城乡和区域间学生的课外补习存在很大差异。有研究指出，在中亚和东欧共12个国家内，出现了城市地区学生课外补习参与率显著高于农村的现象，其中，哈萨克斯坦的差异最大，为24.2%。[④]来自印度的研究显示，其城市地区初中生接受课外补习的比例为64%，而农村地区的这一比例只有29%。[⑤]

有研究依据9个处于经济转型期国家的数据发现，城市学生比农村学生的课外补习参与率要高7.5个百分点，其中，立陶宛的城乡之间学生的课外补习参与率差异高达17个百分点。[⑥]对越南的研究也发现，在小学阶段，居住在城市和其附近的学生参加的补习更多。[⑦]在土耳其，城市家庭学生比农村家庭学生的课外补习参与率高66%，这主要是由于城市有更多的课外补习机构。[⑧]薛海平和丁小浩在2004年对中国城镇学生参与课外补习的情况进行了研究，结果发现，东部城市地区学生的课外补习参与率和课外补习支出最高，其次是中部地区，最后是西部地区。大中城市学生参加课外补习的比例与课外补习支出水平高于小城市。[⑨]曾满超等研究了我国初中生参与课外补习的情况，研究显示，城市学生比农村学生的课外补习参与率和支

① 陈全功. 补习教育的地域延展及其社会效应分析[J]. 比较教育研究，2012（3）：42-46.

② 薛海平，丁小浩. 中国城镇学生教育补习研究[J]. 教育研究，2009（1）：39-46.

③ Bray M. The Shadow Education System：Private Tutoring and Its Implications for Planners[R]. IIEP of UNESCO，1999.

④ Silova I. Private tutoring in Eastern Europe and Central Asia：Policy choices and implications[J]. Compare：A Journal of Comparative and International Education，2010，40（3）：327-344.

⑤ Silova I. Private tutoring in Eastern Europe and Central Asia：Policy choices and implications[J]. Compare：A Journal of Comparative and International Education，2010，40（3）：327-344.

⑥ 马克·贝磊. 直面影子教育系统——课外辅导与政府决策抉择[M]. 丁笑炯译. 北京：联合国教科文组织北京办事处，2009：32-37.

⑦ Dang H-A. The determinants and impact of private tutoring classes in Vietnam[J]. Economics of Education Review，2007，26（6）：683-698.

⑧ Tansel A，Bircan F B . Private supplementary tutoring in Turkey recent evidence on its various aspects[J]. Social Science Electronic Publishing，2008，9（1）：162-171.

⑨ 薛海平，丁小浩. 中国城镇学生教育补习研究[J]. 教育研究，2009（1）：39-46.

出都处于更高水平。[①]

校际学生的课外补习存在明显差异。曾丽珍通过研究中国香港和台湾地区的课外补习发现，排名较高学校的学生的课外补习参与率显著高于排名较低学校的学生。[②] Toyama-Bialke 在德国的调查也得出类似的研究结论。[③]薛海平和丁小浩的结果发现，教育质量更高的学校的学生比普通学校的学生在课外补习参与率和课外补习支出上更高。[④]

不同家庭社会经济背景的学生的课外补习存在较大差异。达比·索斯盖特（Southgate）通过对经济合作与发展组织（Organization for Economic Cooperation and Development，OECD）的 PISA 数据的分析，发现在全球 36 个国家中，有 21 个国家的家庭社会经济地位与课外补习具有正向关系。[⑤]薛海平和丁小浩的研究发现，在中国，社会经济地位较高的家庭的学生比社会经济地位较低的家庭的学生的课外补习参与率和课外补习支出更高。[⑥]

不同成绩的学生的课外补习存在较大差异。Baker 等研究了 1994—1995 年国际数学与科学趋势研究（Trends in International Mathematics and Science Study，TIMSS）项目 41 个国家和地区的八年级、九年级学生的课外补习参与率，发现其中有 31 个国家和地区的学生参加课外补习的原因是“补差”，3 个国家和地区的学生参加课外补习的原因是“培优”，剩下的国家和地区的学生既存在“补差”，也存在“培优”。[⑦]马克·贝磊认为，在日本、韩国等东亚社会，课外辅导主要服务于成绩优异的学生。[⑧]薛海平和丁小浩的研究也显示，中国城镇学生的课外补习基本属于“培优”型，而不属于“补差”型，即学校质量越好或在班级成绩越好的学生更可能去寻求课外补习。[⑨]

---

① 曾满超，丁小浩，沈华. 初中生课外补习城乡差异分析——基于甘肃、湖南和江苏 3 省的初中学生课外补习调查[J]. 教育与经济，2010（2）：7-11.

② Tseng L J. Private supplementary tutoring at the senior secondary level in Taiwan and Hong Kong[D]. The University of Hong Kong，1998.

③ Toyama-Bialke C. Jugendliche sozialisation und familiäre Einflüsse in Deutschland and Japan：Eine empirische Untersuchung zu jugendlicher Alltagsstruktur und elterlichen Erziehungspraktiken[D]. University of Hamburg，1997.

④ 薛海平，丁小浩. 中国城镇学生教育补习研究[J]. 教育研究，2009（1）：39-46.

⑤ Southgate D E. Determinants of shadow education：A cross-national analysis [D]. The Ohio State University，2009.

⑥ 薛海平，丁小浩. 中国城镇学生教育补习研究[J]. 教育研究，2009（1）：39-46.

⑦ Baker D P，Akiba M，LeTendre G K，et al. Worldwide shadow education：Outside-school learning，institutional quality of schooling，and cross-national mathematics achievement[J]. Educational Evaluation and Policy Analysis，2001，23（1）：1-17.

⑧ 马克·贝磊. 直面影子教育教育系统——课外辅导与政府决策抉择[M]. 丁笑炯译. 北京：联合国教科文组织北京办事处，2009：32-37.

⑨ 薛海平，丁小浩. 中国城镇学生教育补习研究[J]. 教育研究，2009（1）：39-46.

2. 是否参加课外补习的影响因素研究

国内外学者主要从个体、家庭和学校三个方面考察学生是否参加课外补习的影响因素。Tansel和Bircan考察了土耳其小学生的家庭因素对课外补习决策的影响，结果发现，父母受教育水平、家庭收入、家庭居住地点、户主年龄、子女个数、是否为单亲妈妈等家庭因素对学生是否参加课外补习有显著影响。[①]Jelani和Tan分析了马来西亚小学生个体、家庭、学校因素对课外补习决策的影响，结果发现，学生种族、家庭收入、父母婚姻状况对课外补习决策有显著影响。[②]Bray等采用Hurdle模型分析了中国香港地区中学生课外补习决策的影响因素，结果发现，学校质量、学生所在年级、母亲受教育程度、家庭收入、学生性别、学生对成绩的自我评价、学生对补习效果的评价等因素对学生是否参加课外补习有显著影响。[③]

薛海平和丁小浩对中国城镇学生是否参加课外补习的影响因素的分析表明，家庭经济收入、户主受教育程度、家庭所在城市类型、学校层级、学校所有制类型、学校质量、学生学习成绩会对学生是否参加课外补习有显著影响。[④]薛海平等的研究发现，是否为留守儿童、是否为独生子女、母亲学历、学校质量、学校所在区域对中国义务教育阶段儿童是否参加课外补习有显著影响。[⑤]楚红丽的研究发现，居住地域、家庭经济收入、父母的受教育程度、家长的教育期望、子女人数、就读教育阶段等家庭背景及个人差异因素显著影响课外补习发生的概率。[⑥]曾满超等对甘肃、湖南和江苏三个省初中生的课外补习情况进行了调查，重在研究城乡初中生选择课外补习的差异，得出城市级别、家庭背景、学校条件等因素会对学生课外补习的选择产生影响的结论。[⑦]

① Tansel A，Bircan F B. Private supplementary tutoring in Turkey recent evidence on its various aspects[J]. Social Science Electronic Publishing，2008，9（1）：162-171.

② Jelani J，Tan A K. Determinants of participation and expenditure patterns of private tuition received by primary school students in Penang，Malaysia：An exploratory study[J]. Asia Pacific Journal of Education，2012，32（1）：35-51.

③ Bray M，Zhan S，Lykins C，et al. Differentiated demand for private supplementary tutoring：Patterns and implications in Hong Kong secondary education[J]. Economics of Education Review，2014，38（1）：24-37.

④ 薛海平，丁小浩. 中国城镇学生教育补习研究[J]. 教育研究，2009（1）：39-46.

⑤ 薛海平，王东，巫锡炜. 课外补习对义务教育留守儿童学业成绩的影响研究[J]. 北京大学教育评论，2014（3）：50-62.

⑥ 楚红丽. 我国中小学生课外补习家庭之背景特征及个人因素[J]. 教育学术月刊，2009（12）：22-27.

⑦ 曾满超，丁小浩，沈华. 初中生课外补习城乡差异分析——基于甘肃、湖南和江苏3省的初中学生课外补习调查[J]. 教育与经济，2010（2）：7-11.

3. 课外补习对学生成绩的影响研究

追求成绩的提高是许多学生选择参加课外补习的重要原因，然而，学生成绩受到多重因素的影响，对课外补习是否能够真正提高学生的成绩这一问题进行的实证研究较少。已有研究发现，课外补习对学生成绩的影响是混合的。目前，有学者的研究发现，在日本、毛里求斯、肯尼亚等国家以及中国台湾地区，课外补习对学生的学习成绩具有显著正向影响；然而在韩国、新加坡，课外补习对学生的学业成绩具有显著负向影响。埃及 1990—1991 年度的调查以及 1994 年的跟踪调查均未显示出课外补习对小学生学业成绩有显著影响。[①]Thapa 发现，课外补习对尼泊尔私立学校学生的成绩也没有影响。[②]薛海平等通过研究中国义务教育阶段学生课外补习参与情况发现，学校质量较高、成绩越好的留守儿童，课外补习对其成绩提高具有正向影响，而学校质量较差、成绩越差的留守儿童，参加课外补习对其学习成绩不具有明显影响。[③]

采用高级统计方法能够更好地控制课外补习对学生成绩影响的内生性问题，Suryadarma 等将班级内参加课外补习的学生比例作为研究的工具变量，结果发现，课外补习对学生成绩没有显著影响。[④] Dang 依据政府对课外补习费用的规定，将一个小时的课外补习费用作为研究的工具变量，结果发现，在越南，小学生和初中生参加课外补习对成绩排名具有显著的正向影响。[⑤]有学者采用倾向得分匹配（propensity score matching，PSM）方法对韩国初中生参加课外补习的情况进行了研究，结果发现，学校内补习对成绩提高具有影响，而其他形式的课外补习对成绩提高没有影响。

4. 文献研究总结

目前，课外补习已经成为全球范围内的普遍现象，对社会产生了极大的影响，很多学者对课外补习问题进行了相关研究。已有研究显示，学生接受课外补习在城乡间、区域间、校际、家庭间、个体间存在显著差异，个体、学校和家庭因素

① Fergany N. Quality of life indices for Arab countries in an international context[J]. International Statistical Review，1994，62（2）：187-202.

② Thapa A. Does private school competition improve public school performance. The case of Nepal[Z]. An unpublished PHD dissertation，Graduate School of Art and Science：Columbia University，2011：358-366.

③ 薛海平，王东，巫锡炜. 课外补习对义务教育留守儿童学业成绩的影响研究[J]. 北京大学教育评论，2014（3）：50-62.

④ 转引自：Sunderman G L. Do supplemental educational services increase opportunities for minority students? [J]. The Phi Delta Kappan，2006，88（2）：117-122.

⑤ Dang H-A. The determinants and impact of private tutoring classes in Vietnam[J]. Economics of Education Review，2007，26（6）：683-698.

对学生是否参加课外补习有显著影响，而课外补习对学生成绩的影响是混合的。这些研究为我们更加全面地研究课外补习提供了更多视角和理论价值，同时为国家的政策制定提供了依据。然而，由于作为“影子教育”的课外补习难以被监测，相关的数据也难收集，已有的研究难免存在一些不足和缺陷。第一，与针对主流教育系统浩如烟海的研究相比，世界各国学者对义务教育课外补习问题研究的广度和深度仍不够，尤其是针对我国义务教育阶段课外补习问题的实证研究比较缺乏，不利于我们全面认识我国义务教育阶段课外补习现状及其社会影响，无法为政府合理干预课外补习提供指导依据。第二，义务教育阶段课外补习对学生成绩究竟有何种影响？目前，关于此类的实证研究无法给出令人信服的答案，我国的相关实证研究基本没有。第三，不同社会经济背景家庭子女的学习竞争中心正从学校教育系统转移到影子教育系统，而围绕影子教育系统日益激烈的博弈和竞争，会对社会阶层间的良性循环和正常的社会流动产生不利影响，进而可能影响原有的社会结构。迄今为止，鲜有学者探讨影子教育的社会再生产过程和功能，尤其是探讨中国内地当前社会和教育背景下，义务教育阶段课外补习对教育公平和社会公平影响的实证研究非常少见。

二、数据和变量说明

本章使用数据全部来自北京大学“985 工程”项目资助、北京大学中国社会科学调查中心执行的中国家庭追踪调查 2012 年的数据。本章统计分析涉及的变量说明见表 3-1。本书对课外补习的界定主要是指为提高学生成绩而开展的正规学校教育系统之外的教育活动，具有补充性，既包括学术类课外补习活动，也包括兴趣类课外补习活动。该数据集中义务教育阶段学生样本数为 4265 名，具体样本分布见表 3-2。

表 3-1　统计分析中的变量说明

变量类型	变量名	变量说明
学生成绩	数学成绩等级	1. 差，2. 中，3. 良，4. 优；家长对孩子上学期平时数学成绩的判断
	语文成绩等级	1. 差，2. 中，3. 良，4. 优；家长对孩子上学期平时语文成绩的判断
	班级成绩排名	1. 后 24%，2. 51%—75%，3. 26%—50%，4. 11%—25%，5. 前 10%

续表

变量类型	变量名	变量说明
课外补习	是否参加课外补习	0. 否，1. 是
	过去一年的课外补习费用	连续变量，单位：元
个人因素	性别	0. 女，1. 男
	入学方式	1. 就近入学，2. 电脑派位，3. 靠成绩优异或特长考取，4. 交赞助费或借读费，5. 找熟人、找关系，6. 其他
	认知水平	用学生数列题测试成绩衡量，取值范围为 0—15 分
家庭因素	父亲最高学历	1. 文盲，2. 小学，3. 初中，4. 高中，5. 大专，6. 大学本科及以上
	母亲最高学历	1. 文盲，2. 小学，3. 初中，4. 高中，5. 大专，6. 大学本科及以上
	家庭人均纯收入	连续变量，单位：元
	父母对孩子的教育水平期望	1. 文盲，2. 小学，3. 初中，4. 高中，5. 大专，6. 大学本科，7. 硕士，8. 博士
	家庭所在地区	1. 东部，2. 中部，3. 西部
	家庭所在地点	1. 省会城市（包括直辖市），2. 一般城市（县级市或地级市），3. 县城，4. 农村（含乡镇）
学校因素	学校层次	0. 小学，1. 初中
	是否重点校	0. 否，1. 是
	是否重点班	0. 否，1. 是
	班级规模	连续变量，单位：人

表 3-2　义务教育阶段学生样本分布

项目		有效样本数	占全部样本比例（%）
家庭地区	东部	1514	35.5
	中部	1317	30.9
	西部	1433	33.6
家庭所在地	直辖市/省会城市	261	6.1
	地级市	498	11.7
	县城	728	17.1
	农村（包括乡镇）	2772	65.1

续表

项目		有效样本数	占全部样本比例（%）
学校层次	小学	3120	73.2
	初中	1145	26.8
学校质量	示范/重点校	994	23.3
	普通校	3221	76.4
班级类型	重点班	330	7.7
	普通班	3935	92.3
学生性别	男	507	23.1
	女	2214	52.6
学生语文成绩	优	1160	27.6
	良	1347	32.0
	中	1275	30.3
	差	421	10.0
学生数学成绩	优	1237	29.4
	良	1237	29.4
	中	1176	28.0
	差	552	13.1
父亲最高学历	大学本科及以上	80	2.2
	大专	153	4.2
	高中	468	12.9
	初中	1673	46.3
	小学	869	24.0
	文盲/半文盲	373	10.3
母亲最高学历	大学本科及以上	72	1.9
	大专	121	3.2
	高中	353	9.5
	初中	1300	34.9
	小学	1013	27.2
	文盲/半文盲	867	23.3

续表

项目		有效样本数	占全部样本比例（%）
家庭人均纯收入分组	最高 25%	579	14.1
	中上 25%	971	23.6
	中下 25%	1298	31.6
	最低 25%	1261	30.7

注：受缺失值的影响，有效样本数和占全部样本比例不一致，余同

第二节　义务教育阶段的影子教育竞争与社会再生产

一、谁在参加课外补习？

我国义务教育阶段学生参加课外补习的规模状况见表 3-3。研究结果显示，有 24.6%的学生参加了课外补习，约占所有样本的 1/4。东部和中部地区学生参加课外补习的比例相差不大，西部地区学生参加课外补习的比例明显低于东、中部地区，不同地区学生参加课外补习的比例存在显著差异。家庭所在地不同的学生参加课外补习的比例存在显著差异，直辖市/省会城市学生参加课外补习的比例最高（56.1%），其次是地级市学生（50.9%），再次是县城学生（36.5%），最低的是农村（包括乡镇）学生（13.9%）。小学生和初中生参加课外补习的情况存在显著差异，具体而言，初中生参加课外补习的比例为 30%，显著高于小学生参加课外补习的比例（22.6%）。示范/重点校学生参加课外补习的比例为 35.2%，显著高于普通校学生参加课外补习的比例（21.3%）。重点班学生参加课外补习的比例为 32.7%，显著高于普通班学生参加课外补习的比例（26.1%）。不同入学方式的学生参加课外补习的比例存在显著差异，交赞助费或借读费入学的学生参加课外补习的比例最高，为 50.6%，其次为找熟人或找关系入学的学生（43.3%），靠成绩优异或特长考取（26.7%）以及就近入学（23.1%）的学生参加课外补习的比例较低。从性别角度看，女生参加课外补习的比例显著高于男生。不同成绩学生参加课外补习的比例存在显著差异，班级

里语文和数学成绩越高的学生，参加课外补习的比例也越高。父母不同文化程度的学生参加课外补习的比例存在显著差异，父母文化程度越高的家庭，其孩子参加课外补习的比例也越高。母亲学历为大学本科及以上家庭学生参加课外补习的比例为 75%，远高于母亲学历为文盲/半文盲家庭的学生（8.1%）。不同社会经济地位家庭的学生，其课外补习参与率存在显著差异，家庭经济水平越高的学生参加课外补习的比例也越高。最高 25%家庭人均年纯收入组家庭的孩子参加课外补习的比例为 44.5%，远高于最低 25%家庭人均年纯收入组家庭的孩子（17.0%）。

表 3-3　义务教育阶段学生参加课外补习的规模

项目		参加课外补习学生有效样本数	参加课外补习的学生比例（%）	χ^2
家庭地区	东部	458	30.5	148.89***
	中部	394	30.2	
	西部	188	13.2	
家庭所在地	直辖市/省会城市	143	56.1	545.58***
	地级市	249	50.9	
	县城	263	36.5	
	农村（包括乡镇）	383	13.9	
学校层次	小学	701	22.6	24.27***
	初中	339	30.0	
学校质量	示范/重点校	346	35.2	77.80***
	普通校	682	21.3	
班级类型	重点班	108	32.7	14.26***
	普通班	148	26.1	
	不设重点班	770	23.6	
入学方式	就近入学	790	23.1	70.17***
	电脑派位	15	30.0	
	靠成绩优异或特长考取	103	26.7	
	交赞助费或借读费	40	50.6	
	找熟人、找关系	71	43.3	
	其他	19	16.2	

续表

项目		参加课外补习学生有效样本数	参加课外补习的学生比例（%）	χ^2
学生性别	男	507	23.1	5.06**
	女	518	26.1	
学生语文成绩	优	375	32.8	84.25***
	良	348	26.0	
	中	254	20.0	
	差	56	13.4	
学生数学成绩	优	405	33.1	99.98***
	良	330	26.9	
	中	207	17.7	
	差	90	16.5	
父亲学历	大学本科及以上	49	61.3	296.37***
	大专	82	54.3	
	高中	173	37.2	
	初中	420	25.3	
	小学	109	12.7	
	文盲/半文盲	29	7.8	
母亲学历	大学本科及以上	54	75.0	516.37***
	大专	78	65.0	
	高中	177	50.4	
	初中	386	29.9	
	小学	156	15.5	
	文盲/半文盲	70	8.1	
家庭人均年纯收入分组	最高 25%	257	44.5	184.04***
	中上 25%	279	29.0	
	中下 25%	263	20.4	
	最低 25%	214	17.0	

二、哪些因素影响谁在补习？

已有文献研究表明，学生是否参加课外补习主要受个体、家庭、学校三方面因素的影响。结合相关数据，本书建立了以下基本模型来分析影响学生是否参加课外补习的因素。

$$Y_1=f\left(I,\ F,\ S\right) \tag{3-1}$$

其中，Y_1代表学生是否参加了课外补习，为二分变量，课外补习费用为“0”者，因变量取值为“0”，课外补习费用大于“0”者，因变量取值为“1”；I代表学生个体因素，包括性别、成绩的班级排名；F 代表家庭因素，包括家庭所在地区、家庭地点类型、家庭年人均纯收入、父亲文化程度、对孩子的教育期望；S代表学生所在的学校因素，包括学校层级、班级规模、是否为重点校、是否为重点班。在具体分析时，采用 Logistic 回归方程来探讨哪些因素影响谁在参加课外补习。

表 3-4 显示了学生参加课外补习的 Logistic 模型回归分析结果。其中，该模型卡方检验的显著性水平为 0.000，通过了 0.1%的显著性水平检验。线性模型的自变量共线性检验结果显示，所有自变量的方差膨胀系数（variance inflation factor，VIF）均小于 2，表明该模型中自变量之间不存在严重共线性问题。在该模型中，因变量是城镇在校生教育补习的对数发生比（log odds），即 $\ln[Ps/(1-Ps)]$，它是事件发生概率 P 的转换形式。Logistic 回归方程不能直接解释自变量变化对事件发生概率影响的大小，但可以分析其对 $\ln[Ps/(1-Ps)]$的影响强度。一般而言，回归系数为正，事件发生的概率将增加；回归系数为负，事件发生的概率将降低。从表 3-4 中可以看出，在控制其他因素的情况下，中部地区学生参加课外补习的概率显著高于西部地区。家庭所在地对学生是否参加课外补习具有显著负向影响，具体而言，本书的变量设定为：家庭所在地类型为直辖市/省会城市、地级市、县城、农村（包括乡镇），将它们分别赋值为 1、2、3、4。分析结果表明，城市学生比农村学生更有可能参加课外补习，大、中城市的学生比小城市学生更有可能参加课外补习。家庭人均年纯收入对学生是否参加课外补习有正向影响但不显著。父亲的文化程度对孩子是否参加课外补习有显著正向影响，父亲的文化程度越高，孩子参加课外补习的可能性越大。家长对孩子的教育期望对孩子是否参加课外补习有显著正向影响，具体而言，家长对孩子的教育期望越高，孩子参加课外补习的可能性越大。而控制其他因素的影响以后，学生性别和认知能力对

其是否参加课外补习没有显著影响，成绩班级排名对学生是否参加课外补习有显著正向影响，具体而言，成绩排名靠前的学生比排名靠后的学生更可能参加课外补习。而初中生和小学生在参加课外补习的可能性方面没有呈现出显著差异；学校类型与是否为重点班对学生是否参加课外补习也没有显著影响；而班级规模对学生是否参加课外补习有显著正向影响。

表 3-4　学生参加课外补习可能性的影响因素分析（N=509）

解释变量	因变量 $\ln[Ps/(1-Ps)]$	发生比[exp（B）]
东部地区（以西部地区为参照）	0.399（0.276）	1.491
中部地区（以西部地区为参照）	0.593**（0.285）	1.810
家庭所在地点	−0.415***（0.111）	0.660
家庭人均年纯收入	0.0001（0.0001）	1.000
父亲受教育程度	0.235**（0.112）	1.265
对孩子的教育期望	0.237**（0.105）	1.267
学生性别	0.090（0.223）	1.094
成绩班级排名	0.200*（0.170）	1.222
学生认知水平	0.045（0.031）	1.046
初中生（以小学生为参照）	0.357（0.220）	1.430
班级规模	0.015**（0.007）	1.015
重点校（以非重点校为参照）	0.369（0.242）	1.446
重点班（以非重点班为参照）	0.228（0.372）	1.256
Nagelkerke R^2	0.267	

三、课外补习对成绩有影响吗？

依据已有相关文献，本书借鉴 Hanushek 建立的教育生产函数经典理论模型①，建立了如下的基本模型以分析课外补习对学生成绩的影响。

$$Y_2=f(PT, I, F, S) \tag{3-2}$$

① Hanushek E A. The economics of schooling: Production and efficiency in public schools[J]. Journal of Economic Literature，1986，24（3）：114-177.

其中，Y_2 代表学生成绩，包括学生的语文成绩和数学成绩，是家长对孩子上学期平时语文和数学成绩的判断，分“优”“良”“中”“差”四个等级，为定序变量；PT 代表课外补习，包括是否参加课外补习以及去年用于课外补习的支出；I 代表学生个体特征变量，如性别、认知水平；F 代表家庭特征变量，包括家庭人均年纯收入、父亲受教育程度、父母对孩子的教育期望；S 代表学生的学校特征，包括班级规模、是否为重点校。

本书采用 ordinal 回归方程来分析学生是否参加课外补习及去年用于课外补习的支出分别对学生数学和语文学习成绩产生的影响。各模型回归分析结果见表 3-5。各模型卡方检验的显著性水平均为 0.000，通过了 0.1%的显著性水平检验。各模型的自变量共线性检验结果显示，所有自变量的 VIF 值均小于 2，表明该模型中自变量之间不存在严重共线性问题。各模型的平行线检验结果显示，各模型符合平行线假设，适合采用定序回归分析。表 3-5 显示，在控制其他变量的情况下，义务教育阶段的学生是否参加课外补习以及课外补习支出对数学成绩具有显著正向影响，但是对语文成绩的影响不显著。在控制其他因素的情况下，学生的认知水平对其数学和语文成绩均有显著正向影响。在控制其他因素的情况下，在因变量为语文成绩的模型中，女生成绩均显著高于男生。在控制其他因素的情况下，父亲最高学历和父母对儿童教育水平的期望对学生数学和语文成绩均有显著影响，但家庭人均年纯收入对学生数学和语文成绩影响均不显著。在控制其他因素的情况下，班级规模对学生数学成绩有负向影响。

表 3-5　课外补习对学生数学成绩和语文成绩影响的 ordinal 回归模型分析结果（N=697）

自变量	因变量：数学成绩		因变量：语文成绩	
	模型 1	模型 2	模型 3	模型 4
课外补习 （以没参加课外补习为基准）	0.409** （0.162）		0.078 （0.162）	
去年课外 补习支出		0.000 08* （0.000 05）		−0.000 02 （0.000 04）
学生认知水平	0.134*** （0.019）	0.135*** （0.019）	0.110*** （0.019）	0.111*** （0.019）
学生性别 （以女为基准）	0.111 （0.140）	0.104 （0.140）	−1.029*** （0.145）	−1.032*** （0.145）

续表

自变量	因变量：数学成绩		因变量：语文成绩	
	模型 1	模型 2	模型 3	模型 4
家庭人均年纯收入	0.000 000 02（0.000 008）	0.000 000 2（0.000 008）	0.000 001（0.000 008）	0.000 002（0.000 008）
父亲最高学历	0.186**（0.073）	0.187**（0.073）	0.196***（0.074）	0.204***（0.074）
父母对儿童教育水平的期望	0.206***（0.064）	0.220***（0.063）	0.304***（0.065）	0.311***（0.064）
班级规模	−0.007（0.004）	−0.006（0.004）	−0.000 06（0.004）	0.000 1（0.004）
重点校（以非重点校为基准）	0.370**（0.168）	0.391**（0.168）	0.269（0.168）	0.280*（0.168）
Nagelkerke R^2	0.164	0.161	0.193	0.193
模型平行线检验结果	0.253	0.162	0.282	0.286
χ^2	0.000	0.000	0.000	0.000

依据上述模型是难以将影响学生成绩的所有变量进行分析的，尤其那些不可观察的潜在变量更是难以判断，如学生的能力等。与此同时，学生是否参加课外补习与模型中未存在的变量可能也具有一定的联系，因此，上述模型可能存在内生性问题。自 1983 年以来，匹配法开始成为解决内生性问题的一类经验研究工具，并逐渐引起计量经济学学者的兴趣。匹配策略吸引人之处在于经过某种倾向得分匹配后，实验组与对照组很接近随机分配的结果，从而保证了在控制一系列协变量之后，实验结果与处理的分配相互独立，即条件独立、假设成立，至此可以获得回归系数的因果解释。[①]为了尽量克服内生性问题，本章采用 PSM 方法来估算课外补习对学生成绩的影响。在估算课外补习对成绩的因果效应时，PSM 方法实际是分两步来进行的，第一步是采用 Logistic 模型估计学生参加课外补习的倾向得分，模型中变量的选择准则是既要与项目处理（本章指是否参加课外补习）相关，又要与结果变量（本章指学生成绩）相关，或者与项目处理相关，但与结果变量不相关，避免选

① Rosenbaum P R, Rubin D B. The central role of the propensity score in observational studies for causal effects[J]. Biometrika，1983，70（1）：41-55.

择与结果变量相关但与项目处理无关的变量。[①]影响一个学生是否参加课外补习的因素很多，如家庭因素、个人因素、学校因素等，选择这些因素中的变量进入 Logistic 模型。第二步是根据某种匹配方法给每个处理个体找到一个对照组个体，通常做法是计算处理组与对照组在结果变量上的平均差值，此差值即处理平均效应的估计值，也即课外补习对学生成绩影响的估计值。也可以基于匹配成功的样本进行多元统计分析，且该方法可以更好地排除干扰变量的影响，故本章采用 1 对 5 的最近邻匹配方法得到匹配后样本，基于该样本建立 ordinal 回归模型估计课外补习对学生数学和语文成绩的影响。具体回归结果如表 3-6 所示。

表 3-6　基于倾向得分匹配法的课外补习对儿童学习成绩影响因素 ordinal 回归模型分析结果（N=1006）

自变量	因变量：数学成绩	因变量：语文成绩
	模型 5	模型 6
课外补习（以没参加课外补习为基准）	0.503***（0.148）	0.207（0.148）
学生认知水平	0.179***（0.019）	0.059***（0.017）
学生性别（以女为基准）	0.231*（0.122）	1.114***（0.124）
家庭人均年纯收入	0.0005（0.007）	0.008（0.006）
父亲最高学历	0.115*（0.062）	0.217***（0.063）
父母对儿童教育水平期望	0.367***（0.067）	0.385***（0.063）
班级规模	0.018***（0.004）	0.003（0.003）
重点校（以非重点校为基准）	0.225*（0.130）	0.119（0.127）
Pseudo R^2	0.072	0.066
χ^2	0.000	0.000

① Brookhart M A，Schneeweiss S，RothmanK J，et al. Variable selection for propensity score models[J]. American journal of epidemiology，2006，163（12）：1149-1156.

表 3-6 显示了依据 PSM 方法进行估计的结果，义务教育阶段学生是否参加课外补习对数学成绩的提高具有显著的正向影响，而对语文成绩的提高不具有显著影响。此结果与前面的 ordinal 回归模型估计结果大体一致，只是基于 PSM 方法估计的系数更大。但与普通的 ordinal 回归模型估计结果有所不同的是，男生数学成绩高于女生通过了统计显著性水平检验，班级规模对数学成绩的负向影响通过了统计显著性水平检验。在其余变量的分析结果上，PSM 方法的估计结果与 ordinal 回归模型的结果基本一致。

第三节　研究结论与政策建议

一、研究结论

根据对我国义务教育阶段课外补习进行研究，本章得出如下主要结论。

1）在本章的义务教育阶段学生样本中，参加课外补习的学生达到 24.6%，约占学生总样本的 1/4。不同个体、家庭和学校背景的学生参加课外补习的比例有显著差异。东部地区学生参加课外补习的比例明显高于西部地区学生；城市学生参加课外补习的比例高于农村学生，大、中城市的学生参加课外补习的比例高于小城市学生；初中生参加课外补习的比例显著高于小学生；示范/重点校学生参加课外补习的比例显著高于普通校学生，重点班学生参加课外补习的比例显著高于普通班学生；班级里语文和数学成绩越高的学生，参加课外补习的比例也越高；家庭社会经济背景较好的学生参加教育补习的比例高于家庭社会经济背景较差的学生。

2）义务教育阶段在校生是否参加课外补习主要受学生个体、家庭、学校三方面因素的影响。在学生个体因素中，成绩的班级排名对学生是否参加课外补习具有显著正向影响，具体而言，成绩排名越靠前的学生，参加课外补习的可能性越大。在家庭因素中，家庭社会经济背景（以收入、父亲受教育程度、父母对子女的教育期望衡量）对义务教育阶段在校生参加课外补习的可能性有显著的正向影响，家庭社会经济背景越好，其孩子参加课外补习的可能性越大。与此同时，父母对子女的教育期望对子女是否参加课外补习也具有显著正向影响，父母对子女的教育期望越高，其子女参加课外补习的可能性也越大。从城乡因素来看，城市学生比农村学生更可能参加课外补习，且城市越大，学生参加课外补习的可能性也越大。在学校因素中，班级规模对学生是否参加课外补习有显著正向影响，班级规模越大，学生参加课外补习的可能性越高。

3）在现有的课外补习对学生成绩影响的相关文献的基础上，本书借鉴了汉那谢克建立的教育生产函数经典理论模型，研究方法采用基于 PSM 方法的 ordinal 回归方程。结果发现，在控制学生个体、家庭、学校等影响因素的情况下，义务教育阶段学生是否参加课外补习以及课外补习支出对数学成绩的提高具有显著正向影响，但对语文成绩的影响不显著。

二、结论讨论

如何理解上述结果？在所有调查的义务教育在校生中，有 24.6%的学生参加了课外补习，约占总样本的 1/4。直辖市/省会城市学生参加课外补习的比例达到了 56.1%，地级市学生参加课外补习的比例达到了 50.9%。这表明，我国城镇义务教育阶段学生参加课外补习已是普遍现象。我国义务教育阶段学生如此大规模地参加课外补习，受到我国文化、教育、经济和政治等多重因素的综合影响。从文化角度进行分析，整个东亚及东南亚国家都受到儒家文化的影响，儒家文化自孔子起就以“学而优则仕”作为读书的终极目的；从教育角度进行分析，“课外补习可能更加普遍地存在于那些通过投资于课外补习就能容易地取得考试成功的教育体系中，在那些以教师为中心而非以儿童为中心的教育体系以及不容忍差生的教育体系中，课外补习也会显得尤为重要”[①]。目前，我国的教育体系仍以考试为中心、以教师为中心。实践表明，学生参加课外补习对学业成绩的提高具有一定的促进作用，因此，学生纷纷将参加课外补习作为提高其学业成绩的重要手段。从经济角度进行分析，家长认为投资课外补习能够带来更多的经济效益。Psacharopoulos 的研究发现，通常情况下，人们都会选择尽可能长时间地接受教育。[②]课外补习能够增加子女延长教育年限和提高学业层次的可能性，因此，家长会倾向于通过投资课外补习来帮助子女提高成绩。从政治角度进行分析，拉夫

① Buchmann C. Getting ahead in Kenya：Social capital，shadow education，and achievement[J]. Research in the Sociology of Education，2002（13）：133-159.

② Psacharopoulos G. Returns to investment in education：A global update[J]. World Development，1994，22（9）：1325-1343.

特瑞（Raftery）提出的“最大化维持不平等”理论和卢卡斯（Lucas）提出的“有效维持不平等”理论对其进行了合理分析。MMI 理论认为，在义务教育尚未普及的时候，不同社会经济地位家庭的子女所获得的义务教育入学机会是有差异的，此时义务教育竞争的核心是学生能否获得入学机会。根据 EMI 理论，在义务教育达到普及程度的时候，我国义务教育发展的不平衡导致城乡和校际教育质量的差距比较大，此时教育竞争的核心围绕着教育的质量，如择校就是这种竞争的具体表现。而当政府采取措施控制择校与缩小城乡和校际教育质量差距时，为了有效维持教育不平等，不同社会经济地位家庭的教育竞争核心就从学校教育转向了影子教育。影子教育将使社会经济地位较高家庭的子女获得更多数量和更高质量的教育，这些都可以帮助其子女在未来的升学和就业竞争中取得成功，而这种教育和就业的成功将可以使学生获得优势社会经济地位，这也就解释了为什么在义务教育阶段，来自社会经济背景较好家庭投资课外补习的规模大大高于社会经济背景较差家庭，这种现象实际上反映了现在义务教育在校生家庭的教育竞争中心正从学校教育转向影子教育。

与县城和农村相比，大、中城市的教育发展水平比较高，校际教育质量差异也比较大，义务教育竞争的核心在于教育质量的竞争，故大、中城市学生参加课外补习的比例要高于县城和农村的学生。与西部地区相比，东、中部地区的教育发展水平比较高，校际教育质量差异也比较大，义务教育学生围绕教育质量的竞争也更加激烈，因此，东、中部地区学生参加课外补习的比例明显高于西部地区学生。当前，我国初中升高中需要通过考试选拔学生，初中生面临的升学竞争程度要高于小学生，因此，初中生参加课外补习的比例显著高于小学生。同时，示范或重点学校的学生之间的学业竞争程度高于普通学校，因此，示范或重点学校学生参加课外补习的比例显著高于普通学校学生。

来自较好家庭社会经济背景以及大、中城市的学生更可能接受课外补习，说明课外补习具有社会再生产功能，在一定程度上反映了社会不平等和教育不平等状况，是城乡差距和贫富差距的具体映像。[①]在义务教育均衡化发展过程中，家庭社会经济地位不同的学生获得课外补习的数量和质量具有差距，可能导致学生在未来学业成绩、入学和工作机会获得等方面依然存在差异，进而使课外补习成为一种维持和强化社会分层的重要机制，成为阶层差距在代际维持和传递的一个重要

① Southgate D E. Determinants of shadow education：A cross-national analysis[D]. The Ohio State University，2009：133.

通道。已有研究也发现，收入较高的家庭比收入较低的家庭更可能参加课外补习，且有能力为子女选择数量更多、质量更好的课外补习，因此，课外补习在一定程度上促进了社会再生产，维持或扩大了社会的不平等。①

在研究学生是否参加课外补习的影响因素中，一个有价值的问题是学习成绩好与学习成绩差的学生，谁更可能去补习？本章研究结果显示，成绩的班级排名对学生是否参加课外补习有显著正向影响，即班级排名越靠前的学生参加课外补习的可能性也越大，一个合理的解释是排名越靠前的学生面临的学习竞争越激烈，为了保住现有的排名位置，他们寻求课外补习的动机更强。上述研究结果显示，目前我国义务教育阶段学生在课外补习中同时存在“培优”“补差”两种类型，但占主导地位的可能是“培优”类型的课外补习，此结果与 2004 年的相关研究结论保持一致②，但与国外相关研究结论有所不同。Baker 等对 1994—1995 年 TIMSS 项目的 41 个国家和地区的八年级和九年级学生参加课外补习的调查研究显示，超过 3/4 的国家和地区的学生参加课外补习是为了“补差”，3 个国家和地区的学生参加课外补习的目的是“培优”，剩下 7 个国家和地区的学生参加课外补习既存在“补差”也存在“培优”。③

在研究学生是否参加课外补习的影响因素中，学校层面的班级规模对学生是否参加课外补习有显著正向影响，通常而言，班级规模越大，学生参加课外补习的可能性越高。其主要原因在于办学质量较高的学校的班级规模通常较大，学生更可能寻求课外补习。2012 年的中国家庭追踪调查数据表明，重点和普通小学平均班级规模分别为 52.75 人和 40.64 人，重点和普通初中平均班级规模分别为 54.87 人和 51.45 人，重点校的班级规模明显高于普通学校。另外的可能原因是随着班级规模的增大，教师对每个学生的关心程度随之减弱，学生在学校中的学习效果也递减，因此，学生不得不寻求参加规模更小的课外辅导班以抵消校内大班学习的消极影响。

绝大多数的学生参加课外补习的主要原因是提高成绩，但是课外补习究竟能否提高学生成绩？本章发现了一些有价值的结论：课外补习对义务教育阶段学生的数学成绩有显著正向影响，但对语文成绩的影响不显著。可能的原因是数学和

---

① 马克·贝磊. 直面影子教育教育系统——课外辅导与政府决策抉择[M]. 丁笑炯译. 北京：联合国教科文组织北京办事处，2009：32.

② 薛海平，丁小浩. 中国城镇学生教育补习研究[J]. 教育研究，2009（1）：39-46.

③ Baker D P, Akiba M, LeTendre G K, et al. Worldwide shadow education: Outside-school learning, institutional quality of schooling, and cross-national mathematics achievement[J]. Educational Evaluation and Policy Analysis, 2001, 23（1）：1-17.

语文两个学科在特点和要求上存在较大差异，学生可通过参加课外补习对数学解题思路和题型进行短期培训，较快地提高数学成绩，而语文科目有赖于学生平时的阅读积累。

三、政策建议

基于上述结论和讨论，本章的主要政策建议如下。

1）政府需要提高主流学校的教育服务质量，削弱学生和家长对课外补习的需求，减轻影子教育对主流学校教育教育公平政策的冲击。我国义务教育阶段学生大规模参与课外补习的现象映射了我国主流学校教育服务质量令人不满意。当前，我国义务教育阶段学校正在推行素质教育，而以帮助学生提高考试成绩为主要目的的课外补习活动在很多方面与素质教育的理念不一致，也对主流学校教育活动产生了冲击，为此，许多地方教育管理部门和学校对课外补习活动采取了管制措施。然而，课外补习活动的产生有其深刻的原因，教育管理部门如果忽视这些原因而一味管制，效果可能会适得其反。目前，我国以考试为中心的教育体系为课外补习活动的发展提供了“土壤”，这种课外补习活动反过来又加剧了学生的考试竞争压力。当前，我国义务教育阶段学校的班级规模普遍偏大，教学模式比较僵硬，不能有效满足学生多元化需求，因此，迫使许多学生和家长寻求参加规模更小且教学模式更加灵活的课外辅导班以满足学生的多元化需求。此外，近年来，我国从中央到地方都出台了一系列相应政策以推进中小学学生“减负”工作。教育部在 2013 年 8 月出台了《小学生减负十条规定》（征求意见稿），该规定对小学生在校时间和课外活动时间等都做了较为严格的要求。这无疑对“减负”工作有积极的影响，但“减负”政策在实施过程中也可能刺激义务教育阶段学生对课外补习的需求。因为“减负”政策实施后，学生在校时间缩短，而许多地方学校的课外活动开展得又不够，学生会较早放学，而父母由于工作无法照料孩子，这无疑会刺激家长对孩子参加课外补习的需求。

教育公平是社会公平中重要的一部分，而义务教育公平则是实现教育公平最坚实的基础。义务教育是国家一项重要的公益性事业，政府必须坚持以教育公平为目标，在每个学生都有入学机会的情况下，尽力保障义务教育阶段教育资源均衡配置。然而，主流学校教育在努力推行义务教育均衡的同时，家庭社会经济地位的差异却导致了课外补习市场中的不平等问题，社会经济地位较高的家庭的子女正在利用课外补习的优势扩大教育不平等。选择课外补习是学生和家长的权利，但面对课外补习对义务教育公平目标的挑战，政府需要提高主流学校教育的服务质量，削弱学生和家长课外补习需求，减轻课外补习对主流学校教育体系教育公平政策的冲击。为此，政府当前在政策上有以下几个努力方向：一是推动主流学校教育体系采取更加灵活的教育教学模式,努力满足学生及其家长的多元化需求；二是缩小班级规模，照顾学生个别差异；三是为学校开展丰富多彩的课后活动提供人、财、物支持，努力避免因“减负”政策的实施而将许多学生和家庭推到课外补习市场的竞争中,反而会扩大不同地区在校生获得校外义务教育资源的差距。

2)政府必须尽快对课外补习市场进行监管和治理，抑制影子教育的社会再生产作用，减弱由课外补习带来的教育跨越代际的效应功能。新马克思主义的“再生产论”认为，教育制度内隐含的社会关系与生产制度内隐含的社会关系存在着一致和对应，教育的社会化功能主要体现在复制与再生产既有的生产关系上。一方面，家庭的社会、经济、文化资本将决定其子女获得教育机会的数量与质量；另一方面，主流学校教育体系内部的分层，特别是通过所谓的精英教育，与社会生产中的等级分工相一致和对应，从而建立家庭社会经济地位—子女教育机会的获得—子女未来社会经济地位之间的对应，教育因而成为家庭内各种资本在代际传递的工具。本章的研究结果显示，家庭社会经济背景对学生是否参与课外补习同样有重要影响，而根据 EMI 理论，参加课外补习可能会帮助学生在未来的升学竞争中取得成功，最终可以使学生获得优势社会经济地位。从新马克思主义理论观点出发，我们可以建立起家庭优势社会经济地位—为子女投资课外补习—子女获取在主流学校教育体系中的竞争优势—子女取得未来优势社会经济地位之间的明确对应关系。课外补习强化了家庭背景对文化再生产的作用，由此，课外补习成为代际效应传递以维持和强化社会分层的一个重要通道。因此，城乡和不同社会经济地位家庭的课外补习行为已经成为一种社会再生产的新机制。就社会流动而言，课外补习在一定程度上维持和强化了不同家庭背景的社会分层，对正常的社会流动方式产生了负面影响，阻碍了教育跨越代际效应的功能。

由于家庭背景不同,义务教育阶段学生已经围绕课外补习开始了博弈和竞争，这反映了教育社会再生产功能逐渐由学校教育延伸至影子教育。因此，政府必须对影子教育进行适当管控，进而减轻由课外补习产生的社会再生产作用。具体而言，政府可以采取如下措施：一是严格管控公立学校在职教师的有偿家教现象，保障全体学生公平接受学校内义务教育的权利。二是政府要对数学成绩较差且家庭背景也较差的学生提供课外补习费用补贴，帮助这些处于学习不利地位的学生缩小与其他学生成绩的差距。目前，澳大利亚、英国、法国、新加坡、美国等发达国家已经开始将课外补习作为对低分或者能力欠缺学生的学业帮助，通过补习券、补习津贴、基于课外补习投资税制优惠等措施刺激成绩落后学生的课外补习需求①②③，这样能够减小课外补习对社会良性流动产生的不利影响。三是坚持义务教育资源向经济落后地区、弱势阶层家庭倾斜，以此缩小经济落后地区、弱势阶层学生因课外补习而产生的教育结果不平等。

3）政府和社会有必要引导城乡和不同阶层义务教育在校生和家长理性选择课外补习，努力使其避免陷入“囚徒困境”的局面。“囚徒困境”是 1950 年美国兰德公司提出的博弈论模型，是指两个共谋犯罪的人在被关入监狱不能互相沟通的情况下，如果二人都不揭发对方，则因证据不确定，二人各坐牢 1 年；若一人揭发，而另一人沉默，则揭发者因为立功而立即获释，沉默者因不合作而入狱 5 年；若互相揭发，则因证据确凿，二人都判刑 3 年。由于囚徒无法信任对方，二人倾向于互相揭发，而不是同守沉默。上述“囚徒困境”博弈模型可以用表 3-7 表示。④

表 3-7　“囚徒困境”博弈模型

项目	甲沉默	甲背叛
乙沉默	二人同时判刑 1 年	甲获释，乙判刑 5 年
乙背叛	乙获释，甲判刑 5 年	二人同时判刑 3 年

上述“囚徒困境”博弈模型同样适用于解释我国不同阶层义务教育阶段学生及其家长在进行课外补习决策时面临的博弈和竞争格局。假设有甲、乙两位义务教育阶段学生，他们在决定是否参与课外补习时，决策收益如下：二人都合作（不补习），各得 3 分（合作报酬）。一人背叛（补习），一人合作（不补习），背叛者得 5 分（背叛诱惑），合作者得 0 分（受骗支付）。二人都背叛（补习），各得 1 分（背叛惩罚）。上述“囚徒困境”博弈模型可以用表 3-8 表示。结果是甲和乙均

① Watson L. Private expectations and public schooling：The growth of private tutoring in Australia[J]. National Conference of the Australian Association for Research in Education，2008.

② Melot L. Le marché du soutien scolaire. Paris：Precepta. Summary availableon[EB/OL]. http://www.xerfi.fr/etudes/7SME04. pdf.

③ Tan J. Private tutoring in Singapore：Bursting out of the shadows[J]. Journal of Youth Studies，2009，12（1）：93-103.

④ Poundstone W. Prisoner's Dilemma：John von Neuman，Game Theory，and The Puzzle of The Bomb[M]. New York: Anchor，1993.

从自己利益最大化出发选择参加课外补习，但最终收益不如都不参加课外补习。而在这场博弈中，除了课外补习机构和课外补习老师之外，大家都是输家，尤其是对于经济落后地区以及社会经济背景较差的家庭来说，这场课外补习的博弈和竞争会给他们带来更加沉重的经济负担，使他们处于更加不利的社会处境。因此，政府和社会有必要引导城乡和不同阶层义务教育在校生和家长客观看待课外补习对学习成绩的影响，理性选择课外补习，努力避免陷入“囚徒困境”的局面，降低学生个体、家庭和社会资源无谓的消耗，提高个体、家庭和社会收益。

表 3-8　课外补习中“囚徒困境”博弈模型

项目	甲不补习	甲补习
乙不补习	3，3	5，0
乙补习	0，5	1，1

第四章

初中生家庭文化资本与校外兴趣班参与

艺术教育在政策上有了支撑后，作为课外补习所提供的专业艺术教育服务——兴趣类培训班越来越受到家长追捧。《教育部办公厅关于做好 2018 年中小学幼儿园学生暑期有关工作的通知》中强调，各地各校要鼓励学生积极参与各类体育、科技和文化艺术教育活动，引导学生保持暑期锻炼身体的习惯。各类青少年校外活动场所要统筹调配师资，尽量多开设一些丰富多彩的兴趣班，满足中小学生暑期需要。《中小学生艺术素质测评办法》、《中小学校艺术教育工作自评办法》和《中小学校艺术教育发展年度报告办法》（简称“三个文件”）均指出，全面取消体育特长生、中学生学科奥林匹克竞赛、科技类竞赛、省级优秀学生等全国性高考加分项目，但唯独没有取消艺术特长类加分，凸显了艺术教育的重要性。在这种形势下，各类兴趣班培训机构在学生已广泛参与的基础上继续宣扬艺术教育的重要性，参与兴趣班在满足学生的兴趣需求后迎来了“政策导向”需求。众多研究者已经围绕课外补习的内涵与外延，影响因素以及对学生、社会的影响等方面做出了诸多研究，为政府决策提供了大量理论支持。但已有课外补习研究中，学者大都围绕学术类课外补习进行研究，鲜有学者对非学术类课外补习，即兴趣班进行深入系统的研究。本章利用中国教育追踪调查研究 2014 年、2015 年两年的数据研究家庭文化资本对学生参与校外兴趣班的影响。

第一节 研 究 设 计

一、研究回顾

（一）学生参与兴趣班研究

近几年，由于家庭经济收入、教育水平的提高，越来越多的家长注重子女的才艺类补习。[①]但是，由于参与兴趣班的主要目的不是提高成绩，在中国目前的教育生态中，学生参与兴趣班的比例要明显低于学术类课外补习。[②③④⑤]和学术类课外补习相似的是，学生是否参与兴趣班也受到个人、家庭、学校等各方面的影响，家庭经济条件好、父母学历高、父母职业等级高以及学校质量好的学生不仅在学术类课外补习上的参与率高，而且在兴趣班的参与率上也是如此，并且，学习成绩越好的学生，参与兴趣班的比例越高。[⑥]虽然参与兴趣班不能直接提高学生的学习成绩，但是已有研究表明，参与兴趣班对学生的非认知能力有显著正向影响和中介效应。[⑦]

（二）家庭文化资本对课外补习的影响研究

彭湃和周自波调查武汉市洪山区义务教育阶段学生参与课外补习的情况时，以父亲受教育程度作为文化资本的操作化定义分析出，父亲受教育程度越高，其子女参与课外补习的概率越大。[⑧]

也有其他学者将父母受教育水平作为文化资本的操作化，楚红丽在分析全国义务教育阶段学生参与课外补习的影响因素时发现，父母的受教育水平对学生参

---

① 赵楠楠. 小学生课外补习现状调查与思考——以淮北市相山区小学为例[J]. 曲靖师范学院学报，2014，33（S1）：20-23.

② 楚红丽. 我国中小学生课外补习家庭之背景特征及个人因素[J]. 教育学术月刊，2009（12）：22-27.

③ 李静，薛海平. 家庭资本对初中生参加课外补习活动影响实证研究[J]. 基础教育，2016（6）：43-52.

④ 薛海平. 家庭资本与教育获得：影子教育的视角[J]. 教育科学研究，2017（2）：31-41.

⑤ 方晨晨. 家庭背景、课外补习与学生非认知能力的关系研究——基于中国教育追踪调查数据的经验证据[J]. 当代教育论坛，2018（4）：39-46.

⑥ 薛海平. 家庭资本与教育获得：影子教育的视角[J]. 教育科学研究，2017（2）：31-41.

⑦ 方晨晨. 家庭背景、课外补习与学生非认知能力的关系研究——基于中国教育追踪调查数据的经验证据[J]. 当代教育论坛，2018（4）：39-46.

⑧ 彭湃，周自波. 城市义务教育阶段课外补习研究——基于湖北武汉市H区的抽样调查[J]. 中小学管理，2008（4）：22-25.

与课外补习有显著影响。[①]

区域性研究中也有类似结论，曾满超等以甘肃、湖南和江苏的初中生、高一学生参加课外补习现状为研究目标进行的研究[②]，范砚蕾对太原市 6 所初中的学生参与课外补习做出的研究，均发现父母受教育水平越高，其子女参与课外补习的概率越高。[③]

有学者的研究指出，户主的受教育水平对学生参与课外补习有显著的正向影响，即户主受教育水平越高，学生参与课外补习的概率越大。在随后的研究中，薛海平的研究发现，母亲的学历对学生参与课外补习有显著的正向影响，并且对课外补习支出有显著的正向影响。在近几年的研究中，他又丰富了文化资本的操作化定义，将父母受教育程度、家庭藏书量（除课本教材外）作为文化资本的操作化变量，再次验证了之前研究中父母受教育程度对其子女参与课外补习的显著正向影响，并且，家庭藏书量也对学生参与课外补习有显著的正向影响。[④]

但是，有的学者认为，父母受教育水平对学生参与课外补习有显著负向影响。刘永秋在对北京市义务教育阶段学生参与课外补习现状进行研究时发现，父母如果拥有较高的受教育水平会对其子女进行家庭辅导，而那些受教育水平低的父母无法为孩子提供“亲力亲为”的课业辅导，只得寻求课外补习的帮助。[⑤]之所以出现两种不同结论的原因可能是地区差异，并且受调查对象、调查数据和定量方法的影响，可能会出现不同的分析结果。

由此可见，家庭藏书量也是学者进行文化资本操作化定义的一个选择。刘保中从阶层角度来研究中产家庭的教育问题，他认为，中产家庭的教育支出水平更高，家庭的藏书量更为丰富，其子女参加课外补习的可能性更大。[⑥]

（三）文献综述小结

综上所述，国内外关于课外补习的研究主要围绕语文、数学、英语等学术类课外补习，对校外兴趣班方面的深入研究不多。国内外学者基本没有单独考察家

① 楚红丽. 我国中小学生课外补习家庭之背景特征及个人因素[J]. 教育学术月刊，2009（12）：22-27.

② 曾满超，丁小浩，沈华. 初中生课外补习城乡差异分析——基于甘肃、湖南和江苏 3 省的初中学生课外补习调查[J]. 教育与经济，2010（2）：7-11.

③ 范砚蕾. 太原市初中生课外补习问题研究[D]. 山西财经大学，2012.

④ 薛海平. 家庭资本与教育获得：影子教育的视角[J]. 教育科学研究，2017（2）：31-41.

⑤ 刘永秋. 城市小学生课外补习现状及对策——以北京市为例[D]. 四川师范大学，2014.

⑥ 刘保中. “鸿沟”与“鄙视链”：家庭教育投入的阶层差异——基于北上广特大城市的实证分析[J]. 北京工业大学学报（社会科学版），2018，18（2）：8-16.

庭文化资本对学生参与校外兴趣班的影响的研究。已有相关研究中，大多数学者采用单一的质性研究方法或单一的定量研究方法来分析家庭文化资本对课外补习的影响，鲜有采用质性和定量两种研究方法相结合的混合研究方法探讨家庭文化资本对学生参与校外兴趣班的影响。

二、研究数据

本章使用数据全部来自中国人民大学中国教育追踪调查数据。中国教育追踪调查是由中国人民大学中国调查与数据中心执行的一项调查研究，本章所用数据来自 2014 年及 2015 年两年的追踪调查数据。2014 年的数据以初中一年级（七年级）和初中三年级（九年级）两个同期群体作为调查起点，从全国随机抽取了 28 个县级单位（县、区、市）作为调查点，并在调查点内抽取了 112 所学校、438 个班级、约 2 万名学生作为调查样本，调查对象主要包括学生、家长、教师及校领导。2014 年，有 19 487 名学生参与调查；2015 年，有 10 750 名学生参与调查。其中，成功追访 87.9%的学生，即 2014 年样本中七年级升八年级的学生。

表 4-1 显示的是 2015 年数据中各个变量的样本量，在原有数据的基础上，笔者对数据进行了重新编码以方便研究。本章实证分析部分主要考察两个方面：一是我国初中生参与兴趣班的差异分析，这部分将对 2014 年数据和 2015 年数据做外部的纵向对比以及内部的横向对比；二是家庭文化资本对初中生参与兴趣班的影响，这部分以 2015 年数据作为统计分析数据。

表 4-1　样本量说明（以 2015 年数据为基准）

变量名	变量类型	有效样本量	有效比例（%）
学生性别	男生	4824	51.1
	女生	4613	48.9
学生是否独生	是	4303	44.0
	否	5468	56.0
学生是否留守	是	2074	21.1
	否	7761	78.9
学生是否流动	是	1769	18.2
	否	7960	81.8

续表

变量名	变量类型	有效样本量	有效比例（%）
学生学习成绩	下等	673	30.1
	中等	769	32.6
	上等	970	37.3
学校性质	公立学校	9875	91.9
	私立学校	875	8.1
学校所在地区类型	市/县城的中心城区	4919	46.7
	市/县城的边缘城区	2004	19.0
	市/县城以外的镇或村	3610	34.3
学校质量	差	2374	22.1
	中	5602	52.1
	优	2774	25.8

同时，基础教育课外补习研究课题组于 2018 年 6—9 月在全国某些省（自治区、直辖市）做了抽样调查式访谈。表 4-2 为学生信息，表 4-3 为家长信息。

表 4-2　访谈对象基本信息（学生）

编号	性别	年龄	年级	家庭所在地区	母亲学历	父亲学历	母亲职业	父亲职业	访谈时间
HBstu04	男	13	八年级	农村	小学	初中	农民	农民	20180822
HBstu05	女	13	八年级	城镇	高中	高中	无	工人	20180825
HBstu07	女	16	九年级	城镇	初中	初中	工人	工人	20180825
JSstu01	男	14	七年级	农村	初中	初中肄业	农民	农民工	20180723
JSstu07	女	13	八年级	城镇	小学	初中	经营餐馆	经营餐馆	20180727
JSstu08	女	15	九年级	城镇	本科	专科	小学老师	经营公司	20180727
JSstu09	女	14	八年级	农村	小学肄业	小学肄业	农民工	农民工	20180803
ZJstu06	男	13	七年级	县镇	本科	本科	银行职员	银行职员	20180811
ZJstu07	女	14	八年级	县镇	/	/	经商	经商	20180812
HEBstu01	男	16	九年级	城镇	初中	初中	个体	个体	20180824
HEBstu03	女	14	九年级	城镇	中专	初中	保险销售	司机	20180824
HEBstu05	女	14	九年级	城镇	大专	自考本科	职工	职工	20180825

表 4-3　访谈对象基本信息（家长）

编号	性别	年龄	家庭所在地区	学历	职业	家庭经济情况	对应学生编号	与学生关系	访谈时间
HBma02	女	48	农村	小学	农民	中等	HBst04	母子	20180824
HBma03	女	49	城镇	高中	自由职业	中下等	HBst05	母女	20180825
JSma01	女	38	农村	初中肄业	农民	下等	JSst01 JSst02	母子	20180723
JSma06	女	39	县镇	本科	小学教师	上等	JSst08	母女	20180727
JSfa07	男	44	农村	小学肄业	农民工	下等	JSst09	父女	20180803
ZJma01	女	45	县镇	本科	银行职员	中等	ZJSt06	母子	20180811
HEBma1	女	37	城镇	初中	个体	中上等	HBst01	母子	20180824
HEBma5	女	44	城镇	大专	职工	中等	HBst05	母女	20180825
HEBma6	女	36	城镇	本科	职工	中等	HBst06	母子	20180925

此次访谈中，课题组共访问了 12 个家庭，其中，访问初中生 12 人，访问家长 9 人。在学生访谈样本中，女生有 8 人、男生有 4 人；农村学生有 3 人、县镇（县城/乡镇）学生有 2 人、城镇（城市/城镇）学生有 7 人；七年级学生有 2 人，八年级学生有 5 人，九年级学生有 5 人。总体来说，学生样本的性别、城乡、年级分布比较合理。

基于研究需要，课题组对访谈对象进行了编号，用各省拼音的大写首字母代表地区访谈记录（HB——湖北、JS——江苏、ZJ——浙江、HEB——河北），stu 代表学生访谈样本，ma/fa 代表母亲/父亲的访谈记录，数字代表序号。以 HBstu01 为例，表示的是湖北省 01 号受访学生，HBma01 表示是湖北省 01 号受访母亲。访谈对象信息见表 4-2 及表 4-3。根据研究需要，本章只选取初中生样本，共计初中生 12 名、家长 9 名。

由于各种原因，此次访谈未能做到一位学生对应一位家长，但是在大部分学生访谈中都能够找到对应的家长信息。并且，在没有家长信息与学生信息一一对应的情况下，课题组后期通过各种方式进行了非正式访谈，获得的信息结合学生访谈内容进行筛选后酌情运用。

三、变量说明

家庭文化资本的概念由文化资本发展而来，皮埃尔·布迪厄认为，家庭文化资本主要指对子女获得教育机会并影响其学业成就的、家庭中的生活方式和消费习惯。[①]他在《国家精英：名牌大学与群体精神》一书中对家庭文化资本进行了更为详细的分类：一是具体化的形式或者称作身体化的形式，这种形式的文化资本直接存在于人的身体中，如教养、性情等；二是客观化的形式，主要表现为文化商品的形式，如图书、工具、器物等；三是制度化的形式，指某种文化能力的资格认证或是证明，如学历证书和各种能力资格证书等。[②]在这本书中，布迪厄（也译为布尔迪厄）将文化资本操作化定义为父亲的文凭（制度化形态）、喜欢的作家、听音乐会、参观博物馆、看电影、对爵士乐的看法、最接近的思想流派、度假地点、从事的运动（身体化形态）、报刊新闻阅读情况（客观化形态）。

本书借用文化资本的此项分类来定义家庭文化资本，即家庭文化资本是指能够对学生教育机会获得、学业成绩产生影响的家庭文化氛围、生活方式和消费习惯等，并将家庭文化资本分为身体化家庭文化资本、客观化家庭文化资本和制度化家庭文化资本。

为了能够准确地判断家庭文化资本对学生参加兴趣班的影响，又要控制其他变量对学生参加兴趣班的影响，本章采用的控制变量主要包括学生个人特征变量，如性别、是否为独生子女、是否为流动儿童、是否为留守儿童、班级学习成绩等，以及学校特征变量，如学校质量、学校性质、学校所在地区类型等。本章在统计分析时剔除了无效变量，故有效样本量会少于原样本量，具体变量说明见表 4-4。

表 4-4 变量说明（以 2015 年数据为基准）

变量类型		变量名	变量说明
因变量		是否参加兴趣班	0. 没参加，1. 参加
自变量	个人因素	性别	0. 男，1. 女
		是否为独生子女	1. 是，2. 否
		学生学习成绩	1. 下等，2. 中等，3. 上等
		是否为留守儿童	1. 是，2. 否
		是否为流动儿童	1.是，2. 否

① Bourdieu P. What makes a social class? On the theoretical and practical existence of groups[J]. Berkeley Journal of Sociology，1987，32（1）：1-17.

② 布尔迪厄. 国家精英：名牌大学与群体精神[M]. 杨亚平译. 上海：商务印书馆，2004：98-99.

续表

变量类型			变量名	变量说明
自变量	学校因素		学校质量	1. 差，2. 中，3. 优
			学校所在地区类型	1. 市/县城的中心城区，2. 市/县城的边缘城区，3. 市/县城以外的镇或村
			学校办学性质	1. 公立学校，2. 民办学校
	家庭文化资本	身体化家庭文化资本	父母采用的教养方式（看电影、演出、体育比赛）（参观博物馆、天文馆）	1. 从未有过，2. 每年一次及以上，3. 每个月一次及以上
			父母持有的教育期望	1. 初中及以下，2. 高中毕业，3. 大学专或本科，4. 硕士及以上，5. 无所谓
		客观化家庭文化资本	家庭藏书量（不包括课本和杂志）	1. 少，2. 一般，3. 多
		制度化家庭文化资本	父亲/母亲最高教育水平	1. 小学及以下，2. 初中，3. 高中或专科，4. 大学本科，5. 硕士及以上

四、研究方法

（一）描述统计法

描述性统计分析结果显示，初中生参加兴趣班的现状，包括初中生参加不同科目兴趣班的差异，个人因素、学校因素和家庭因素带来的参与兴趣班的差异，以及从个人因素、学校因素角度描述不同初中生家庭文化资本的差异。

（二）Binarylogistic 回归模型

因变量“学生是否参加兴趣班”为二分变量，因此，本章采用 Binarylogistic 回归模型主要分析家庭文化资本对学生是否选择参加兴趣班的影响。

结合调查数据中获得的变量，本书建立如下基本模型来分析家庭文化资本对学生是否参加课外补习的影响。

$$Y_2=f(I, S, F) \tag{4-1}$$

其中，I 代表学生的个体特征变量，如性别、是否为独生子女、学习成绩。S 代表学生学校特征变量，如班级规模。F 代表家庭文化资本特征变量，如制度化的文化资本、客观化的文化资本、身体化的文化资本等。

（三）多层线性回归分析模型

由于本章使用的数据为嵌套型数据，即学生信息嵌套在学校层面，为保证研究结果的准确性，本章采用混合模型再次进行验证。根据本章的研究建立以下模型。

层 1：$Y_{ij}=\beta_0+\beta_1\text{gender}+\beta_2\text{ochild}+\beta_3\text{bchild}+\beta_4\text{mchild}+\beta_5\text{grade}+\beta_6\text{fccapital}+\gamma$ （4-2）

层 2：$\beta_0=\gamma_{00}+\gamma_{01}\,schooldiqu+\gamma_{02}\,schoolpaim+\gamma_{03}\,schoolxingz+\mu_0$ （4-3）

其中，因变量 Y_{ij} 代表 j 学校的 i 学生是否参与了兴趣班。自变量分为两层：第一层是个体因素变量，包括学生性别、是否为独生子女、是否为留守儿童、是否为流动儿童、学习成绩、家庭文化资本；第二层是学校因素变量，包括学校性质、学校质量以及学校所处地区类型。

（四）访谈分析法

本章在中国教育追踪调查 2015 年数据的基础上，根据本章所选取的数据设置了访谈。访谈主要包括基本信息、教育信息两个方面，其中，基本信息包括学生和家长的信息，教育信息包括学校教育信息和课外补习信息。

访谈主要涉及我国东部和中部地区的 4 个城市，共访谈 12 个家庭中的 12 个学生、10 个家长。样本量充足，具有一定代表性。表 4-2 和表 4-3 为访谈对象的大致情况，详细信息见表 4-5。

表 4-5　访谈样本说明

样本基本信息		样本量
调查区域	东部	9
	中部	3
居住地地区类型	城市/城镇	7
	县城/乡镇	2
	农村	3
性别	女	8
	男	4
教育阶段	七年级	2
	八年级	5
	九年级	5

第二节　我国初中生参与校外兴趣班的分析

一、我国初中生参与校外兴趣班的规模和差异分析

（一）不同个体的初中生参与校外兴趣班的规模和差异分析

我国初中生参与兴趣班的规模不如参与学术类课外补习的规模大。如表 4-6 所示，2014 年，七年级学生参与兴趣班的比例为 31.8%，九年级学生参加兴趣班的比例为 26%，均分别低于学术类样本 34%和 32%的比例。

表 4-6　2014 年不同年级初中生参与各类兴趣班的比例　　单位：%

项目	绘画	书法	音乐/器乐	舞蹈	棋类	体育类	兴趣班样本	学术类样本
七年级	8.6	5.6	12.4	5.5	3.0	9.7	31.8	34.0
九年级	5.4	3.9	8.7	3.5	1.7	7.2	26.0	32.0

在七年级学生中，兴趣班六类补习科目所占比例分别是 8.6%、5.6%、12.4%、5.5%、3%、9.7%，而在九年级学生中，这些比例分别是 5.4%、3.9%、8.7%、3.5%、1.7%、7.2%，在卡方检验中，p 值均小于 0.000。总体来看，九年级学生中有 32%参与学术类课外补习，相比七年级的 34%下降了 2%，兴趣班的参与比例则由 31.8%下降到了 26%，下降了 5.8 个百分点。由此可以看出，由于年级的增长，学生参与兴趣班的比例明显降低。

如表 4-7 和表 4-8 所示，2015 年，我国初中生参与兴趣班的人数为 2474 人，占总样本的 25%。2014 年的七年级初中生在 2015 年升入八年级后，参与各类兴趣班的比例明显降低了，这与 2014 年数据中七年级与九年级的初中生的差异基本类似。

表 4-7　2015 年初中生参与各类兴趣班的比例　　单位：%

项目	绘画	书法	音乐/器乐	舞蹈	棋类	体育类	兴趣班样本	学术类样本
七年级	8.6	5.6	12.4	5.5	3.0	9.7	31.8	34.0
八年级	6.4	3.6	11.1	3.6	1.6	7.6	25.0	35.0

表 4-8　不同个体的初中生参与兴趣班的比例

项目		参与人数	占比（%）	χ^2
全体		2474	25	
性别	男	1020	21.2	81.711***
	女	1348	29.3	
是否为独生子女	是	1327	30.9	137.324***
	否	1120	20.5	
是否为留守儿童	是	418	20.2	33.088***
	否	2043	26.4	
是否为流动儿童	是	434	24.6	0.166
	否	1990	25.1	
学生学习成绩	下等	673	23.4	12.360***
	中等	769	24.6	
	上等	970	27.0	

注：占比指占 2015 年 CEPS 调查样本中初中生的比例。

以下部分考察统一基准线下，即采用 CEPS 2015 年数据，初中生参与兴趣班的情况。

结合表 4-8，可知不同个体的初中生参与兴趣班的差异，即女生参与兴趣班的比例略高于男生；独生子女比非独生子女参与兴趣班的人数更多；非留守儿童比留守儿童参与兴趣班的人数更多；非流动儿童参与兴趣班的比例虽然略高，但卡方检验不显著，不具备统计意义；在学生学习成绩上，学习成绩越好的初中生参与兴趣班的比例越高。

细化到兴趣班的科目上，不同背景的初中生在参与各类兴趣班时也表现出不小的差异。性别差异能够带来明显的参与度差异，主要表现在体育类、舞蹈、音乐/器乐和绘画上，棋类和书法类兴趣班也具有明显的性别差异；男生参与体育类和棋类兴趣班的比例明显高于女生，而在其他四类兴趣班，即绘画、书法、音乐/器乐和舞蹈上，女生的参与率则都比男生高。是否为独生子女对初中生是否参与舞蹈、棋类和体育类兴趣班的影响不显著，但在音乐/器乐、绘画以及书法类兴趣班上存在显著影响，独生子女参与这些兴趣班的比例高于非独生子女。留守儿童参与绘画、音乐/器乐、书法和舞蹈兴趣班的比例要显著低于非留守儿童，但在其他两类兴趣班上没有显著差异。初中生的学习成绩在舞蹈和棋类兴趣班上不具备明显差异，但学习成绩越好的初中生越不愿意参加体育类兴趣班，成绩越好的初中生参加音乐/器乐和书法的比例越高。具体如表 4-9 所示。

表 4-9　不同个体的初中生参与各类兴趣班的比例

变量名		绘画	书法	音乐/器乐	舞蹈	棋类	体育类
性别（%）	男	4.0	2.9	8.0	0.8	2.5	10.2
	女	9.1	4.3	14.8	6.8	0.8	4.6
	χ^2	102.03***	13.65***	106.77***	234.63***	40.22***	106.70***
是否为独生子女（%）	是	8.2	4.2	15.7	4.0	1.8	8.0
	否	5.0	3.1	7.6	3.3	1.5	7.2
	χ^2	39.73***	8.31**	161.65***	3.652	3.485	2.025
是否为留守儿童（%）	是	6.1	2.5	7.2	2.9	1.5	6.9
	否	6.5	3.9	12.2	3.8	1.7	7.7
	χ^2	0.52**	9.38**	42.55***	4.29**	0.64	1.76
学生学习成绩（%）	下等	5.8	2.8	8.5	3.0	1.4	8.8
	中等	6.3	3.4	10.6	3.6	1.8	7.4
	上等	7.0	4.5	13.8	4.1	1.7	6.6
	χ^2	3.56**	13.82**	46.30***	6.01	1.18	106.70***

（二）不同学校的初中生参与兴趣班的规模和差异分析

表 4-10 是对不同学校的初中生参与兴趣班的描述统计，结果显示，首先，公立学校的初中生参与兴趣班的比例明显高于民办学校的初中生；其次，学校质量越好的初中生越可能参加兴趣班；最后，越靠近城市中心的学校的初中生参与兴趣班的比例越高。

表 4-10　不同学校的初中生参与兴趣班的比例

变量名		参与人数	占比（%）	χ^2
学校性质	公立学校	2348	25.6	27.382***
	民办学校	126	17.7	

续表

变量名		参与人数	占比（%）	χ^2
学校质量	差	400	19.1	157.429***
	中	1220	23.7	
	优	854	32.5	
学校所在地区类型	中心城区	1480	31.9	240.529***
	边缘城区	398	22.0	
	镇及村	548	17.0	

细化到具体科目上，不同学校的初中生参与各类兴趣班的比例是有显著区别的，如表 4-11 所示。

表 4-11　不同学校的初中生参与各类兴趣班的比例

变量名		绘画	书法	音乐/器乐	舞蹈	棋类	体育类
学校性质（%）	公立	6.7	3.7	11.5	3.7	1.7	7.4
	民办	3.1	2.5	5.9	2.0	1.3	9.3
χ^2		14.01***	2.48	21.03***	5.80**	0.68	3.30
学校质量（%）	差	5.0	2.1	7.2	2.9	1.2	6.1
	中	6.4	3.5	10.1	3.2	1.5	7.2
	优	7.6	4.9	16.4	4.7	2.2	9.4
χ^2		13.21**	27.67***	110.74***	13.98**	8.88**	19.95***
学校所在地区类型（%）	中心城区	8.3	4.4	16.2	4.9	1.8	8.4
	边缘城区	5.3	3.4	9.3	2.8	1.4	7.6
	镇及村	4.6	2.6	4.9	2.3	1.6	6.2
χ^2		48.45***	16.64***	253.4***	30.83***	1.21	14.16**

公立学校的初中生参与绘画、音乐/器乐和舞蹈的比例要明显高于民办学校的初中生，但在书法、棋类和体育类兴趣班上没有明显差异；学校质量优的初中生在各类兴趣班的参与率上都高于学校质量差的初中生。另外，学校所在地区类型除了在棋类兴趣班的参与率上没有显著差异外，在其他各类兴

趣班的参与率上均表现为，初中生的学校所在地区类型越接近中心城区，其参与率越高。

（三）不同家庭的初中生参与兴趣班的规模和差异分析

总的来说，家庭所在地区越接近中心城区，初中生参与各类兴趣班的比例越高。比如，参与比例相差最明显的音乐/器乐类兴趣班，家庭在中心城区的初中生的参与比例为 18.6%，而家庭在农村的，这一比例仅为 5.1%。除了棋类兴趣班的参与比例相差不大，其他兴趣班基本均遵循了这一规律；家庭经济水平的高低也显著影响初中生参与各类兴趣班的比例，总体来说，家庭经济水平越高的初中生参与兴趣班的比例则越高，在音乐/器乐类兴趣班上，家庭富裕的初中生和家庭困难的初中生的参与率分别是 23.8%、5.3%，相差高达 18.5 个百分点。父母职业等级不同，初中生参与兴趣班的比例也不同，尤其是在绘画、音乐/器乐和体育类兴趣班的参与比例上相差得较为明显，具体数据分析结果见表 4-12。

表 4-12　不同家庭的初中生参与各类兴趣班的比例

变量名		绘画	书法	音乐/器乐	舞蹈	棋类	体育类
家庭所在地区类型（%）	中心城区	9.6	5.0	18.6	5.2	2.0	9.0
	边缘城区	6.2	3.4	12.4	3.5	1.4	8.3
	城乡接合部	5.5	3.5	9.5	3.7	1.2	5.9
	乡镇	6.4	2.9	7.6	2.7	1.5	5.2
	农村	3.9	2.4	5.1	2.2	1.5	6.6
χ^2		95.75***	34.68***	534.34***	48.11***	p=0.358	23.63***
家庭经济水平（%）	困难	4.4	2.2	5.3	2.1	1.2	6.4
	中等	6.9	3.8	11.8	3.8	1.6	7.4
	富裕	7.5	6.1	23.8	6.0	3.7	11.3
χ^2		18.18***	23.45***	324.01***	24.82***	17.48***	16.33***
父母职业等级（%）	下层	4.0	2.5	5.3	2.2	1.5	6.2
	中层	6.1	3.5	10.6	3.9	1.4	7.2
	上层	11.8	5.9	23.4	5.7	2.4	10.5
χ^2		128.57***	41.71***	418.215***	47.69***	10.09**	35.77***

二、不同家庭文化资本的初中生参与兴趣班的差异分析

（一）不同身体化家庭文化资本的初中生参与兴趣班的差异

表 4-13 为不同身体化家庭文化资本的初中生参与兴趣班的比例。不难看出，父母陪伴子女参观博物馆、科技馆等文化场所的频率越高，则子女参与兴趣班的比例就越高。其中，父母从不陪伴子女参观博物馆、科技馆等，其（初中生）参与兴趣班的比例仅为 15.5%，父母偶尔陪伴子女参观博物馆、科技馆等，其（初中生）参与兴趣班的比例上升到 27.1%；父母经常陪伴子女参观博物馆、科技馆等，其（初中生）参与兴趣班的比例达到 37.7%。

表 4-13　不同身体化家庭文化资本的初中生参与兴趣班的比例

变量类型	最近一年是否参加过兴趣类课外补习		合计	χ^2
	没参加	参加		
父母从不陪伴子女参观博物馆、科技馆等（人数/百分比）	2726/84.5	500/15.5	3226/100	303.233***
父母偶尔陪伴子女参观博物馆、科技馆等（人数/百分比）	3597/72.9	1339/27.1	4936/100	
父母经常陪伴子女参观博物馆、科技馆等（人数/百分比）	985/62.3	596/37.7	1581/100	
父母从不陪伴子女参加比赛、看电影等（人数/百分比）	3572/84.0	681/16.0	4253/100	460.061***
父母偶尔陪伴子女参加比赛、看电影等（人数/百分比）	2641/73.0	979/27.0	3620/100	
父母经常陪伴子女参加比赛、看电影等（人数/百分比）	1138/58.8	796/41.2	1934/100	
父母对子女持高中以下教育期望（人数/百分比）	378/84.6	69/15.4	447/100	128.272***
父母对子女持高中毕业教育期望（人数/百分比）	1015/81.7	228/18.3	1243/100	
父母对子女持大学专科或本科教育期望（人数/百分比）	4021/75.7	1288/24.3	5309/100	
父母对子女持硕士及以上教育期望（人数/百分比）	1602/67.4	775/32.6	2377/100	

同样的，父母经常陪伴子女参加比赛、看电影等，其（初中生）参与兴趣班的比例也是最高的，为 41.2%；而父母偶尔陪伴其参加比赛、看电影等，父母从不陪伴其参加比赛、看电影等的初中生参与兴趣班的比例分别为 27%和 16%。

而父母对子女持有的教育期望不同，其（初中生）参与兴趣班的比例也大为不同。父母对子女的教育期望是高中以下，则初中生参与兴趣班的比例为 15.4%；父母对子女的教育期望是高中毕业，则初中生参与兴趣班的比例为 18.3%；父母对子女的教育期望是大学专科或本科，则初中生参与兴趣班的比例为 24.3%；父母对子女的教育期望是硕士及以上，则初中生参与兴趣班的比例为 32.6%。

以上结果均通过卡方检验，并在 0.001 水平上显著。综上所述，不同身体化家庭文化资本的初中生参与兴趣班的比例是不同的。

（二）不同客观化家庭文化资本的初中生参与兴趣班的差异

表 4-14 为不同客观化家庭文化资本的初中生参与兴趣班的比例，由此可知，家庭藏书量少的初中生参与兴趣班的比例为 13.7%，没有参加兴趣班的初中生占 86.3%；家庭藏书量一般的初中生参与兴趣班的比例为 22.3%，没有参加兴趣班的初中生占 77.7%；家庭藏书量多的初中生参与兴趣班的比例为 37.2%，没有参加兴趣班的初中生占 62.8%。随着家庭藏书量的增多，初中生参与兴趣班的比例也逐渐提高，没有参与兴趣班的比例也在逐渐下降。

以上结果通过卡方检验，并在 0.001 水平上显著。因而，拥有不同客观化家庭文化资本的初中生，其是否参与兴趣班是有区别的。

表 4-14　不同客观化家庭文化资本的初中生参与兴趣班的比例

变量类型	最近一年是否参加兴趣类课外补习		合计	χ^2
	没参加	参加		
家庭藏书量少（不含课本教材）（人数/百分比）	2319/86.3	367/13.7	2686/100	466.576***
家庭藏书量一般（不含课本教材）（人数/百分比）	2952/77.7	845/22.3	3797/100	
家庭藏书量多（不含课本教材）（人数/百分比）	2115/62.8	1253/37.2	3368/100	

（三）不同制度化家庭文化资本的初中生参与兴趣班的差异

表 4-15 为不同制度化家庭文化资本的初中生参与兴趣班的比例。具体而言，父母学历为小学及以下的初中生参与兴趣班的比例为 13.4%，父母学历为初中的初中生参与兴趣班的比例为 17.9%，父母学历为高中或中专的初中生参与兴趣班的比例为 28.5%，父母学历为本科的初中生参与兴趣班的比例为 48.4%，父母学历为硕士及以上的初中生参与兴趣班的比例为 48%。初中生没参与兴趣班的比例也随着父母学历的升高从 86.6%下降到 52%。

这一结果通过了卡方检验，并在 0.001 水平上显著。

表 4-15　不同制度化家庭文化资本的初中生参与兴趣班的比例

项目	最近一年是否参加兴趣类课外补习		合计	χ^2
	没参加	参加		
父母学历为小学及以下（人数/百分比）	717/86.6	111/13.4	828/100	528.577***
父母学历为初中（人数/百分比）	3314/82.1	724/17.9	4038/100	
父母学历为高中或中专（人数/百分比）	2507/71.5	997/28.5	3504/100	
父母学历为本科（人数/百分比）	529/51.6	496/48.4	1025/100	
父母学历为硕士及以上（人数/百分比）	78/52.0	72/48.0	150/100	

三、小结

1）个人因素、学校因素和家庭因素差异导致初中生在兴趣班参与率上有明显差异。在个人因素中，性别差异和学习成绩差异导致的兴趣班参与率差异较为明显，女生普遍参与非竞技类运动，而男生则在竞技类运动中的参与率较高；学习成绩越好的初中生在学术类课外补习上所占比例越高[①]，但初中生在升入高年级之后参与兴趣班的比例会明显下降，无论是将不同基准的七年级学生和九年级学生相比，还是同一批学生在七年级升入八年级之后，他们参与各类兴趣班的比例均有

① 李静，薛海平. 家庭资本对初中生参加课外补习活动影响实证研究[J]. 基础教育，2016（6）：43-52.

所下降。这可能是由于在升入高年级之后，初中生面临较重的学业负担和中考压力而将时间和精力投入到学习中去了。在学校因素中，学校处于中心城区的初中生比学校处于镇及村的初中生参与兴趣班的比例更高；同时，学校质量越好，初中生参与兴趣班的可能性越大；公立学校的初中生比民办学校的初中生参与兴趣班的比例高。在家庭因素中，经济条件越好、家庭所在地区越靠近中心城区、父母职业等级越高，初中生参与兴趣班的比例则越高，并且在不同兴趣班科目上表现有所不同，最为明显的是音乐/器乐类课外补习。

学生的这种差异带来的兴趣班参与率差异在访谈中也得到了验证。在本次访谈中，共有 12 名初中生，他们均在平日或暑期中参与了学术类课外补习，但是参与兴趣班的初中生寥寥无几。原因是多方面的：一是兴趣班机构分布不均；二是父母意愿、价格、学习压力等的阻碍。

> HBstu04（初二男生）说：我现在没有参加兴趣班，如果有合适的兴趣班（我喜欢唱歌和打篮球），我会去参加。
>
> JSstu09（初二女生）说：还没有想过上兴趣班，现在文化课还顾不过来呢，而且也没钱上兴趣班，再者咱们这也没有合适的、好的兴趣班可以上。

以上两位初中生均表达了“校外没有好的兴趣班”这一原因，如果有适合自己兴趣的，会有可能参与到兴趣班中。

> HBstu05（初二女生）说：我个人是很喜欢画画的，但是有关画画的兴趣班的价格都很贵，而且现在也没有时间。也就是说，报兴趣班主要受价格、时间和父母意愿的影响。
>
> JSstu07（初二女生）说：我和我妈说过要去上兴趣班，但是她说以后再去上。其母亲说：我想过让孩子上兴趣班，孩子自己也说过，但是家里孩子多，开支大，如果就一个孩子的话应该就比较好培养了…… 以后吧，经济条件好一些了，等她上了高中，以前她说过要学古筝，上这种兴趣班有利于参加艺考，好考大学一些。

以上两位初中生表示拥有自己的兴趣爱好，但是同父母商量后并未得到许可，便只好作罢。

本书访谈的几位学生都参加了学术类课外补习，其中，既包括学校内部的“有偿补课”，也包括学校外部的培训机构课外补习。这些学生通常会利用周末、寒暑假时间参加，还有学生会利用周一到周五放学之后的时间参加。从学生参加课外补习的原因来看，或是为了今后的升学，或是为了兴趣的培养，但两个原因发生冲突时，学生会放弃兴趣类课外补习而选择参加学术类课外补习。

HEBstu05（初三女生）说：小学三年级开始学单簧管（黑管），但从初一开始就没时间了，上半年考完市级（等级考试）以后，就没有再参加业余组的考试，后来每周去一次北京学习单簧管。如果想要学的好的话，需要有好的老师，只有北京才有好的老师，但是我觉得去北京有点远。

该学生在访谈时表示，当时没有参加任何兴趣班，因为升初中后时间紧张，加上去兴趣班的话，要到大城市跟随专业老师学习，时间和精力都不再允许其继续兴趣班的学习。

2）我国初中生的家庭文化资本差异在个人因素和学校层面均有表现，具体表现为以下方面。客观化家庭文化资本：个人因素方面，独生子女的客观化家庭文化资本高于非独生子女；女生的客观化家庭文化资本高于男生；非留守儿童的客观化家庭文化资本高于留守儿童；但流动儿童和非流动儿童的客观化家庭文化资本没有太大差别；而学习成绩越好的初中生，其客观化家庭文化资本越多。学校因素方面，公立学校初中生的客观化家庭文化资本拥有量高于民办学校的初中生，学校越靠近市中心城区的初中生，其客观化家庭文化资本拥有量越多，学校质量更好的初中生拥有更多客观化家庭文化资本。

以上结论在访谈中都得到了验证，在访谈的 12 名初中生中，有 4 名男生、8 名女生。总体来说，女生在家里拥有更多的课外书籍，并且会经常阅览。

JSstu07（初二女生）说：家里的课外书很多，包括名著等，平时在学校也有阅读课，我在阅读课上也会看一些书。

女生不仅拥有更多的客观化家庭文化资本，在学校也会阅读课外书籍，男生则恰恰相反。

即使有的女生在家中拥有的客观化家庭文化资本不高，但是她们会主动通过其他途径获得客观化文化资本。

JSstu09（初二女生）说：家里的书也有一些，姐姐以前也买过，如老师要求的名著之类的书，其他的就没有了。我一般都是去镇里的图书馆看书，也可以从那借书，每周回家的时候我就会先去借书再回家，但也没时间看，很多时候都是借来也没看完就要还回去了。

HBstu05（初二女生）说：我父母经常会陪我去买一些课外书，他们还是很重视我的学习的。但是这些书都是老师要求读的，如一些名著之类的书，小学的时候就买过很多，现在（初中）也买了十几本了。而像漫画、小说之类的书，我都是蹭别人的看，如我姐姐看过的我捡过来看看，在学校里借别人的看看这样。

独生子女较非独生子女能够和父母有更多互动，父母对其关注度也会更高。

JSstu07（初二女生）的母亲说：如果就一个孩子的话应该就比较好培养了。现在，他们三个人都上文化课的补习，我们平时也忙，加上我们的学历也辅导不了他们……

JSstu09（初二女生）的父亲说：我对孩子的教育就是好坏都是他们自己的，平时我很少说他们，因为那是他们自己的事情，不过孩子也还算争气，大女儿读的师范，但是老二没有她姐姐学习好，老三的成绩还差一些。

身体化家庭文化资本和制度化家庭文化资本：总体来说，初中生身体化家庭文化资本、制度化家庭文化资本遵循了客观化家庭文化资本差异的规律。不同的是，留守儿童的制度化家庭文化资本要低于非留守儿童，其身体化家庭文化资本也略低于非留守儿童；流动儿童的制度化家庭文化资本低于非流动儿童，其身体化家庭文化资本与非流动儿童的差异性不大。访谈中的一些初中生是留守儿童，其父母有一方或者双方都外出打工，如 JSstu09（初二女生）的母亲就在外打工，只有过年时才回家。

我爸妈平时打工又忙又累，很辛苦，虽然不怎么管我，但是我自己心里知道，这是因为他们没时间。而且家里的条件也不允许我们出去旅游、看电影、去博物馆等。我学习都靠自己，他们的文化程度也辅导不了我。

其父母忙于为生活奔波，以及受到学历限制，在其成长过程会缺乏陪伴，也无法对其进行功课辅导，导致该初中生的身体化家庭文化资本、制度化家庭文化资本都比较低。

总而言之，在个体因素中，独生子女比非独生子女拥有更多的家庭文化资本；

女生的家庭文化资本略高于男生；留守儿童与流动儿童在不同类别的家庭文化资本上表现出稍许差异，但总的来说，依然遵循非留守儿童比留守儿童、非流动儿童比流动儿童拥有更多的家庭文化资本；学习成绩越好的初中生，其家庭文化资本越多。在学校因素中，公立学校的初中生比民办学校的初中生拥有更多家庭文化资本；学校所在地区越靠近中心城区的初中生，其家庭文化资本越多；学校质量越好，初中生拥有的家庭文化资本越多。

3）家庭文化资本不同的初中生参加兴趣类课外补习的比例有所差异，具体而言，身体化家庭文化资本越多的初中生，其参加兴趣类课外补习的比例越大；客观化家庭文化资本越多的初中生，其参加兴趣类课外补习的比例越大；制度化家庭文化资本越多的学生，其参加兴趣类课外补习的比例越大。下面将对此结论进行进一步论述。

第三节　家庭文化资本对我国初中生参与兴趣班的影响分析

一、家庭文化资本对我国初中生参与兴趣班影响的二元logistic 回归分析

基于上述分析，笔者采用二元 logistic 回归分析法，建立以下模型分析家庭文化资本对初中生参与兴趣类课外补习的影响。

$$Y=f(I,\ S,\ F_1) \tag{4-4}$$

其中，Y 代表是否参加兴趣类课外补习，为二分变量，主要使用表 4-16 中的变量进行分析。I 代表学生的个体特征变量，主要为性别、是否为独生子女、是否为留守儿童、是否为流动儿童以及学生学习成绩。S 为学生所在学校特征变量，主要为学校质量、学校性质和学校所在地区类型。F_1 为家庭特征变量，代表客观化家庭文化资本。

$$Y=f(I,\ S,\ F_2) \tag{4-5}$$

其中，Y 代表是否参加兴趣类课外补习，为二分变量，主要使用表 4-16 的变量进行分析。I 代表学生的个体特征变量，主要为性别、是否为独生子女、是否为留守儿童、是否为流动儿童以及学生学习成绩。S 为学生所在学校特征变量，主要为学校质量、学校性质和学校所在地区类型。F_2 为家庭特征变量，代表身体化家庭文化资本。

$$Y=f(I, S, F_3) \tag{4-6}$$

其中，Y 代表是否参加兴趣类课外补习，为二分变量，主要使用表 4-16 的变量进行分析。I 代表学生的个体特征变量，主要为性别、是否为独生子女、是否为留守儿童、是否为流动儿童以及学生学习成绩。S 为学生所在学校特征变量，主要为学校质量、学校性质和学校所在地区类型。F_3 为家庭特征变量，代表制度化家庭文化资本。

$$Y=f(I, S, F_4) \tag{4-7}$$

其中，Y 代表是否参加兴趣类课外补习，为二分变量，主要使用表 4-16 的变量进行分析。I 代表学生的个体特征变量，主要为性别、是否为独生子女、是否为留守儿童、是否为流动儿童以及学生学习成绩。S 为学生所在学校特征变量，主要为学校质量、学校性质和学校所在地区类型。F_4 为家庭特征变量，代表家庭文化总资本。

在控制了个人因素及学校因素等变量后，将家庭文化资本变量进行分类，具体分析结果如表 4-16 所示，家庭文化资本对初中生参与兴趣班有显著正向影响，模型（4-4）到模型（4-7）均通过了模型卡方检验，且均达到了统计学显著水平。

表 4-16　家庭文化资本对初中生参与兴趣班的影响二元 logistic 回归分析结果

项目	客观化家庭文化资本	身体化家庭文化资本	制度化家庭文化资本	家庭文化总资本
性别：男生（以女生为参照组）	0.396***（1.485）	0.407***（1.502）	0.444***（1.560）	0.415***（1.515）
非独生子女（以独生子女为参照组）	−0.217***（0.805）	−0.135**（0.873）	−0.132*（0.876）	−0.005（0.995）
流动儿童（以非流动儿童为参照组）	0.064（1.066）	0.062（1.064）	0.118*（1.125）	0.097（1.102）
留守儿童（以非留守儿童 SEI 参照组）	0.197**（1.218）	0.121*（1.128）	0.222**（1.249）	0.104（1.110）

续表

项目	客观化家庭文化资本	身体化家庭文化资本	制度化家庭文化资本	家庭文化总资本
学习成绩	−0.004 (0.996)	−0.034 (0.967)	−0.011 (0.989)	−0.052* (0.950)
公立学校 (以民办学校为参照组)	−0.243*	−0.174 (0.840)	−0.130 (0.878)	−0.081 (0.922)
学校质量	0.095*** (1.100)	0.088*** (1.092)	0.083*** (1.087)	0.072** (1.075)
学校地区类型	−0.137*** (0.872)	−0.087*** (0.916)	−0.125*** (0.883)	−0.045* (0.956)
家庭藏书量少 (以家庭藏书量多为参照组)	−0.611 (0.543)			−0.385*** (0.681)
家庭藏书量一般 (以家庭藏书量多为参照组)	−1.014*** (0.367)			−0.630*** (0.532)
父母从不陪伴子女去博物馆、图书馆等(以经常陪伴为参照组)		−1.116* (0.891)		−0.147* (0.863)
父母偶尔陪伴子女去博物馆、图书馆(以经常陪伴为参照组)		−1.303** (0.739)		−0.321** (0.726)
父母从不陪伴子女参加比赛、看电影等(以经常陪伴为参照组)		−1.414*** (0.661)		−0.355*** (0.701)
父母偶尔陪伴子女参加比赛、看电影等(以经常陪伴为参照组)		−1.687*** (0.503)		−0.574*** (0.563)
父母对子女持有的教育期望		1.047** (1.048)		0.036* (1.036)
父母最高受教育程度为小学及以下(以教育程度为硕士及以上为参照组)			−0.035 (0.966)	−0.016 (0.984)
父母最高受教育程度为初中			−0.787*** (0.455)	−0.628** (0.534)
父母最高受教育程度为高中或中专			−1.244*** (0.288)	−0.913*** (0.401)
父母最高受教育程度为大学本科或专科			−1.500*** (0.223)	−0.982*** (0.374)
χ^2	0.000	0.000	0.000	0.000
Nagelkerker R^2	0.105	0.112	0.109	0.144

在模型（4-4）客观化家庭文化资本对初中生参与兴趣班的影响中，家庭藏书量少、藏书量一般两个变量的回归系数分别为–0.611、–1.014，发生比分别为 0.543、0.367。这表示家庭藏书量多的初中生参与兴趣班的概率是家庭藏书量一般的初中生的 1.367 倍，是家庭藏书量少的初中生的 1.553 倍概率。但是家庭藏书量少这一变量并不显著，通过参考家庭藏书量多和家庭藏书量一般的对比也能够知道，家庭藏书量的增加会在一定程度上加大初中生参与兴趣班的概率。

模型（4-5）在控制了个人、学校等变量的影响后，身体化家庭文化资本对初中生参与兴趣班具有显著正向影响，主要表现为父母经常陪伴子女参观博物馆、图书馆等文化教育场所，经常陪伴子女参加比赛、看电影等文娱活动都会增加初中生参与兴趣班的比例，同时，父母对其持有的教育期望越高，初中生参与兴趣班的比例也越高。父母偶尔陪伴子女去博物馆、图书馆的回归系数分别为–1.303，且达到统计学显著水平（$p<0.05$）；父母从不陪伴参加比赛、看电影和偶尔陪伴参加比赛、看电影的回归系数分别为–1.414、–1.687，且均达到统计学显著水平（$p<0.01$）。从模型中的发生比来看，父母经常陪伴子女去博物馆、图书馆的初中生参与兴趣班的概率分别是偶尔陪伴子女去和从不去的初中生的 1.739 倍和 1.891 倍；经常被父母陪伴参加比赛、看电影等的初中生参与兴趣班的比例分别是偶尔去和从不去的初中生的 1.661 倍和 1.503 倍。父母对子女持有的教育期望这一变量达到统计学显著水平（$p<0.05$），回归系数为 1.047，发生比为 1.048。这意味着父母对其持有“硕士及以上”教育期望的初中生参加兴趣班的概率是父母对其持有“初中以下”教育期望的初中生的 2.048 倍。

模型（4-6）显示制度化家庭文化资本对初中生参与兴趣班的影响，控制个人和学校变量的影响后，模型显著性水平良好，除了父母最高受教育程度为小学及以下的这一变量不显著以外，父母最高受教育程度为初中、高中或中专、大学本科或专科的均达到统计学显著水平（$p<0.01$）。具体来说，父母教育水平为硕士及以上的初中生参与兴趣班的概率是父母教育水平为小学及以下的初中生的 1.966 倍，是父母教育水平为初中的 1.455 倍，是父母教育水平为高中或中专的 1.288 倍，是父母教育水平为大学本科或专科的 1.223 倍，也就是说，父母的受教育程度越高，其子女参与兴趣班的比例越高。

模型（4-7）是在控制现有变量后，将客观化家庭文化资本、身体化家庭文化资本和制度化家庭文化资本逐一加入后，家庭文化资本这一综合变量对初中生参与兴趣班的影响，模型显著性水平依然良好，并且，符合模型（4-4）、模型（4-5）

和模型（4-6）的基础论断。综合得出，家庭文化资本对初中生参与兴趣班具有显著正向影响，家庭文化资本越多，初中生参与兴趣班的比例越高。

二、家庭文化资本对我国初中生参与兴趣班影响的多层线性模型分析

本章数据中的初中生样本是嵌套于不同学校的，因此，二元 logistic 回归模型并不能进行分层比较，在统计意义上仍然存在偏差，故此，利用混合模型多层线性回归分析对以上问题再次进行验证，以保证数据结果的精准度。首先根据本章数据建立两层线性模型，即 HLM2。

层 1：$Y_{ij}=\beta_0+\beta_1\text{gender}+\beta_2o\text{child}+\beta_3b\text{child}+\beta_4m\text{child}+\beta_5\text{grade}+\beta_6fc\text{capital}+\gamma$

层 2：$\beta_0=\gamma_{00}+\gamma_{01}schooldiqu+\gamma_{02}schoolpaim+\gamma_{03}schoolxingz+\mu_0$

其中，因变量 Y_{ij} 代表 j 学校的 i 学生是否参与兴趣班，自变量分为两层：第一层是个体因素变量，包括学生性别、是否为独生子女、是否为留守儿童、是否为流动儿童、学习成绩、家庭文化资本；第二层是学校因素变量，包括学校性质、学校质量以及学校所在地区类型。

结合零模型进行方差成分分析，以此说明学校因素变量对学生是否参与兴趣班的解释能力。如表 4-17 所示，层 2 随机项的方差估计值代表学校间学生的相关系数，为 0.175，p=0.000<0.01，层 1 随机项的方差估计值代表学校内学生的相关系数，为 0.131，由此可以计算出组内相关系数为 0.070。这意味着学生参与兴趣班来自学校层面的差异所造成的差异程度为 0.131，大概占总方差的 7%，因而，本章数据适用于多层线性模型进行分析。

表 4-17　家庭文化资本对初中生参与兴趣班的影响的零模型参数估计

随机效应	方差估计	标准误差	组内相关系数	χ^2	p
层 2 随机项	0.175	0.002 50	0.070	451.519	0.000
层 1 随机项	0.131	0.002 07			

如表 4-18 所示，模型 1 和模型 2 是影响初中生参与兴趣班的因素，其中，模型 1 是在未加入核心自变量时，控制变量对初中生参与兴趣班的影响，为基准模型。

表 4-18　家庭文化资本对初中生参与兴趣班的影响的多层线性模型分析结果

变量	模型 1	模型 2
男生（以女生为参照组）	–0.080***（0.009）	–0.074***（0.051）
非独生子女（以独生子女为参照组）	0.055***（0.010）	0.013（0.010）
流动儿童（以非流动儿童为参照组）	–0.009（0.013）	–0.023*（0.013）
留守儿童（以非留守儿童为参照组）	–0.039**（0.012）	–0.021*（0.012）
学生学习成绩	0.004（0.004）	–0.008*（0.003）
学校质量	0.016*（0.007）	0.012*（0.007）
公立学校（以民办学校为参照组）	0.057（0.036）	7.46（0.03）
学校地区类型	–0.042***（0.004）	–0.008（0.007）
父母陪伴去看电影、参加比赛等		0.044***（0.005）
父母陪伴去博物馆、图书馆等		0.057**（0.006）
父母对子女持有的教育期望		0.055*（0.003）
家庭藏书量		0.034***（0.005）
父母最高受教育程度		0.043***（0.004）
截距项/常数项	0.256（0.050）	–0.088（0.051）
截距	0.007***（0.001）	0.006***（0.001）
残差	0.173***（0.003）	0.166***（0.002）
对数似然值	9626.865	8923.164
赤池信息准则（AIC）	9630.865	8927.164
贝叶斯信息准则（BIC）	9644.993	8941.213

模型 1 结果显示，女生参与兴趣班的可能性要大于男生，独生子女比非独生子女更有机会参与兴趣班，学校所在地区越接近中心城区，初中生参与兴趣班的可能性就越大，以上结果达到统计学显著水平（$p<0.001$）。留守儿童以及学校质量会影响初中生参与兴趣班的概率，主要体现在非留守儿童、学校质量好的初中生更容易参加兴趣班，其结果分别达到统计学显著水平（$p<0.01$，$p<0.05$）。其他的控制变量对初中生参与兴趣班的影响并不显著，因此不再赘述。

在加入核心自变量家庭文化资本时，需要确认变量的加入是否具有统计学意义，因此，需要对比对数似然值的变化，由模型 1、模型 2 的对比可知，当加入家庭文化资本变量之后，对数似然值由 9626.865 下降到 8923.164，AIC 和 BIC 的值也分别从 9630.865、9644.993 下降到 8927.164、8941.213。这说明，加入家庭文化资本使得模型的拟合度更好，核心自变量的加入具有统计学意义。

如上述二元 logistic 回归分析结果所示，家庭文化资本对初中生参与兴趣班具有显著正向影响，具体表现在，父母陪伴子女去博物馆、图书馆等场所的次数越多，初中生参与兴趣班的概率则越大；父母陪伴子女看电影、参加比赛的次数越多，初中生参与兴趣班的概率也越大；父母对子女持有的教育期望越高，初中生参与兴趣班的可能性越大。父母陪伴子女去博物馆、图书馆等，父母陪伴子女看电影、参加比赛，父母对子女持有的教育期望分别达到统计学显著水平（$p<0.001$，$p<0.01$，$p<0.05$），即初中生的身体化家庭文化资本拥有量越多，其越有可能参与兴趣班；同时初中生的客观化家庭文化资本拥有量越多，其参与兴趣班的可能性也越大。模型中显示家庭藏书量对初中生参与兴趣班具有显著正向影响，并达到统计学显著水平（$p<0.001$），即家庭藏书量越多的初中生越有可能参与兴趣班。最后，父母受教育程度越高，初中生参与兴趣班的可能性越大，父母最高受教育程度这一变量达到统计学显著水平（$p<0.001$）。

三、小结

二元 logistic 回归分析以及多层线性回归分析均显示，家庭文化资本对初中生参与兴趣班有显著正向影响，主要表现为家庭文化资本越多，初中生参与兴趣班的比例越大。这与本书文献综述所取得的研究结果相一致，并且验证了本书的研究假设一。在具体的变量分析中，家庭藏书量越多的家庭，其孩子参与兴趣班的比例则越大；父母陪伴孩子去博物馆、图书馆、参加比赛、看电影等行为的频率越高，孩子则越有机会参与兴趣班；同时父母对子女持有的教育期望越高也越愿意让其子女参与兴趣班；而父母的受教育程度越高，其子女参与兴趣班的比例也越大。在这些变量中，身体化家庭文化资本所代表的变量所呈现的回归系数最大，说明身体化家庭文化资本在家庭文化资本中发挥的作用最大。因此，本书的第二个研究假设也得到了验证。

通过访谈对象的描述，笔者也发现，家庭文化资本对学生是否参与兴趣班具有重要影响，参加了兴趣班的初中生的家庭文化资本普遍高于没有参加兴趣班的初中生。

> 我现在没有参加兴趣班。HBstu04（初二男生）说：家里的课外书籍就三四本，都是我自己在文具店买的，我平时就比较喜欢看电视，暑假的时候能一天看 12 个小时的电视，主要看一些综艺节目。

由此可以看出，该初中生的客观化家庭文化资本很低，在问到身体化家庭文化资本时，该初中生说：

> 平时我父母也会检查我的作业，会跟老师联系，但只是偶尔才给老师打电话，都是我主动跟他们说我的作业和成绩的，有时候他们也会主动问我。他们也辅导不了我的作业。旅游没去过，他们也没陪我去过图书馆什么的。

该初中生的父母均是农民，父亲是初一辍学的，母亲为小学肄业，因此，该初中生的家庭文化资本总体偏低。而参与了兴趣班的初中生的家庭文化资本要高出许多，HEBstu03 初三女生参加舞蹈班，坚持了七八年。

> 唯一（兴趣班）就是她的特长——舞蹈，每周六下午上半天课，每次上课三小时，连着上了七八年了吧。

不难看出，该初中生的家庭文化资本拥有量较高。

> 家里有什么书籍就看什么，基本都是一些文学类的小说。基本孩子想要看的、她需要的东西，我们都会给她买。

由此可以看出，该父母会尽量给孩子准备各种课外书或者其他学习产品，其客观化家庭文化资本较高；父母还会经常陪伴孩子参观博物馆等文化场所，也会在旅游中开阔孩子的视野。

> 其母亲说：我是挺喜欢这些（参观博物馆、图书馆等）的，一直说带孩子去北京的各个博物馆参观，孩子小学的时候就带她去过一次，旅游还是经常去的。对她的学历要求至少是大学本科吧，她自己想读研或读博，我们支持她。平时我们也开家庭会议，如果她出去参加活动、比赛等，我们都不会阻拦，如果周末有各种演出活动，她自己也去参与，也可以给她带来各方面的收获。

该父母也会支持孩子参加比赛，对其教育期望也比较高，并支持其读研、读博，可见其身体化家庭文化资本和制度化家庭文化资本也较高。

另外，在访谈中，课题组发现，个人的家庭文化资本是可以积累和转移变化的，并且父母和初中生的互动直接影响初中生能否坚持上兴趣班。JSstu08 的初三女生在小学时参与了许多兴趣班，但是都没有坚持下来。

> 我以前上过很多兴趣班，如美术、乐器、舞蹈什么的。但是升入初中后就一个兴趣班都没上过了……一方面，很多是自己不想上，坚持不下来；另一方面，我爸妈也不管我，就是我自己想上就去上，不想上就不上了。

反观 HEBstu03 初三女生，在参加舞蹈兴趣班时也面临过同样问题，但是在父母的鼓励下，她坚持了下来。

> 一开始是我们让孩子去学的，孩子经历了由产生反感到她自己喜欢的过程，然后就一直坚持下来了。孩子厌倦期的时候，我们依然陪伴着她，给她树立自信。

可见，父母不仅能够影响初中生是否参与兴趣班，在遇到问题时，父母的鼓励和支持也是影响初中生能否坚持参与兴趣班的重要因素。这两位初中生同样遭遇了厌倦期，JSstu08 初中生却没有像 HEBstu03 初中生一样得到父母的陪伴与支持，因此，这也是 JSstu08 初中生放弃参与兴趣班的原因之一。

第四节　研究结论与政策建议

一、研究结论

本章通过描述统计法、二元 logistic 回归分析法以及多层线性模型分析法，对家庭文化资本进行详细分类后，验证了前人研究中我国初中生家庭文化资本拥有量在个人、学校方面的差异，初中生参与兴趣班在个人、家庭及学校因素影响下的差异，兴趣班教育机会获得同样受到家庭文化资本的显著正向影响。

主要结论如下。

1）我国初中生参与兴趣班在个人、家庭及学校因素的影响下具有较大差异。根据本章参考的数据，2015 年，有 2474 名初中生参与了兴趣班，占总样本量的 25%，其参与率在个人因素、学校因素等方面具有差异性。和男生、非独生子女、留守儿童相比，女生、独生子女、非留守儿童的参与率更高；学习成绩越好的初中生参与兴趣班的概率越高。

在兴趣班的具体科目上，初中生的参与率也具有较大的性别差异，女生普遍喜爱参加绘画、书法、音乐/器乐和舞蹈兴趣班，而男生参与体育类和棋类兴趣班的比例明显高于女生。留守儿童参与音乐/器乐、书法和舞蹈等兴趣班的比例要低于非留守儿童，初中生成绩越好越愿意参加音乐/器乐和书法类兴趣班，但是不愿意参加体育类兴趣班。

在不同教育阶段，初中生参与兴趣班的比例是不同的，七年级学生参与兴趣班的比例明显高于九年级学生，当学生升入八年级、九年级之后，各个科目兴趣班的参与率都明显下降。

家庭因素方面，父母的受教育水平越高，初中生参与绘画和音乐类兴趣班的比例越高；家庭经济水平越好，初中生参与兴趣班的比例越高，这在音乐/器乐类兴趣班的表现较为明显。

学校因素方面，公立学校的学生参与绘画、音乐/器乐和舞蹈类兴趣班的比例要显著高于民办学校，其他因素的影响并不明显。公立学校的初中生、学校质量越好的初中生、学校所处地区越靠近中心城区的初中生参与兴趣班的比例越高。

2）家庭文化资本对初中生参与兴趣班具有显著正向影响，不同的家庭文化资本类型对初中生的影响不同。家庭文化资本对初中生参与兴趣班的影响具体表现为，父母在日常生活中经常陪伴子女参观博物馆、图书馆等文化场所，经常带子女观看比赛、看电影、旅游等文娱活动，则其子女（初中生）会拥有更多的机会参与兴趣班。父母对子女持有的教育期望越高就越能推动其子女（初中生）参与兴趣班，以上是身体化家庭文化资本对初中生参与兴趣班的影响。质言之，客观化家庭文化资本越多的初中生，其参加兴趣班的可能性越大。父母的受教育程度越高（制度化家庭文化资本），初中生参与兴趣班的比例越高，父母受教育程度为硕士及以上的与父母受教育程度为小学及以下的初中生在兴趣班的参与率相差达 3 倍以上。

二、结论讨论

1）初中生参与兴趣班的差异性表现在个人、家庭和学校因素上。首先，兴趣班在中国不仅仅是为了培养学生兴趣、陶冶学生情操，更多的是和学术类课外补习一样为了能够促进学生学习、对学生升学有所帮助。已有研究发现，初中生参与兴趣类课外补习在家庭社会经济地位对学生非认知能力影响过程中起到了部分中介效应，并且研究者呼吁家庭多让学生参与兴趣班，以此来提高学生的非认知能力。[①]但是，由于中国传统儒家文化的影响，大部分父母会首选让孩子参与学术类课外补习，一是这类补习能够直接对学生学习成绩有帮助，在升学中的作用更为快捷且直观；二是兴趣班的课程费用较一般的学术类课外补习更贵，并且需要坚持上课才能有所学，而学术类课外补习更加有针对性、时效性。因此，在同等经济条件下,父母会先让孩子参与学术类课外补习以满足当下紧急的教育需求。在这种情况下，教育的“剧场效应”更为明显，同样是课外补习，补习学术类科目是首要的，兴趣班理应让位于更具有时效性的学术补习。其次，兴趣班作为一种私人教育机构在城市和农村的分布是具有较大差异的，城市中的兴趣班不仅数量众多、科目丰富并且拥有良好的师资和办学条件等，而在农村，兴趣班本就数量稀少，并且质量“不佳”。这就要求学校教育，尤其是农村学校教育重视对学生的全面教育，以保证在私人教育投资具有差异性时，学校教育能够提供更为公平和普适性的兴趣类培养。以上补习原因在访谈中得到了许多访谈者的认可。一是许多初中生想要参与兴趣班，但苦于种种原因没有参与。兴趣班较少是一大原因，父母意愿是阻碍初中生上兴趣班的另一大原因，参与兴趣班的费用也会让一些家庭经济条件一般的学生望而却步。最后，根据布迪厄的文化资本理论，参与兴趣班、艺术培训课程是一种高雅文化参与，在他的阶级式定义中，上层阶级更有时间和精力参与高雅文化，这类文化活动带有文化符号力量。虽然也有学者拓宽了文化资本的概念和定义，并且由于国情不同，高雅文化参与在中国并没有那么明显的阶级专属色彩，但是在一定意义上，家庭对于艺术能力培养的重视是不同的，参与兴趣班这类高雅文化活动存在一定的文化符号象征。

实际情况也是如此。接受访谈的初中生全部参加了学术类课外补习，这些课外补习有些是由学校内部任课老师进行的课后补习，也有些是学生自己去学校外

① 方晨晨. 家庭背景、课外补习与学生非认知能力的关系研究——基于中国教育追踪调查数据的经验证据[J]. 当代教育论坛，2018（4）：39-46.

寻求课外培训机构进行的补习。参加课外补习占用了这些学生的课外时间，他们或利用周末或者寒暑假，或利用平时上完课以后的时间。一旦学术类课外补习与兴趣类课外补习发生冲突时，他们会选择参加学术类课外补习而不是兴趣类课外补习。

2）初中生在参与兴趣班科目上的差异，可能的原因如下：一是对兴趣班的选择本身就具有较大的主观性，比如，男生和女生之间，男生偏向选择较动态的课程，女生则偏向选择较静态的课程，一个“活泼”，一个“文静”。这是由初中生自然的个体差异性造成的。二是兴趣班的种类不同，其学习特点也不同，所要花的时间、精力以及费用都不同，其中，舞蹈、绘画是比较大众化的兴趣班类型，大班制、小班制皆可教学，而器乐类兴趣班则需要较好的老师，并且需要一对一的教学才能取得良好的学习效果，并且，器乐类兴趣班更需要学生坚持一段时间才能有所成就。更重要的是，其价格更高昂，不是大众家庭所能首选的。

3）教育阶段的不同导致的兴趣班参与率的差异是较好理解的，我国初中生面临中考压力，甚至在初中就会因为高考而提前焦虑。访谈中，所有的初中生都以不同形式参与了学术类课外补习，并且在被问及没有参加兴趣班或者中途放弃兴趣班的原因时都会不约而同地回答：上了初中，时间太紧（张）。由此可见，兴趣班的参与率会随学生年级的升高而降低，并且家长的意愿会直接导致学生选择不参与兴趣类补习，理所当然地在考试前将所有时间精力用在升学上，教育的功利性价值可见一斑。

4）除了以上原因会影响初中生参与兴趣班外，家庭文化资本也在直接或间接地发挥着作用。在访谈初中生的过程中，能够明显地观察到，参与兴趣班的初中生的家庭文化资本普遍较高，而没有参加兴趣班的初中生的家庭文化资本或不同类别的家庭文化资本的拥有量都会偏低。在家庭文化资本拥有量相差较大的情况下，所有的初中生都选择了学术类补习，即使在补习形式、补习质量上存在差距，但在是否参与上没有较大差异。而兴趣班不同于学术类补习，虽然兴趣班也具有提高成绩、有助于升学的作用，但其更多的是一种艺术性培养。有一些学者根据布迪厄的文化资本理论，较为宽泛地操作化定义文化资本，将参加兴趣班、艺术培训等也作为家庭的文化资本，由此来看，参与兴趣班也是一种高雅文化的拥有，而高雅文化拥有量的多少是能够在一定程度上帮助其向社会上层流动或者维持其社会地位的。如果将文化符号化，那么家庭中为子女谋求高雅文化、营造良好的文化氛围是使其子女向上流动的方式之一。这也符合韦伯的社会分层理论。他认为，社会分层中有两种主要作用机制——社会团结和社会排斥在同时发挥作用，当下层家庭更多地选择参与兴趣班、艺术类培训这类高雅文化活动时，能够帮助或加速其子女向上流动，这时参与兴趣班则在社会分层过程中发挥着社会团结作用；当上层家庭越来越多地参与兴趣班、艺术类培训课程，并且是价格高昂、质量较好、下层家庭无法支付的课程时，参与兴趣班在社会分层过程中则发挥着社会排斥的作用。而本书的数据分析显示，家庭文化资本越多的家庭，其子女参与兴趣班的比例越高，而家庭文化资本较低的家庭，其子女并没有十分积极地参与到兴趣班中，在这里，文化资本发挥的社会排斥作用更大。文化、行为习惯等的选择偏好相比其他方面更为持久且不易改变，长此以往，由文化资本带来的代际传递作用将比经济资本和社会资本更为牢固，文化上的阶级壁垒比经济上的阶级壁垒更难消除。更加值得反思的是，不同类别的家庭文化资本中，身体化家庭文化资本发挥的作用最大，如父母的参与在学生教育机会获得上显得尤为重要，"自然成长型""培养协作型"的父母参与方式将带来截然不同的学业成就。故而，我们应重视家庭文化资本在高雅文化参与上所发挥的作用，诸如本书所探讨的兴趣类补习在初中生中所具有的差异，这种差异若不在学校等社会公共场所得到消除，兴趣类补习将会和学校教育、学术类课外补习一样，对教育公平发起挑战。

三、政策建议

1）政府应对弱势家庭孩子校外兴趣班的教育机会获得上给予帮助，解决因家庭文化资本差异带来的教育公平问题。

教育的"剧场效应"导致家长及学校纷纷被课外补习"绑架"，课外补习遍地开花，但只是学术类课外补习"开得又好又大"，能够培养学生兴趣、塑造其性格、陶冶其情操、提高其非认知能力的兴趣班在学校教育和学术类课外补习的双重挤压下，被压制了。根据韦伯的社会分层理论，教育存在于社会团结-排斥这一联结机制中，作为影子教育的课外补习，尤其是具有"文化符号"特征的兴趣班，上层家庭会通过高质量的教育行为不断强化其文化符号以此来进行社会排斥，这一行为也可称为"文化符号暴力"。如何削弱"文化符号暴力"是所有国家都在致力解决的问题，而取得一致认同的最好方式则是通过教育来弱化这一社会分层行为，即我们所知道的教育的"冲突论"。因而，世界上大多数国家，无论是欧美国家还是亚洲国家的义务教育，其主流的价值观和教学模式，都是以儿童为中心，重视保护儿童的身心健康，重视体育和生活教育，重视培养学生的情感、态度、社会适应性，发展学生的想象力、创造力等。

在这种情况下，政府应重视不同家庭文化资本差异所带来的潜移默化、又十分重要的影响，并对家庭文化资本较低的家庭实施一定的帮扶。比如，多开展公益性文化活动，在博物馆、图书馆等文化场所定期组织展览、科普等活动，并加大宣传力度，尤其应辐射农村地区，加大对农村地区家庭的帮扶力度。以此弱化家庭文化资本在社会分层中所发挥的社会排斥作用，增强家庭文化资本在弱势家庭中所发挥的社会团结的作用。

2）学校应注重学生的全面发展，尤其是农村学校应保证音乐、体育、美术等艺术课程的正常教学，对学生进行高质量的兴趣培养，重视学生的个性发展、全面发展。

通过对家庭文化资本拥有量的调查，笔者发现，许多学生在家中不能被满足的文化需求在学校里被满足了，学校经常组织的体育比赛、设置的阅览室、开设的阅读课等都为学生提供了培养兴趣的机会。这虽然不能够很快地将学生在家庭中的“教育不足”补上，但是若能够保证学生在学校教育中受到良好的艺术培训，则能够弥补其由家庭文化资本所带来的教育不公平。因此，首先，学校教育要保证音乐、体育、美术等课程的日常教学安排，还要多组织体育比赛、音乐比赛、绘画比赛等艺术比赛或者展览来激发学生的艺术学习兴趣，保证阅览室、图书馆等文化阅读场所的开放。其次，学校在响应国家“减负”政策类似“课后一小时”等兴趣培养课程时，一要注重课程质量，保证学习效果；二要向家庭文化资本较低的学生实施帮扶，如减免学费等。最后，学校应重视学生的个性发展、全面发展，让学生即使在面对升学压力时，也能够有陶冶其情操、舒缓其压力、培养其全面发展的课程。

3）家长应理性对待子女的教育问题，注重子女身心健康发展，努力为子女营造良好的家庭文化氛围，而不是功利性的学习氛围。

近年来，学生焦虑已慢慢变成家长焦虑，教育的“剧场效应”也是家长焦虑带来的典型结果。许多时候是家长认为孩子该学习、该上补习班、该将所有精力用在学术课程上，而学生则是遵循父母意愿去参加学术类补习以及兴趣班。家庭是学生学习的第一场所，若家长的教育理念是功利性的，学生很难在这种理念下得到全面发展，而面对具有功利性教育理念的家长，任何为了实现教育普适性的教育政策都不易实行，甚至会适得其反。因此，家长应改变教育理念，在政府及学校的帮助下，为学生营造有利于其发展的文化氛围。

总之，我国初中生参与兴趣班的差异只是其紧张的学习、高淘汰的升学率的一个小小体现，而家庭文化资本对学生是否参与兴趣班的影响则反映出一个家庭的教育理念，继而影响学生的教育发展过程乃至一生的文化发展过程。家庭文化资本在社会分层过程中同时具有社会团结、社会排斥的作用，要弥补由学生家庭文化资本带来的此种差异，弱化家庭文化资本的社会排斥作用，不仅需要家长改变其教育理念，更重要的是政府应认识到家庭文化资本的重要性，继而针对不同地区、不同家庭类型实施有针对性的帮扶政策，通过学校教育的协助来缩小不同家庭间的文化资本差异，减少由家庭文化资本差异带来的兴趣班教育机会获得差异，弱化其对教育公平的影响。

第五章

初中生家庭资本与教育获得：影子教育中介效应

在现代社会，教育成为代际继承或流动的中介，成为社会再生产的主要途径。一方面，教育是社会下层向上层流动的渠道；另一方面，社会上层利用其各种资源优势，确保其子女获得更多更好的教育。因此，无论对于哪个阶层来说，教育都成为其代际流动的重要工具。教育获得是教育公平研究的主要领域之一，其核心问题是，家庭社会经济背景对子女的教育获得具有怎样的作用？作用的机制是什么？国内外许多学者因此研究了家庭社会、文化、经济和政治资本对子女的学校教育机会获得的影响，结果大多显示，家庭资本对子女的学校教育机会获得具有重要影响，家庭资本更多的学生获得学校教育的机会更多且更优质。[①②③]作为义务教育阶段重要的教育活动，影子教育自 2000 年以来取得了巨大发展。家庭资本可以通过对学校质量或影子教育等的选择进而影响子女的教育获得。已有研究大多只分别考察了家庭资本对子女学校教育获得或影子教育获得的影响，很少有研究在探讨家庭资本影响子女教育获得时将学校教育和影子教育联合在一起进行分析，更鲜有研究探讨影子教育在其中的中介效应。本章基于社会再生产理论模型考察家庭资本是如何通过影子教育影响学生教育获得的作用机制和影子教育在家庭资本影响学生教育获得过程中的中介效应。本章将从影子教育的视角拓展家庭资本对子女教育获得的影响研究，发展和完善教育社会再生产理论，研究结论可以为政府制定义务教育阶段影子教育规管政策提供参考依据，有助于促进义务教育公平乃至社会公平。

① Coleman J S. Social capital in the creation of human capital[J]. American Journal of Sociology, 1988, 94: 95-120.

② DeGraaf N D, De Graaf P M, Kraaykamp G. Parental cultural capital and educational attainment in the Netherlands: A refinement of the cultural capital perspective[J]. Sociology of Education, 2000, 73（2）: 92-111.

③ 李春玲. 社会政治变迁与教育机会不平等——家庭背景及制度因素对教育获得的影响(1940—2001)[J]. 中国社会科学，2003（3）：86-98.

第一节　研究设计

一、文献综述

（一）家庭资本内涵及其分类研究

家庭资本的概念脱胎于社会资本理论。现代意义上的社会资本概念的首次提出是在20世纪70年代后期，其含义为根植于社会关系和社会网络中的资源。但首次对社会资本概念进行系统研究的则是法国社会学家布迪厄。在他看来，资本是以同一形式去获取生产利润的潜在能力，资本也是以这些形式去进行自身再生产的潜在能力。[①] 家庭是社会的“细胞”和基本单位，对个人的影响非常深远。家庭资本之所以是一种影响人们行动的资本，是因为它能够为个人的行动提供各种有用的资源，对于学生个体来说，家庭资本是一种其可以随时调用而引入教育活动中的资源。[②]

美国学者科尔曼认为，家庭资本由物质资本、人力资本和社会资本共同组成。物质资本主要是指由物质领域的变革所创造并促进生产发展的物质保障和基础；人力资本是由人的变革所创造并给人们带来能够以新的方式行动的技术和能力，即人所拥有的能够改变社会的知识水平和能力；社会资本是存在于人际关系网络中能够作为资产的社会资源，动用这些资源，有助于实现个体的目标。就教育来说，它将社会资本大致区分为家庭内的社会资本和家庭外的社会资本。其中，家庭内的社会资本主要包括家庭内的亲子关系，父母对子女教育的关注、期望、支持、投入与参与，等等；家庭外的社会资本主要指父母在社区内的人际关系，包括与邻居的相处、与子女教师的联系，以及与子女朋友的家长的关系，等等。这些人际关系网络的互动越频繁、强度越大，家庭的社会资本则越高，则越有助于其子女获得较高的教育成就。[③]

李春玲认为，家庭资本主要由家庭经济资本、文化资本、社会资本以及政治

① 皮埃尔·布迪厄．文化资本与社会资本//张人杰．国外教育社会学基本文选[M]．上海：华东师范大学出版社，1989：189.

② 董金秋．推动与促进：家庭资本对青年农民非农就业行为的影响机制探析[J]．青年研究，2011，(1)：55-62.

③ 边燕杰，吴晓刚，李路路．社会分层与流动：国外学者对中国研究的新进展[M]．北京：中国人民大学出版社，2008：1-30.

资本共同组成。其中，前三种资本是大多数学者研究的主要内容，家庭所拥有的政治资本也是学生教育机会获得的重要资源，她认为家庭的政治资本是研究家庭背景与学生教育机会获得的重要组成部分。[①]蒋国河和闫广芬则认为，家庭资本主要由家庭经济资本、文化资本与社会资本共同构成。其中，文化资本主要是布迪厄的文化资本与科尔曼的人力资本的综合，而家庭社会资本主要包括家长的社会网络资源以及家长对子女学习的参与程度等方面的内容。[②]刘志民和高耀还认为，家庭资本与家庭社会经济背景在概念上有较大相似，主要包括家庭经济资本、社会资本、文化资本以及政治资本。[③]

（二）家庭资本对初中学校教育获得的影响研究

1. 家庭社会资本对初中学校教育获得的影响研究

有学者的研究发现，家庭社会资本越多，其子女则越有可能获得较高的教育成就。Teacherman 利用美国 1972 年的一项高中调查数据，探讨了家庭背景对其子女高中教育状况的影响。其研究结果指出，以父母的职业测量的家庭社会资本对子女的高中教育机会获得以及其在高中阶段的学业成绩都具有非常重要的影响。[④]Wong 针对捷克斯洛伐克的研究发现，不同家庭所拥有的社会资本对儿童学业成就具有显著影响，即家庭的社会资本越多，则越有助于其子女教育成就的取得。[⑤]James 对澳大利亚 1991—1997 年的调查数据进行研究发现，尽管澳大利亚的高等教育在 20 世纪 90 年代末有了较大规模的发展，但社会资本较多的家庭，其子女拥有优势高等教育资源机会的比例得到明显增加，而社会资本较少的家庭，其子女拥有高等教育机会的比例则有所减少，并且社会资本较少家庭的子女主要进入一些新建的、较低层次的高等院校。[⑥]

李春玲的研究发现，从 1940—1990 年的 50 年里，以父亲的职业地位测量的

---

① 李春玲. 社会政治变迁与教育机会不平等——家庭背景及制度因素对教育获得的影响（1940—2001）[J]. 中国社会科学，2003（3）：86-98.

② 蒋国河，闫广芬. 城乡家庭资本与子女的学业成就[J]. 教育科学，2006（8）：26-34.

③ 刘志民，高耀. 家庭资本、社会分层与高等教育获得——基于江苏省的经验研究[J]. 高等教育研究，2011（12）：18-27.

④ 转引自 De Graaf N D，De Graaf P M，Kraaykamp G. Parental cultural capital and educational attainment in the Netherlands：A refinement of the cultural capital perspective[J]. Sociology of Education，2000，73（2）：92-111.

⑤ Wong R S-K. Multidimensional influences of family environment in education：The case of socialist Czechoslovakia [J]. Sociology of Education，1998，71（1）：1-22.

⑥ James R. Non-traditional students in Australian higher education：Persistent inequities and the new ideology of student choice[J] . Tertiary Education and Management，2000，6（2）：105-118.

家庭社会资本一直都对子女的教育获得产生影响，但在不同时期，其影响力有升有降。1940—1950 年，其影响力较大，随后开始下降，到 20 世纪 70 年代降至最低点，之后到 80 年代和 90 年代上升至最高点。[①]方长春和风笑天基于马鞍山市初中毕业生调查样本，从教育分流的视角分析了阶层差异与教育获得的关系，研究发现，父亲的职业等级对学生初中毕业后的教育分流有显著影响，父亲职业等级越高，其孩子升学成绩越高，且进入的高中学校的质量越好。[②]李煜的研究发现，在 1966—2003 年，家庭社会资本对子女升高中和升大学存在不同程度的影响。“文化大革命”时期，家庭社会资本对子女升学概率影响较小；改革初期（1977—1991 年），家庭社会资本对子女升学概率的影响有所增强；改革深化时期（1992—2003 年），家庭社会资本对子女升学概率的影响显著增强，且对子女升大学概率影响更突出。[③]刘志民和高耀基于江苏省 14 所高校大学生的调研数据，研究发现，父亲的职业等级对其子女高等教育数量获得并没有产生显著性影响，而家庭所处的社会阶层对子女高等教育数量获得产生了显著负向影响；父亲的职业等级和家庭所处社会阶层对子女高等教育质量获得产生显著正向影响。[④]

2. 家庭文化资本对初中学校教育获得的影响研究

布迪厄对法国的研究显示，具有较多家庭文化资本的子女能够接受更多更好的教育。[⑤]有学者基于美国高中 1972 年的数据发现，父母的受教育程度显著影响其子女进入高中的机会和质量以及其在高中阶段的学业成绩。[⑥]Lucas 利用 1980 年美国受教育程度为高中以上人群的调查数据进行研究，结果发现，父母的受教育程度对子女高等教育机会获得的影响更大。[⑦]Wößmann 采用 TIMSS 项目的数据研究了亚洲地区（中国香港以及韩国、日本、新加坡、泰国）家庭背景对儿童学习成

① 李春玲. 社会政治变迁与教育机会不平等——家庭背景及制度因素对教育获得的影响(1940—2001)[J]. 中国社会科学，2003（3）：86-98.

② 方长春，风笑天. 阶层差异与教育获得——一项关于教育分流的实证研究[J]. 清华大学教育研究，2005（5）：22-30.

③ 李煜. 制度变迁与教育不平等的产生机制——中国城市子女的教育获得（1966—2003）[J]. 中国社会科学，2006（4）：97-109.

④ 刘志民，高耀. 家庭资本、社会分层与高等教育获得——基于江苏省的经验研究[J]. 高等教育研究，2011（12）：18-27.

⑤ 皮埃尔・布迪厄. 文化资本与社会资本//张人杰. 国外教育社会学基本文选[M]. 上海：华东师范大学出版社，1989：189.

⑥ De Graaf N D, De Graaf P M, Kraaykamp G. Parental cultural capital and educational attainment in the Netherlands：A refinement of the cultural capital perspective[J]. Sociology of Education，2000，73（2）：92-111.

⑦ Lucas S R . Selective attrition in a newly hostile regime：The case of 1980 sophomores[J]. Social Forces，1996，75（2）：511-533.

绩的影响。研究结果显示，这些地区的父母受教育程度对其孩子的成绩有显著正向影响，其中，这种影响在新加坡最为显著。[①]与上述研究结论不同，Robinson 和 Garnier 以法国学生为研究对象，发现文化资本并未对学生学业成就的取得产生显著影响；[②]Katsillis 和 Rubinson 以希腊学生为研究对象，结果也未发现文化资本对学生学业成就有任何直接或间接的影响，而导致学业成就差异的主要是不同家庭社会经济背景的学生各自拥有的不同的才干与智能。[③]

李春玲的研究发现，20 世纪 40 年代至 70 年代之前，以父亲学历测量的家庭文化资本对学生教育获得的影响不显著。但进入 70 年代以后，父亲学历的影响力逐渐提升，到 80 年代和 90 年代，父亲学历对学生教育获得的影响达到最高点。[④]方长春和风笑天基于马鞍山市初中毕业生调查样本发现，父母的受教育程度对学生初中毕业后的教育分流有显著影响，父母受教育程度越高，其孩子升学成绩越高，且进入的高中学校的质量越好。[⑤]李煜的研究发现，从 1966—2003 年，以父亲的教育水平测量的家庭文化资本对子女升高中和升大学概率的影响并非一成不变。"文化大革命"期间（1966—1976 年），家庭文化资本对子女升学概率影响较小；改革初期（1977—1991 年），家庭文化资本对子女升学概率的影响显著增强，且对子女升大学概率的影响更突出；改革深化时期（1992—2003 年），家庭文化资本对子女升学概率的影响比改革初期有所下降。[⑥]与上述研究结论不同，刘志民和高耀基于江苏省 14 所高校大学生的调研数据发现，父亲的受教育程度对其子女的高等教育数量和质量获得均没有产生显著性影响。[⑦]

3. 家庭经济资本对初中学校教育获得的影响研究

有学者利用美国 1972 年的高中调查数据发现，父母的收入对子女的高中教

① Wößmann L. Educational production in East Asia：The impact of family background and schooling policies on student performance[J]. German Economic Review，2005，6（3）：331-353.

② Robinson R V，Garnier M A. Class reproduction among men and women in France：Reproduction theory on its home ground [J]. American Journal of Sociology，1985（2）：250-280.

③ Katsillis J，Rubinson R. Cultural capital，student achievement，and educational reproduction：The case of Greece[J]. American Sociological Review，1990，55（2）：270-279.

④ 李春玲. 社会政治变迁与教育机会不平等——家庭背景及制度因素对教育获得的影响（1940—2001）[J]. 中国社会科学，2003，（3）：86-98.

⑤ 方长春，风笑天. 阶层差异与教育获得——一项关于教育分流的实证研究[J]. 清华大学教育研究，2005（5）：22-30.

⑥ 李煜. 制度变迁与教育不平等的产生机制——中国城市子女的教育获得（1996—2003）[J]. 中国社会科学，2006（4）：97-109

⑦ 刘志民，高耀. 家庭资本、社会分层与高等教育获得——基于江苏省的经验研究[J]. 高等教育研究，2011（12）：18-27.

育机会获得以及其在高中阶段的学业成绩都具有非常重要的影响。[①]Lucas 研究 1980 年美国受教育程度为高中以上人群的调查数据发现，20 世纪 80 年代后，父亲的年收入对子女高等教育机会获得的影响，比对子女能否高中毕业的影响更大。[②]Wong 针对捷克斯洛伐克的研究以家中是否拥有彩电、冰箱、洗衣机、汽车、房屋等有形物质资源作为经济资本的测量指标，来研究家庭经济资本与教育获得的关系，结果显示，家庭经济资本越多，子女的受教育程度越高。[③]Carneiro 和 Heckman 的研究发现，在控制了许多背景变量后，家庭收入对学生学业成就仍有影响，且这种影响具有长期效应。并且在儿童阶段，家庭的长期收入对儿童能否上大学有显著影响，但短期收入对儿童能否上大学的影响不显著。[④]

李春玲的研究发现，1940—1970 年，家庭经济资本对个人教育获得的影响微弱，但对某些特殊人群（如农村和女性人口）的影响显著。20 世纪 90 年代以来，家庭经济资本对个人教育获得的影响逐渐增强。[⑤]方长春和风笑天基于马鞍山市初中毕业生调查样本发现，家庭收入对学生初中毕业后的教育分流有显著影响，家庭收入越高，其孩子升学成绩越高，且进入的高中学校的质量越好。[⑥]郭丛斌和闵维方根据国家统计局 2000 年的城镇住户调查数据，运用对应分析方法，分析了经济资本对子女高等教育和中等教育机会获得的影响。研究结果表明，家庭经济资本占有量位居前列的优势社会阶层，其子女接受的教育层次主要为高等教育；而经济资本占有量处于劣势社会阶层的，其子女接受的主要是中等教育和初等教育。[⑦]刘志民和高耀发现，家庭经济收入对子女的高等教育数量获得有显著正向影响，但对子女高等教育质量获得的影响不显著。[⑧]与上述研究结论所有不同，杨宝琰和万明钢基于甘肃省某县初中毕业教育分流的调查数据，采用中介效应和调节效应模型

---

① De Graaf N D，De Graaf P M，Kraaykamp G. Parental cultural capital and educational attainment in the Netherlands：A refinement of the cultural capital perspective[J]. Sociology of Education，2000，73（2）：92-111.

② Lucas S R. Selective attrition in a newly hostile regime：The case of 1980 sophomores[J]. Social Forces，1996，75（2）：511-533.

③ Wong R S-K. Multidimensional influences of family environment in education：The case of socialist Czechoslovakia [J]. Sociology of Education，1998，71（1）：1-22.

④ Carneiro P，Heckman J J. The evidence on credit constraints in post—Secondary schooling[J]. The Economic Journal，2002，112（482）：705-734.

⑤ 李春玲. 社会政治变迁与教育机会不平等——家庭背景及制度因素对教育获得的影响（1940—2001）[J]. 中国社会科学，2003（3）：86-98.

⑥ 方长春，风笑天. 阶层差异与教育获得——一项关于教育分流的实证研究[J]. 清华大学教育研究，2005（5）：22-30.

⑦ 郭丛斌，闵维方. 家庭经济和文化资本对子女教育机会获得的影响[J]. 高等教育研究，2006（11）：24-31.

⑧ 刘志民，高耀. 家庭资本、社会分层与高等教育获得——基于江苏省的经验研究[J]. 高等教育研究，2011（12）：18-27.

研究发现，家庭经济资本对学生学业成绩存在直接负向影响，经济资本通过父母对子女的教育期望、教育支持和学校教育关注的中介作用间接影响学生的学业成绩，客观化家庭文化资本在经济资本对学生学业成绩的影响中起到了调节作用。[①]

4. 家庭政治资本对初中学校教育获得的影响研究

边燕杰等在对中国转型研究的展望中总结道：目前对政治资本的含义和测量指标并没有达成共识，政治资本是指政党和政权所提供的身份、权力、资源以及由此而来的威慑力、影响力，所以研究中设计的指标包括党员、干部职位、前干部身份。在对中国的实证研究中，最常见的政治资本代理变量是共产党员身份。[②]李春玲的研究发现，从1940—1990年，家庭政治资本在前30年和后20年对个人教育获得的影响明显不同。在前30年，以家庭成分测量的家庭政治资本对子女教育获得的影响是正向的，而在20世纪80年代，家庭政治资本对子女教育获得的影响正好相反，进入20世纪90年代，由家庭成分所代表的家庭政治资本对个人教育获得已经没有显著影响。家庭政治资本主要对中高等教育机会分配发挥作用。[③]刘志民和高耀的研究结果显示，父亲的政治面貌是共产党员对其子女高等教育数量获得会产生显著的负向影响，而父亲具有的国家行政级别对其子女高等教育数量的获得有正向影响，但不显著；父亲的政治面貌和父亲具有的国家行政级别对子女接受本科层次高等教育的质量会产生显著正向影响。[④]

（三）家庭资本对初中影子教育获得的影响研究

1. 家庭社会资本对初中影子教育获得的影响研究

Smyth 针对爱尔兰的课外补习研究发现，与中产和社会底层家庭相比，社会地位较高的家庭支付得起更多数量、更高质量的课外补习。[⑤]Southgate 采用 2003

① 杨宝琰，万明钢. 父亲受教育程度和经济资本如何影响学业成绩——基于中介效应和调节效应的分析[J]. 北京大学教育评论，2015（2）：127-145.

② 边燕杰，吴晓刚，李路路. 社会分层与流动：国外学者对中国研究的新进展[M]. 北京：中国人民大学出版社，2008：1-30.

③ 李春玲. 社会政治变迁与教育机会不平等——家庭背景及制度因素对教育获得的影响（1940-2001）[J]. 中国社会科学，2003（3）：86-98.

④ 刘志民，高耀. 家庭资本、社会分层与高等教育获得——基于江苏省的经验研究[J]. 高等教育研究，2011（12）：18-27.

⑤ Smyth E. Buying your way into college? Private tuition and the transition to higher education in Ireland[J]. Oxford Review of Education，2009，35（1）：1-22.

年的PISA数据分析了36个国家和地区的家庭社会资本对影子教育机会获得的影响，发现核心家庭孩子参与影子教育的概率显著高于单亲家庭和混合家庭的孩子，父母职位水平对孩子影子教育机会获得有显著正向影响。[①]洪岩璧和赵延东考察了家庭社会资本对我国城市义务教育在校生影子教育机会获得的影响，结果显示，父母职业等级对我国城市义务教育在校生影子教育参与率具有显著正向影响。[②]周金燕和邹雪利用2012年PISA数据分析了中国和美国家庭的社会资本对孩子影子教育机会获得的影响发现，中国父母最高职业地位指数对孩子获得数学、阅读和科学课外补习机会均有显著正向影响，而美国父母的这一影响则均不显著。[③]

2. 家庭文化资本对初中影子教育获得的影响研究

Tansel和Bircan考察研究了土耳其的影子教育活动数据，结果发现，父母受教育水平对中小学生影子教育支出有显著正向影响。[④]Southgate采用2003年的PISA数据分析了36个国家和地区家庭文化资本对子女影子教育机会获得的影响，发现父母的文化水平和家庭藏书量对其子女影子教育机会获得有显著正向影响，且当控制了家庭文化资本的影响时，家庭社会资本对子女影子教育机会获得的影响变小。他认为，家庭资本较多的家庭，其孩子参与影子教育的概率较大，影子教育有助于孩子在学业和就业上取得成功，因此，影子教育成为社会再生产的一种途径。[⑤]一些来自中国的研究也得到了类似结论。薛海平和丁小浩发现，户主受教育程度对城镇学生是否参加课外补习有显著正向影响。[⑥]楚红丽的研究发现，以父母的受教育程度和家长对子女的教育期望等因素代表的家庭文化资本对我国中小学生参加课外补习有显著正向影响。[⑦]洪岩璧和赵延东的研究发现，父母受教育程度对我国城市义务教育在校生是否参加影子教育具有显著正向影响。[⑧]薛海平基于CFPS 2012年的数据发现，父亲受教育程度和父母对子女

① Southgate D E. Determinants of shadow education：A cross-national analysis[D]. The Ohio State University，2000：133.

② 洪岩璧，赵延东. 从资本到惯习：中国城市家庭教育模式的阶层分化[J]. 社会学研究，2014（4）：73-93.

③ 周金燕，邹雪. 中美学生教育补习机会的影响因素比较——基于2012年中国上海和美国PISA数据的实证探索[J]. 教育与经济，2016（2）：44-52.

④ Tansel A，Bircan F B. Private supplementary tutoring in Turkey recent evidence on its various aspects[J]. Social Science Electronic Publishing，2008，9（1）：162-171.

⑤ Southgate D E. Determinants of shadow education：A cross-national analysis[D]. The Ohio State University，2009：133.

⑥ 薛海平，丁小浩. 中国城镇学生教育补习研究[J]. 教育研究，2009（1）：39-46.

⑦ 楚红丽. 我国中小学生课外补习家庭之背景特征及个人因素[J]. 教育学术月刊，2009（12）：22-27.

⑧ 洪岩璧，赵延东. 从资本到惯习：中国城市家庭教育模式的阶层分化[J]. 社会学研究，2014（4）：73-93.

的教育期望对我国义务教育阶段在校生是否参加课外补习均有显著正向影响。[①] Bray 等分析了中国香港的数据，结果发现，母亲受教育程度对其子女是否参加课外补习有显著正向影响。[②]

不同于上述研究结论，Buchmann 等基于美国 1994 年教育纵向调查数据的研究发现，父母受教育程度和其对子女的教育期望对美国高中生是否参与影子教育的影响不显著。[③]曾满超等基于甘肃、湖南和江苏 3 省的初中生课外补习调查数据显示，父亲受教育程度对初中生是否选择课外补习的影响不显著。[④]

3. 家庭经济资本对初中影子教育获得的影响研究

Stevenson 和 Baker 针对影子教育开创性的研究发现，家庭经济资本对日本高中生是否参加课外补习有显著影响，而参加课外补习的学生更有可能进入大学。[⑤]坦塞尔和波尔坦考察了土耳其的情况，结果发现，家庭收入对学生课外教育获得有显著正向影响。[⑥] Buchmann 等基于美国 1994 年的数据发现，家庭收入对美国高中学生影子教育参与有显著正向影响。[⑦]Jelani 和 Tan 分析了马来西亚小学生家庭经济资本对课外补习机会获得的影响，结果发现，家庭收入对学生课外补习机会获得有显著正向影响。[⑧]薛海平和丁小浩发现，家庭经济收入对城镇学生是否参加课外补习有显著正向影响。[⑨]楚红丽的研究发现，家庭经济收入对我国中小学生参加课外补习的概率有显著正向影响。[⑩]洪岩璧和赵延东发现，家庭收入对我国城市义务教育在校生参与影子教育具有显著正向

---

① 薛海平. 从学校教育到影子教育：教育竞争与社会再生产[J]. 北京大学教育评论，2015（3）：47-69，188-189.

② Bray M，Zhan S，Lykins C，et al. Differentiated demand for private supplementary tutoring：Patterns and implications in Hong Kong secondary education[J]. Economics of Education Review，2014，38（1）：24-37.

③ Buchmann C，Condron D J，Roscigno V J. Shadow education，American style：Test preparation，the SAT and college enrollment[J]. Social Forces，2010，89（2）：435-461.

④ 曾满超，丁小浩，沈华. 初中生课外补习城乡差异分析——基于甘肃、湖南和江苏 3 省的初中学生课外补习调查[J]. 教育与经济，2010（2）：7-11.

⑤ Stevenson D L，Baker D P. Shadow education and allocation in formal schooling：Transition to university in Japan [J]. American Journal of Sociology，1992 （6）：1639-1657.

⑥ Tansel A，Bircan F B. Private supplementary tutoring in Turkey recent evidence on its various aspects[J]. Social Science ElectronicPublishing，2008，9（1）：162-171.

⑦ Buchmann C，Condron D J，Roscigno V J. Shadow education，American style：Test preparation，the SAT and college enrollment[J]. Social Forces，2010，89（2）：435-461.

⑧ Jelani J，Tan A K. Determinants of participation and expenditure patterns of private tuition received by primary school students in Penang，Malaysia：An exploratory study [J]. Asia Pacific Journal of Education，2012，32（1）：35-51.

⑨ 薛海平，丁小浩. 中国城镇学生教育补习研究[J]. 教育研究，2009（1）：39-46.

⑩ 楚红丽. 我国中小学生课外补习家庭之背景特征及个人因素[J]. 教育学术月刊，2009（12）：22-27.

影响。[①] Bray 等分析了中国香港的情况发现，家庭收入对学生是否参加课外补习有显著正向影响。[②]

也有一些研究结论与上述结论不同。例如，曾满超等基于甘肃、湖南和江苏3省的数据发现，父亲月收入对省会城市初中生是否选择课外补习的影响不显著，但对贫困县城初中生是否选择课外补习有显著负向影响。[③]薛海平基于 CFPS 2012 年的数据发现，家庭人均年纯收入对我国义务教育阶段在校生是否参加课外补习的影响不显著。[④]

（四）影子教育对初中学校教育获得的影响研究

家庭资本直接影响学生的学校教育和影子教育获得，而学生的影子教育获得又会影响其学校教育获得。因为学生获得影子教育会有助于提高其在校学习成绩或才艺能力，而学生学习成绩或才艺能力的提升无疑将帮助其在未来的升学竞争中处于有利地位，最终影响学生获得学校教育的数量和质量。已有影子教育获得对学校教育获得的影响研究基本上都是围绕影子教育获得对学生在校学习成绩的影响展开的。

Suryadarma 等对印度尼西亚小学四年级学生进行调查，结果发现，课外补习对学生学业成绩没有显著影响。[⑤]Dang 利用 Tobit 和定序 Probit 模型估计了课外补习支出对越南小学生和初中生成绩排名的影响，结果发现有显著正向影响。[⑥] Guochang Zhao 利用中国 19 个城市的调查数据估计了小学生课外补习支出对其学习成绩的影响，结果发现，课外补习支出对小学生数学成绩影响显著但轻微，对语文成绩影响不显著。进一步做分位数回归发现，课外补习支出对成绩较差的学生更可能产生正向影响，但对成绩较好的学生的影响不显著。[⑦]

Guill 和 Bonsen 采用多层线性模型估计了课外补习对德国汉堡五年级和六年

① 洪岩璧，赵延东. 从资本到惯习：中国城市家庭教育模式的阶层分化[J]. 社会学研究，2014，（4）：73-93..

② Bray M，Zhan S，Lykins C，et al. Differentiated demand for private supplementary tutoring：Patterns and implications in Hong Kong secondary education[J]. Economics of Education Review，2014，38（1）：24-37.

③ 曾满超，丁小浩，沈华. 初中生课外补习城乡差异分析——基于甘肃、湖南和江苏 3 省的初中学生课外补习调查[J]. 教育与经济，2010（2）：7-11.

④ 薛海平. 从学校教育到影子教育：教育竞争与社会再生产[J]. 北京大学教育评论，2015(3)：47-69，188-189.

⑤ Sunderman G L. Do supplemental educational services increase opportunities for minority students?[J] Phi Delta Kappan，2006，88（2）：117.

⑥ 薛海平. 从学校教育到影子教育：教育竞争与社会再生产[J]. 北京大学教育评论，2015(3)：47-69，188-189.

⑦ Zhao G C. Can money "buy" schooling achievement? Evidence from 19 Chinese cities [J]. China Economic Review，2015（35）：83-104.

级学生成绩的影响，结果发现没有显著影响。[①]Zhang 采用多层线性模型对济南学生样本的研究发现，高中课外补习对高考语文、数学和英语三门学科产生不同的影响，课外补习的平均效果并不显著，但对成绩处于中下游的城镇学生或者就读于质量较高的学校的学生有显著正向影响。[②]胡咏梅等基于 PISA 2012 年上海的数据，使用多层线性模型和再加权倾向得分匹配方法发现，数学课外补习对学生数学成绩具有正向效应，参与科学类课外补习能够起到促进数学成绩提升的作用，而参与语文课外补习对其语文成绩的影响呈显著负相关。[③]

Sooyong 采用倾向得分匹配方法估计了韩国的情况发现，参加学校补习对成绩有一定影响，而其他形式的课外补习（如一对一家教、在线教育）则对成绩没有影响。[④]Lee 利用韩国数据采用倾向得分匹配方法与工具变量方法发现，七年级的课外补习对提高学生初中阶段在校成绩具有积极作用，但对学生高考成绩影响甚微；就学科来说，课外补习对提高初中生英语和数学成绩有效，而对语文成绩则没有什么效果；七年级参加的辅导对初中学习益处最大，高中生只有数学辅导才能提高高考成绩。[⑤]薛海平等发现，课外补习在小学和初中阶段可以缩小学校质量较高和成绩较高的留守儿童和其他儿童的成绩差距。[⑥]薛海平利用 CFPS 2012 年数据发现，课外补习对义务教育阶段学生数学成绩有提高作用，但对语文成绩的提高作用不明显[⑦]，同时，其利用 CEPS 2014 年数据，同样采用倾向得分匹配方法发现，初中生参加课外补习有助于提高其语文、数学、英语各单科成绩，但提升幅度有较大差异。[⑧]

（五）文献研究总结

回顾已有文献研究发现，关于家庭资本对学校教育机会获得的影响的研究丰

① Guill K，Bonsen M. Leistungsvorteile durch Nachhilfeunterricht in Mathematik am Beginn der sekundarstufe I?[J]. Unterrichtswissenschaft，2010，38（2）：117-133.

② Zhang Y. Does private tutoring improve students' national college entrance exam performance? A case study from Jinan，China [J]. Economics of Education Review，2013，32（1）：1-28.

③ 胡咏梅，范文凤，丁维莉. 影子教育是否扩大教育结果的不均等——基于 PISA 2012 上海数据的经验研究[J]. 北京大学教育评论，2015，（3）：40-59.

④ Sooyong B. Shadow Education and Academic Success in South Korea. College of Education，Pennsylvania State University[EB/OL]. http://sites. google. com/site/sooyongbyunshomepage/research—2.

⑤ Lee J Y. Private Tutoring and its Impact on Students' Academic Achievement，Formal Schooling，and Educational Inequality in Korea[D]. Columbia University，2013.

⑥ 薛海平，王东，巫锡炜. 课外补习对义务教育留守儿童学业成绩的影响研究[J]. 北京大学教育评论，2014（3）：50-62.

⑦ 薛海平. 从学校教育到影子教育：教育竞争与社会再生产[J]. 北京大学教育评论，2015（3）：47-69，188-189.

⑧ 薛海平. 课外补习、学习成绩与社会再生产[J]. 教育与经济，2016（2）：32-43.

富且经典，这些研究结论大多认为家庭资本对孩子学校教育机会获得具有重要影响。随着影子教育的兴起，学者关于家庭资本对影子教育机会获得的影响的研究近年来也开始出现，且侧重于研究家庭文化资本和经济资本对学生影子教育机会获得的影响，很少研究家庭社会资本和政治资本对学生影子教育机会获得的影响。本章将建立一个家庭资本影响教育获得的理论模型，以系统考察家庭资本是如何通过学校教育和影子教育影响学生教育获得的作用机制，同时通过实证研究检验影子教育在家庭资本影响学生教育获得过程中的中介效应。

二、数据及变量说明

本章使用 CEPS2014 年数据。该数据集中本章统计分析采用的变量说明见表 5-1。根据该数据集中对课外补习的变量说明，本章中的课外补习主要是指为提高学生学业成绩而进行的正规学校教育之外的学术类课程补充性教育活动。该数据集中初中学生样本数为 19487 名。

表 5-1　统计分析中的变量说明

变量类型	变量名		变量说明
影子教育	是否参加课外补习		0. 否，1. 是
教育获得	学生成绩		学生 2013 年语数外期中考试标准化成绩总分
家庭资本	社会资本	父母最高职业分层	1. 下层，2. 中层，3. 上层
	文化资本	父母最高学历	1. 文盲，2. 小学，3. 初中，4. 高中，5. 大专，6. 大学本科，7. 硕士及以上
		课本、杂志外的家庭藏书量	1. 很少，2. 比较少，3. 一般，4. 比较多，5. 很多
		父母对孩子的教育水平期望	1. 现在就不要念了，2. 初中毕业，3. 高中，4. 大专，5. 大学本科，6. 硕士，7. 博士
	经济资本	家庭经济状况	1. 困难，2. 中等，3. 富裕
	政治资本	家长政治面貌	1. 共产党员，2. 民主党派，3. 群众
个体因素	性别		0. 女，1. 男
	年级		0. 七年级，1. 九年级

本章的“家庭资本”可以近似理解为家庭社会经济背景，是能够为学生提供

各种有用的资源以便实现教育获得的家庭背景。根据已有文献，学者从不同的角度对家庭资本类型进行了划分，具体有如下五类家庭资本：社会资本、文化资本、人力资本、经济资本、政治资本。社会资本指家长的社会网络资源以及家长对子女学习的参与程度等。文化资本有三种存在形式：一是身体化的形态，体现在人们身心中根深蒂固的性情倾向上；二是客体化的形态，体现在那些文化物品（如书籍、词典等）上；三是制度化的形态，体现在那些特定的制度安排（如学历制度）上。人力资本是人所拥有的能够改变社会的知识水平和能力，通常通过受教育水平测量。经济资本通常通过家庭经济收入水平测量。政治资本是指政党和政权所提供的身份、权力、资源以及由此而来的威慑力、影响力，在中国的实证研究中，最常见的政治资本代理变量是共产党员身份。

本章将家庭资本分为四大类：社会资本、文化资本、经济资本以及政治资本。家庭社会资本的测量主要借鉴李春玲的职业分层研究①，将学生父母职业分为上、中、下三层，取父母一方的最高职业分层作为学生家庭社会资本测量指标，父母职业分层越高，表明学生家庭社会资本越多。文化资本用父母最高学历和除课本、杂志外的家庭藏书数测量。经济资本用家庭经济状况测量，家庭经济状况分困难、中等、富裕三个水平。政治资本用家长政治面貌测量，家长政治面貌分中共党员、民主党派、群众三类。

根据上述文献研究结果，学生教育获得主要指学生获得的受教育水平和质量。通常可以从两个维度来衡量学生教育获得的差异：一个是学生受教育水平或者是受教育年限，这代表了学生教育获得在数量方面的差异；另一个是在受教育水平或年限相同的情况下，教育质量的差异，通常用学生的成绩或学校质量测量。尽管教育的数量和质量都是教育获得的重要衡量指标，但是，在有关家庭资本与学生教育获得的研究中，受数据可获得性的影响，研究者对教育获得的数量方面的关注远远超过了对质量方面的关注，大多数的研究都没有涉及教育质量方面的差异，这可能主要是因为获取教育质量信息的数据比较困难。正如 Solmon 所指出的那样："提供高质量的教育往往比提供大量低质量的教育更为重要，尤其是对发展中国家而言。"②本书将主要关注家庭资本对学生教育质量获得的影响，学生教育质量获得用学生在校学习成绩测量，涉及的变量说明如表 5-1 所示。

① Li C L. Characterizing China's middle class：Heterogeneous compositions and multiple identities. In Cheng Li（Eds.）. China's Emerging Middle Class：Beyond Economic Transformation[M]. Washington：Brookings Institution Press，2010：135-156.

② Solmon L C. Quality of education and economic growth[J]. Economics of Education Review，1985（4）：273-290.

第二节　影子教育在家庭资本与初中教育获得之间的中介效应分析

一、家庭资本影响教育获得理论模型构建

根据已有文献研究，家庭资本对学校教育和影子教育获得分别有重要影响，但鲜有研究将学校教育和影子教育联合起来考察家庭资本对子女教育获得的影响。目前，在我国义务教育体系中，影子教育与学校教育互相补充并已成为义务教育的重要组成部分，为了完整、准确地评估家庭资本对子女教育获得的影响，本章将学校教育和影子教育联合起来建构家庭资本对子女教育获得的影响的理论模型。借鉴李煜对教育不平等的产生机制研究①以及刘志民和高耀对家庭资本影响高等教育数量和质量获得的作用机制研究②，本章构建了家庭资本影响教育获

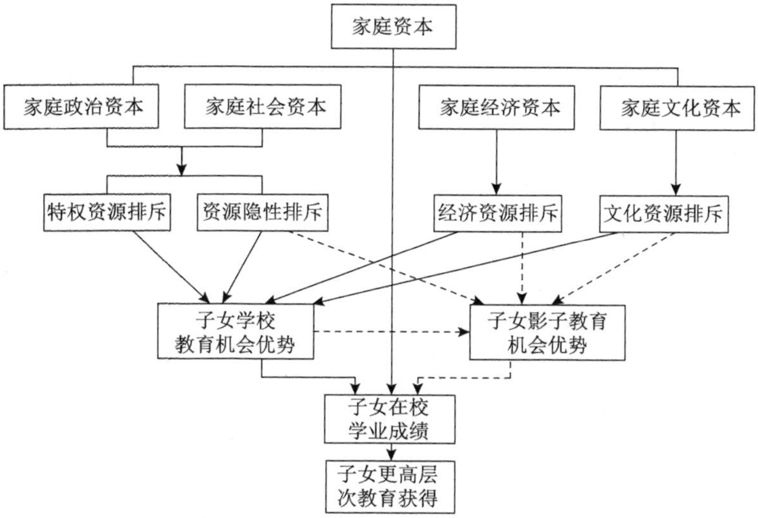

图 5-1　家庭资本影响教育获得的理论模型

① 李煜. 制度变迁与教育不平等的产生机制——中国城市子女的教育获得（1966—2003）[J]. 中国社会科学，2006（4）：97-109.

② 刘志民，高耀. 家庭资本、社会分层与高等教育获得——基于江苏省的经验研究[J]. 高等教育研究，2011（12）：18-27.

得的理论模型（图 5-1）。首先，家庭资本可以直接影响其子女在校学业成绩。其次，家庭资本也可以通过影响其子女获得学校教育机会优势（如上更好的学校），从而影响他们的在校学业成绩。再次，家庭资本还可以通过影响其子女获得的影子教育机会优势，从而影响他们的在校学业成绩。最后，学校教育机会优势的获得还会影响到影子教育机会优势获得（见图 5-1 相应部分虚线箭头）。

家庭资本影响子女教育获得的作用机制本质上是一种资源排斥机制，即优势阶层家庭利用其家庭资本优势,在其子女升学和择校中为其减少竞争的激烈程度，或将部分竞争者排斥在获取优质学校教育和影子教育机会竞争之外，甚至垄断优质学校教育和影子教育获取机会。这种排斥具体体现为经济资源排斥、特权资源排斥、资源隐性排斥和文化资源排斥四种类型。

（1）经济资源排斥

经济资源排斥是现代社会最常见的一种排斥方式，主要是通过家庭经济资本实现资源排斥。这种排斥在教育方面的主要表现有：家庭资本充裕的子女一般享有品质较好的学校教育和影子教育；富裕家庭的子女可以通过缴纳赞助费、择校费等方式直接进入好的学校，还可以通过购买影子教育服务来提高考试成绩，从而间接进入好学校，这本质上是以家庭经济资本换取优质教育资源。而对于经济困难家庭子女而言，随着学校教育和影子教育成本的不断提高，可能会出现“考得取，上不起”以及没钱购买影子教育服务的现象，这也是经济资源排斥的一种表现。家庭经济资本可以通过获取学校教育质量优势实现经济资源排斥（见图 5-1 实线箭头）。近年来，随着各地“就近入学”政策的严格实施，富裕家庭子女通过缴纳赞助费、择校费等方式直接进入好学校的机会日益受限，义务教育、中职教育免费制度和学生资助制度的建立也大大减少了经济困难家庭子女“考得取，上不起”的现象，学校教育内优势阶层利用经济资源排斥弱势阶层的作用日益被削弱，但为了维持竞争优势，联合影子教育发挥经济资源的排斥作用（见图 5-1 虚线箭头）将日益受到优势阶层重视。

（2）特权资源排斥

特权资源排斥主要指在教育制度设计中，优质教育资源的设置常常偏向某些具有特权的阶层。比如，在大多数地区，某些单位的附属教育机构（包括基础教育和中等教育）大都质量较高，而这些阶层的子女理所当然地进入这些学校学习。优势阶层通过特权资源排斥弱势阶层主要针对学校教育领域，借助家庭政治资本和社会资本的作用实现。近年来，随着一些地方“共建”政策的取消，某些单位与其附属教育机构剥离，学校教育体系内优势阶层通过特权资源排斥弱势阶层的现象也将日益减少。

（3）资源隐性排斥

资源隐性排斥主要是指在升学和在做影子教育决策时，低阶层家庭子女对升学风险的承担能力差或对教育预期收益评估低，一些人会过早地退出获取高质量学校教育和影子教育机会的竞争。隐性排斥不是因为没有能力支付学校教育和影子教育的直接成本，而是觉得相对机会成本太大。它是在机会均等的名义下，使低阶层家庭基于理性选择，在自愿的表象下隐秘地被排斥在竞争高质量学校教育和影子教育机会之外。资源隐性排斥通过家庭政治资本和社会资本发挥作用实现。

（4）文化资源排斥

文化资源排斥主要是指在升学和在做影子教育决策时，父母学历较低和文化资源贫乏的家庭不太重视子女教育，这些家庭对获取高质量学校教育和影子教育机会的预期收益评估低，因此，一些人会过早退出高质量学校教育和影子教育机会竞争。近年来，随着一系列教育公平政策的推行，经济资源排斥和特权资源排斥的作用日益受到限制，文化资源排斥的作用将日益受到优势阶层重视。

基于上述家庭资本影响教育获得的理论模型和已有相关研究结论，为了检验影子教育在家庭资本与教育获得之间的中介效应，本节提出以下研究假设。

研究假设 1：家庭资本对初中生教育获得有显著正向影响。

研究假设 2：参与影子教育对初中生教育获得有显著正向影响。

研究假设 3：影子教育在家庭资本影响学生教育获得的过程中发挥了中介作用，即家庭资本通过影响学生参与影子教育的机会，进而影响学生的教育获得。

二、家庭资本对初中教育获得的影响：基于影子教育的中介作用

基于前文构建的家庭资本影响教育获得的理论模型和研究假设，本部分将采用结构方程模型分析家庭资本对学生教育获得的影响，检验家庭资本通过影子教育影响学生教育获得的中介效应问题。

（一）家庭文化资本影响学生教育获得的中介模型

基于家庭资本影响教育获得的理论模型，结合结构方程模型技术和数据集中

可获得的变量，再参照温忠麟等对中介效应的检验方法和程序研究①，本部分构建了家庭文化资本影响学生教育获得的中介模型，模型标准化回归路径系数结果如图 5-2 所示。该模型中除影子教育参与对学生成绩影响路径系数不显著外，其他所有路径系数均通过了显著性水平检验。根据联合显著性检验，家庭文化资本影响学生成绩的中介效应不显著，影子教育在家庭文化资本和学生成绩之间没有起到中介作用。其原因可能在于家庭文化资本本身可以直接帮助孩子提高学习成绩，较少需要借助影子教育等间接途径来提高孩子学习成绩。

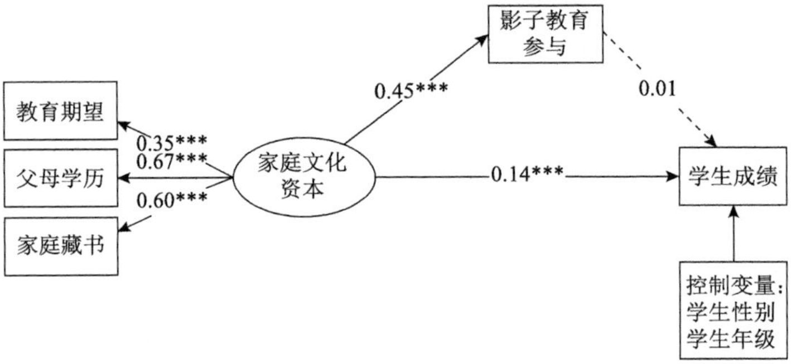

图 5-2　家庭文化资本影响学生教育获得的多重中介模型

该模型的分析结果表明，该模型是递归的，样本量为 19487 人。模型拟合结果见表 5-2。由表 5-2 可知，除 CMIN/*df*=29.84>5 外，其他各项拟合指数都达到了很好的水平，表明建立的模型能够与实际观测数据较好拟合，家庭文化资本影响教育获得模型是一个良好的理论假设模型。CMIN/*df*>5 拒绝理论模型 1 的重要原因在于本模型统计分析中学生有效样本量很大（*N*=19487）。当样本容量很大时，与数据拟合很好的模型都会被拒绝，所以一般不能单靠卡方检验来决定模型的去留。②模型的比较不应以拟合指数为主要依据，而应当考虑模型所描述的各变量间关系的合理性，以及参数的估计是否恰当（如相关系数不能大于 1，误差方差不能是负数）。③本模型所描述的各变量间关系具有合理性，参数估计也比较恰当。因此，本章决定采用该模型检验家庭文化资本通过影子教育影响学生教育获得的中介效应问题。

① 温忠麟，张雷，侯杰泰，等. 中介效应检验程序及其应用[J]. 心理学报，2004（5）：614-620.

② Hoe S L. Issues and procedures in adopting structural equation modeling technique[J]. Journal of applied quantitative methods，2008，3（1）：76-81.

③ 侯泰杰，温忠麟，成子娟. 结构方程模型及其应用[M]. 北京：教育科学出版社，2004：120-121.

表 5-2　家庭文化资本影响学生教育获得的中介模型拟合结果

拟合指数	CMIN	*df*	CMIN/*df*	RMSEA	NFI	RFI	IFI	TLI	CFI
计算数值	358.10	12	29.84	0.038	0.967	0.922	0.968	0.925	0.968
判断标准			<5.0	<0.10	>0.90	>0.80	>0.90	>0.80	>0.90

（二）家庭社会资本影响学生教育获得的中介模型

基于以上构建的家庭文化资本影响教育获得的理论模型，本部分构建了家庭社会资本影响学生教育获得的中介模型，模型标准化回归路径系数结果见图 5-3。模型中所有路径系数均通过了显著性水平检验。根据联合显著性检验，家庭社会资本影响学生成绩的中介效应显著，影子教育在家庭社会资本和学生成绩之间起到了部分中介作用。

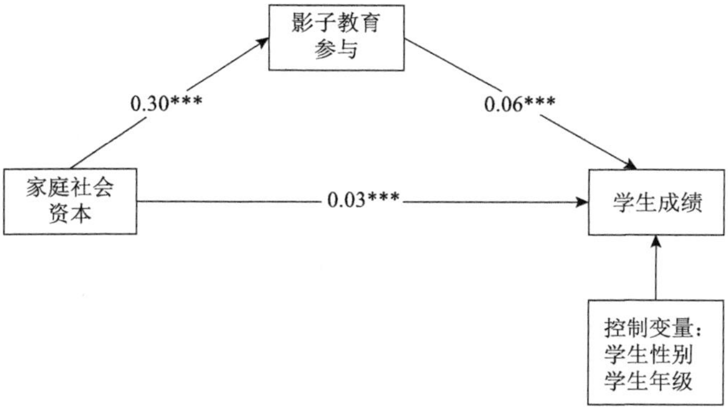

图 5-3　家庭社会资本影响学生教育获得的中介模型

该模型的分析结果表明，该模型是递归的，样本量为 19487 人。模型拟合结果见表 5-3。由表 5-3 可知，除 CMIN/*df*=28.00>5 外，其他各项拟合指数都达到了很好的水平，表明该模型能够与实际观测数据较好拟合，是一个良好的理论假设模型。该模型所描述的各变量间关系具有合理性，参数估计也比较恰当。因此，本章决定采用该模型检验家庭社会资本通过影子教育影响学生教育获得的中介效应问题。

表 5-3　家庭社会资本影响学生教育获得的中介模型拟合结果

拟合指数	CMIN	*df*	CMIN/*df*	RMSEA	NFI	RFI	IFI	TLI	CFI
计算数值	140.01	5	28.00	0.034	0.957	0.919	0.959	0.875	0.959
判断标准			<5.0	<0.10	>0.90	>0.80	>0.90	>0.80	>0.90

（三）家庭经济资本影响学生教育获得的中介模型

基于以上构建的家庭社会资本影响教育获得的理论模型，本部分构建了家庭经济资本影响学生教育获得的中介模型，该模型标准化回归路径系数结果见图 5-4。在该模型中，除家庭经济资本影响学生成绩的路径系数不显著外，其他路径系数均通过了显著性水平检验。根据联合显著性检验，家庭经济资本影响学生成绩的中介效应显著，影子教育在家庭经济资本和学生成绩之间起到了完全中介作用。该结论表明，家庭经济资本并不能直接帮助孩子提高成绩，而是要通过影响影子教育的参与，从而间接帮助提高孩子成绩。

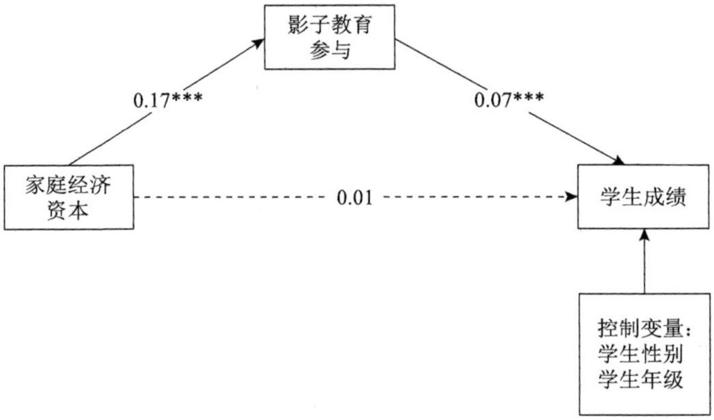

图 5-4　家庭经济资本影响学生教育获得的中介模型

该模型的分析结果表明，该模型是递归的，样本量为 19487 人。模型拟合结果见表 5-4。由表 5-4 可知，除 CMIN/*df*=11.88>5 外，其他各项拟合指数都达到了很好的水平，这表明，该模型能够与实际观测数据较好拟合，是一个良好的理论假设模型。本模型所描述的各变量间关系具有合理性，参数估计也比较恰当。因此，本章决定采用该模型检验家庭经济资本通过影子教育影响学生教育获得的中介效应问题。

表 5-4　家庭经济资本影响学生教育获得的中介模型拟合结果

拟合指数	CMIN	*df*	CMIN/*df*	RMSEA	NFI	RFI	IFI	TLI	CFI
计算数值	59.38	5	11.88	0.02	0.970	0.910	0.972	0.917	0.972
判断标准			<5.0	<0.10	>0.90	>0.80	>0.90	>0.80	>0.90

（四）家庭政治资本影响学生教育获得中介模型

基于以上构建的家庭经济资本影响教育获得的理论模型，本部分构建了家庭政治资本影响学生教育获得的中介模型，模型标准化回归路径系数结果见图 5-5。模型中所有路径系数均通过了显著性水平检验。根据联合显著性检验，家庭政治资本影响学生成绩的中介效应显著，影子教育在家庭政治资本和学生成绩之间起到了部分中介作用。

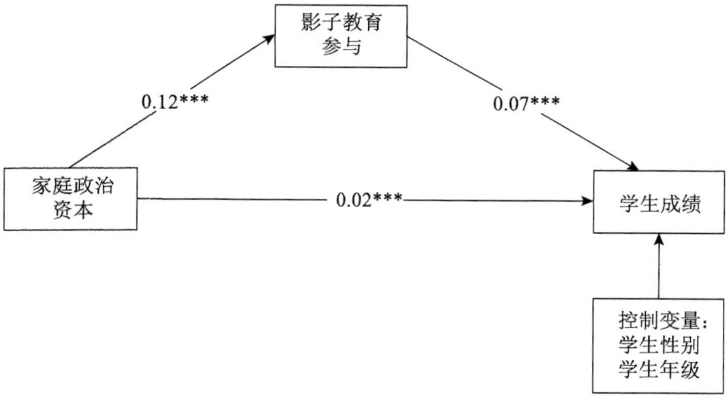

图 5-5　家庭政治资本影响学生成绩的中介模型

该模型的分析结果表明，该模型是递归的，样本量为 19487 人。模型拟合结果见表 5-5。由表 5-5 可知，除 CMIN/*df*=11.89>5 外，其他各项拟合指数都达到了很好的水平，表明该模型能够与实际观测数据较好拟合，是一个良好的理论假设模型。CMIN/*df*>5 拒绝理论模型 1 的重要原因在于本模型统计分析中学生有效样本量很大（*N*=19487）。本模型所描述的各变量间关系具有合理性，参数估计也比较恰当。因此，本章决定采用该模型检验家庭政治资本通过影子教育影响学生教育获得的中介效应问题。

表 5-5　家庭政治资本影响学生教育获得的中介模型拟合结果

拟合指数	CMIN	*df*	CMIN/*df*	RMSEA	NFI	RFI	IFI	TLI	CFI
计算数值	59.47	5	11.89	0.02	0.964	0.892	0.967	0.900	0.967
判断标准			<5.0	<0.10	>0.90	>0.80	>0.90	>0.80	>0.90

（五）家庭资本影响学生获得的中介模型

基于以上检验的各类家庭资本影响学生教育获得的中介模型，本部分构建了家庭资本影响学生教育获得的中介模型，以完整考察家庭各类资本、影子教育参与与学生教育获得的关系。模型标准化回归路径系数结果如图 5-6 所示。模型中所有路径系数均通过了显著性水平检验。根据联合显著性检验，家庭资本影响学生成绩的中介效应显著，影子教育在家庭资本和学生成绩之间起到了部分中介作用。

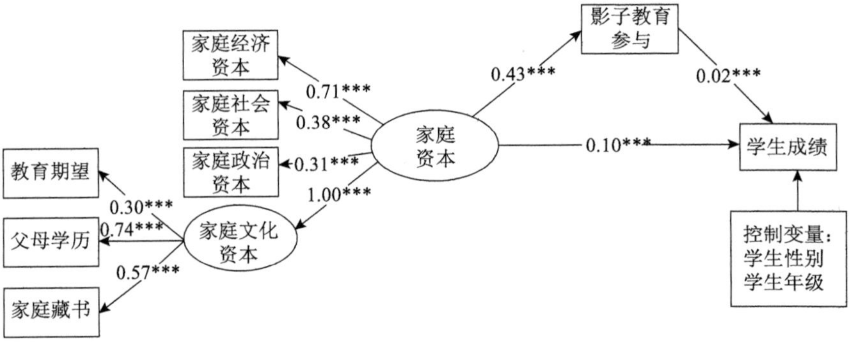

图 5-6　家庭资本影响学生教育获得的中介模型

该模型的分析结果表明该模型是递归的，样本量为 19487 人。模型拟合结果见表 5-6。由表 5-6 可知，除 CMIN/*df*=35.52>5 外，其他各项拟合指数都达到了很好的水平，表明该模型能够与实际观测数据较好拟合，是一个良好的理论假设模型。

表 5-6　家庭资本影响学生教育获得的中介模型拟合结果

拟合指数	CMIN	*df*	CMIN/*df*	RMSEA	NFI	RFI	IFI	TLI	CFI
计算数值	71.04	2	35.52	0.042	0.950	0.914	0.951	0.916	0.951
判断标准			<5.0	<0.10	>0.90	>0.80	>0.90	>0.80	>0.90

第三节　研究结论与政策建议

一、研究结论

本章将学校教育和影子教育联合起来考察家庭资本对初中生教育获得的影响，得出如下主要研究结论。

1）家庭资本对初中学生教育获得有显著正向影响，验证了本章的研究假设 1。

就各类家庭资本来说，家庭文化资本、家庭社会资本、家庭政治资本对初中生教育获得均有直接的显著正向影响，家庭经济资本对初中学生学业教育获得的直接影响不显著，但对初中生学业教育获得有间接的显著正向影响。

2）参与影子教育对初中生教育获得有显著正向影响，验证了本章的研究假设 2。

3）影子教育在家庭资本影响学生教育获得过程中发挥了部分中介作用，即家庭资本通过影响学生影子教育参与机会进而影响学生教育获得，验证了本章的研究假设 3。

二、结论讨论

上述研究结论表明，家庭资本既通过学校教育也通过影子教育影响子女教育获得。一方面，家庭资本直接影响子女初中学校质量获得；另一方面，家庭资本也影响子女初中影子教育机会获得。家庭资本不仅直接影响子女初中在校成绩，而且也通过影子教育的中介作用影响子女初中在校成绩，目的是为子女在未来高中和高等教育中获得机会优势。社会经济背景较好的家庭利用其家庭资本优势，依靠各种资源排斥机制，通过学校教育和影子教育双重体系，为其子女占据升学竞争中的巨大优势。近年来，我国政府为了推进义务教育均衡，缩小城乡和校际教育质量差距，采取了许多措施，如限制“择校”行为和“共建”入学行为，实施各种薄弱学校改进计划，削弱了家庭资本与学校教育质量获得之间的关联，不同家庭资本的子女获得的学校教育质量差距因此可能会逐渐缩小，有较多资本家庭的子女也因此可能不再占据升学竞争优势。为了继续维持升学竞争优势，有较多资本的家庭在其子女初中教育阶段的竞争策略发生了转变，他们转而依靠影子教育提高子女成绩，从而力图继续获得学校教育质量优势。本章结论为影子教育在家庭资本影响学生成绩过程中发挥了中介作用，影子教育将有助于有较多资本家庭的子女继续获得学校教育质量优势，从而在未来的升学竞争中占得先机。

家庭资本通过学校教育和影子教育两种体系影响初中生的教育获得，造成不同阶层家庭子女对更高层次教育机会和质量获得的差异，最终引发不同阶层家庭子女在劳动力市场上的社会分层。资本较多家庭的子女更多进入主要劳动力市场，资本较少家庭的子女更多进入次要劳动力市场。家庭资本因此从父代传递到子代，实现了家庭资本的代际继承。在家庭资本代际继承过程中，学校教育和影子教育均发挥了重要的通道作用，这两种通道相互贯通从而建立起了学校教育和影子教育联合社会再生产机制，导致阶层固化现象更严重。受时代所限，经典的教育社会再生产理论学者，如科尔曼、布迪厄等只关注了家庭资本对学校教育获得的影响，阐述了学校教育社会再生产作用机制，而没有阐述影子教育社会再生产作用机制。当前全球范围内，影子教育已成为学校教育的重要补充[①]，影子教育获得既是学生教育获得的重要形式，也对学生学校教育获得产生重要影响。因此，单独考察家庭资本对学校教育获得的影响将低估家庭资本对子女教育获得的影响，也不能完整揭示当前教育社会再生产作用机制。本章研究发现，影子教育在家庭资本与教育获得之间发挥中介作用，讨论了学校教育和影子教育联合社会再生产机制，在一定程度上发展和完善了经典的教育社会再生产理论，对于当前我国实施教育公平和社会流动政策有一定参考意义。

三、政策建议

基于本章研究的主要结论和讨论，本章的主要政策启示如下。

1）政府应重视影子教育在家庭资本影响学生教育获得中的中介作用，构建专门化的影子教育治理体系以减少其对教育公平和社会流动造成的负面影响。

李春玲将 1978 年以来我国实施的教育改革概括为两个方面的转变：一是大众化教育模式向精英化教育模式的转变；二是由计划体制向市场体制转变（“教育的产业化”）。教育的市场化导致地区之间和不同家庭经济背景的学生之间教育机会分配的不平等。[②]教育市场化催生了影子教育的兴起，而影子教育在家庭资本与学生教育获得之间发挥的中介作用，进一步加剧了不同家庭社会经济背景学生教育机会分配的不平等。义务教育公平则是达到教育公平乃至实现社会公平的基础。近年来，我国各级政府比较重视学校教育社会再生产作用导致的教育公平问题，在学校教育体系内采取了许多教育公平政策以削弱家庭资本对学生教育获得的影响，优势阶层利用各种家庭资本通过学校教育体系排斥弱势阶层的作用日益被削弱，为了维持升学竞争优势，优势阶层日益重视利用影子教育体系排斥弱势阶层，以实现优势阶层的家庭资本代际继承，建立起了学校教育和影子教育联合社会再生产机制，严重削弱了政府教育公平政策成效，损害了社会平等基础。当前，各

① Bray M. Confronting the shadow education system：What government policies for what private tutoring?[J]. Educational Review，2012，26（1）：132-133.

② 李春玲. 社会政治变迁与教育机会不平等——家庭背景及制度因素对教育获得的影响（1940—2001）[J]. 中国社会科学，2003（3）：86-98.

级政府可能基于选择影子教育是学生和家长的权利以及影子教育活动主要是一种市场行为的逻辑，对影子教育大多持放任自流的态度，其结果是学校教育体系公平政策的积极效果被影子教育体系侵蚀，教育不公平和社会不平等也因教育市场化而日益扩大。因此，政府需要认识到家庭资本影响教育获得的作用机制，重视影子教育对学生教育获得的作用，构建针对影子教育的治理体系，保障义务教育公平和社会平等政策成效。

2）政府应该向成绩落后且家庭资本低的初中生提供政策支持以削弱影子教育在家庭资本与学生教育获得之间的中介作用，促进教育跨越代际效应功能的发挥。

影子教育在家庭资本与学生教育获得之间的中介作用，强化了教育社会再生产功能，因此，社会阶层更容易被复制，社会阶层固化现象也更严重。为了打破社会阶层固化，促进社会平等，政府可以采取如下措施：一是政府可以为成绩落后且家庭资本少的初中在校生提供影子教育费用补贴，帮助他们获得影子教育。澳大利亚、英国、法国、新加坡、美国等发达国家将影子教育当作对低分或者能力欠缺学生的一种帮助，通过补习券、补习津贴、基于影子教育投资税制优惠等措施刺激成绩落后学生的影子教育需求，从而削弱影子教育对正常社会流动的不利影响。美国是这方面的典型代表，美国在《不让一个孩子掉队法案》中规定："连续三年在提高学生学业成绩方面没有取得适当进步的学校需要向低收入家庭学生提供课外补习服务。"[①]为了执行这一法案，美国不仅通过 21 世纪社区学习中心计划提供巨额经费支持，还联合了学校、社区、公司等多方力量的支持。其结果是，虽然近年来各收入水平家庭子女的影子教育参与率都有所提升，但是上升更快的是最低收入家庭的子女。[②]借鉴国外政府的相关经验，我国政府也可以对成绩落后且家庭资本少的初中在校生提供影子教育费用补贴，帮助他们借助影子教育缩小与家庭资本多的初中生的成绩差距。二是在高中阶段学校招生录取时给予家庭资本少的初中生适当照顾。学校教育和影子教育联合社会再生产机制将使家庭资本少的初中生获取高中阶段学校入学数量和质量的机会远低于家庭资本多的初中生，从打破阶层固化促进社会流动角度出发，在高中阶段学校招生录取时应给予家庭资本少的初中生适当照顾，提高他们高中阶段入学机会以及升入优质高中阶段学校的机会。上述努力将有助于促进社会阶层间的良性循环和正常的社会流动。

① 转引自 Heinrich C J，Meyer R H，Whitten G. Supplemental education services under no child left behind who signs up，and what do they gain?[J]. Educational Evaluation and Policy Analysis，2010，32（3）：273-298.

② 周金燕. 低收入家庭儿童的教育补偿：美国"放学后计划"的兴起和发展[J]. 比较教育研究，2013（4）：49-53.

第六章

初中生课外补习与学业成绩

作为既有的社会等级结构再生产的重要机制，教育对社会公平有着重要的意义。2000年以来，被国际学术界称为影子教育的课外补习在中国得到迅速发展，义务教育阶段学生竞相参加课外补习以提高学习成绩，期望在未来的升学和就业竞争中获取优势。然而，课外补习究竟能否提高学生学习成绩？学生和家庭围绕课外补习日益激烈的博弈和竞争是否会损害义务教育公平？作为学校教育的补充，课外补习是否具有社会再生产功能？课外补习对学校教育社会再生产功能有何影响？本章将对我国初中生的课外补习活动进行实证研究，深入探讨课外补习、学生成绩与社会再生产的关系，希望研究结论有助于探清课外补习与学生成绩的关系，揭示课外补习的社会再生产作用机制，相关政策建议能促进义务教育乃至社会公平。

第一节 研究设计

一、文献综述

许多家长为学生选择课外补习是为了提高学生的学习成绩，然而，课外补习对学生成绩提高是否达到了理想的效果呢？已有研究发现，课外补习对学生成绩的影响是混合的。例如，一些学者发现，课外补习对日本、毛里求斯、肯尼亚等学生的成绩有积极影响，但对韩国、新加坡等学生的成绩的影响却是消极的。而埃及1990—1991年度的调查以及1994年的跟踪调查均未显示出课外补习对小学生学业成绩有显著影响。[①]Thapa 发现，课外补习对尼泊尔私立学校学生的成绩也没有影响。[②]薛海平等发现，对于义务教育阶段学校质量较高、成绩较好的留守儿童来说，参与课外补习有利于提高学业成绩并缩小其与非留守儿童的成绩差距，但对学校质量和成绩较差的留守儿童来说，则帮助不大。[③]

为了控制住在估计课外补习对学生成绩影响时的内生性问题，许多西方学者通过将课外补习视为工具变量，利用准试验法或倾向得分匹配方法等探讨课外补习对成绩的影响，结果发现在部分地区有显著正向影响，而在另一些地区则没有显著影响；而有学者则发现，参加学校的补习对成绩有一定影响，而其他形式的课外补习（如一对一家教、网络上课）对成绩没有影响。目前，有关课外补习对学业成绩长期影响的追踪研究十分少见。Lee 分析韩国国家教育研究中心 2005—2006 年的全国教育跟踪调查数据和 2009 年的大学升学考试成绩后发现，一般而言，七年级的课外补习对提高学生初中在校成绩具有积极作用，但对学生高考成绩影响甚微；就学科来说，课外补习对提高初中生英语和数学成绩有效，而对语文则没有什么效果；七年级参加的辅导对初中学习益处最大，高中生只有参加数学辅导才能提高高考成绩。[④]

中国有少数学者采用高级统计方法估计了课外补习对学生成绩的影响，研究结论也是混合的。薛海平的研究发现，课外补习对义务教育阶段学生数学成绩有提高作用，但对提高语文成绩的作用不明显。[⑤]胡咏梅等通过研究发现，数学课外补习对学生数学成绩具有正向效应，参与科学类课外补习能够起到促进数学成绩提升的作用，而参与语文补习对其数学成绩的影响是显著负向的。[⑥]张羽等采用多层线性模型对北京市某初中全样本学生的九年追踪数据进行了分析。结果发现，小学一年级学生参加语文或者数学课外补习对其初中相应学科的初始成绩有负向影响，小学高年级学生参与补习能在一定程度上提高其在初中阶段的初始成

① Fergany N. Quality of life indices for Arab countries in an international context[J]. International Statistical Review，1994，62（2）：187-202.

② Thapa A. Does private school competition improve public school performance. The case of Nepal[Z]. An unpublished PHD dissertation，Graduate School of Art and Science：Columbia University，2011：358-366.

③ 薛海平，王东，巫锡炜. 课外补习对义务教育留守儿童学业成绩的影响研究[J]. 北京大学教育评论，2014（3）：50-62.

④ Lee J Y. Private Tutoring and its Impact on Students' Academic Achievement，Formal Schooling，and Educational Inequality in Korea[D]. Columbia University，2013.

⑤ 薛海平. 从学校教育到影子教育：教育竞争与社会再生产[J]. 北京大学教育评论，2015(3)：47-69，188-189.

⑥ 胡咏梅，范文凤，丁维莉. 影子教育是否扩大教育结果的不均等——基于 PISA 2012 上海数据的经验研究[J]. 北京大学教育评论，2015（3）：40-59.

绩，但对初中三年的学业增长速度有负面影响。①

课外补习作为重要的教育行为吸引了学者对其的关注与研究。然而，已有研究仍存在以下不足或缺陷：第一，课外补习对学生成绩究竟有何种影响？迄今为止，相关实证研究不能给出令人信服的回答，尤其是基于中国情况的实证研究较少，无法为科学评估我国学生参加课外补习对学习成绩的影响提供参考依据。第二，学校教育具有社会再生产功能，作为学校教育的补充，课外补习是否具有社会再生产功能？课外补习对学校教育社会再生产功能有何影响？迄今为止，鲜有学者探讨课外补习的社会再生产过程和功能。探讨上述问题对于理解课外补习与学校教育的互动关系以及课外补习的社会影响具有重要的理论和现实意义。

二、数据及变量说明

本章主要采用 2014 年的 CEPS 数据。CEPS 以 2013—2014 学年为基线，以初中一年级和初中三年级两个同期群为调查起点，以人口平均受教育水平和流动人口比例为分层变量从全国随机抽取了 28 个县级单位作为调查点。调查组在入选的县级单位随机抽取了 112 所学校、438 个班级进行调查，被抽中班级的学生全体入样，基线调查共调查了约 2 万名学生。该数据集中本章统计分析采用的变量说明如表 6-1 所示。根据该数据集中对课外补习的变量进行说明，本章的课外补习主要是指为提高学生学业成绩而进行的正规学校教育外的学术类课程补充性教育活动，也包括旨在提高学生才艺能力的兴趣类校外培训。该数据集中初中生样本数为 19 487 名。在考察家庭背景对课外补习机会获得的影响时，本书引入了家庭资本的概念。根据相关文献，本章也将家庭资本分为四大类：人力资本、社会资本、文化资本、经济资本。家庭人力资本用父母最高学历测量；家庭社会资本测量主要借鉴李春玲的职业分层研究②，将学生父母职业分为上、中、下三层，取父母一方中最高职业分层作为学生家庭社会资本测量指标，父母职业分层越高，表明学生家庭社会资本越多；文化资本用除课本、杂志外的家庭藏书数测量；经济资本用家庭经济状况测量，分困难、中等、富裕三个水平。

① 张羽，陈东，刘娟娟. 小学课外补习对初中学业成绩的影响——基于北京市某初中九年追踪数据的实证研究[J]. 教育发展研究，2015（Z2）：18-25.

② Li C L. Characterizing China’s middle class：Heterogeneous compositions and multiple identities. In Cheng Li（Eds）. China’s Emerging Middle Class：Beyond Economic Transformation[M]. Washington：Brookings Institution Press，2010：135-136.

表 6-1　变量说明

变量类型	变量名	变量说明
学生成绩	总成绩	学生 2013 年期中考试标准化成绩语数外加总，标准化得分按学校、年级分别计算
	语文成绩	学生 2013 年期中考试标准化语文成绩，标准化得分按学校、年级分别计算
	数学成绩	学生 2013 年期中考试标准化数学成绩，标准化得分按学校、年级分别计算
	英语成绩	学生 2013 年期中考试标准化英语成绩，标准化得分按学校、年级分别计算
课外补习	是否参加课外补习	0. 否，1. 是；包含了学术类补习或兴趣类补习
	是否参加学术类课外补习	0. 否，1. 是；包括了奥数、普通数学、英语、语文、作文等科目
	是否参加兴趣类课外补习	0. 否，1. 是；包括了绘画、书法、音乐、器乐、舞蹈、棋类、体育等
个人因素	性别	0. 女，1. 男
	是否独生子女	0. 独生，1. 非独生
	认知水平	用三参数的 IRT 模型估计出的学生认知能力测试标准化总分，连续变量
	年级	0. 初一，1. 初三
	班级成绩等级	1. 不好，2. 中下，3. 中等，4. 中上，5 很好
	自己的教育水平期望	1. 现在就不要念了，2. 初中毕业，3. 高中，4. 大专，5. 大学本科，6. 硕士，7. 博士，8. 无所谓
家庭因素	家庭人力资本（父母最高学历）	1. 文盲，2. 小学，3. 初中，4. 高中，5. 大专，6. 大学本科，7. 硕士及以上
	家庭社会资本（父母最高职业分类）	1. 下层，2. 中层，3. 上层
	家庭经济资本（家庭经济状况）	1. 困难，2. 中等，3. 富裕
	家庭文化资本（除课本、杂志外的家庭藏书）	1. 很少，2. 比较少，3. 一般，4. 比较多，5. 很多
	父母对孩子教育水平的期望	1. 现在就不要念了，2. 初中毕业，3. 高中，4. 大专，5. 大学本科，6. 硕士，7. 博士，8. 无所谓
	上周父母检查作业频率	1. 从未，2. 1—2 天，3. 3—4 天，4. 几乎每天
	上周父母指导功课频率	1. 从未，2. 1—2 天，3. 3—4 天，4. 几乎每天

续表

变量类型	变量名	变量说明
学校因素	学校所在地区类型	1. 东部，2. 中部，3. 西部
	学校所在地行政级别	1. 直辖市，2. 省会城市市区，3. 其他地级市市区，4. 县、县级市
	学校在本县（区）排名	1. 中等及以下，2. 中上，3. 最好
	学校所在的地点类型	1. 市/县城的中心城区，2. 边缘城区及城乡接合部，3. 乡镇农村
班级因素	班级规模	连续变量，单位：人
	班级目前在全年级的排名	1. 中下及最差，2. 中等及中上，3. 最好
	班级同伴认知测试得分均值	连续变量
	班级同伴认知测试得分标准差	连续变量

第二节　课外补习对初中生成绩影响分析

一、谁在参加初中课外补习

样本统计分析显示，我国初中生参加课外补习的比例为 47.3%，其中，参加学术类和兴趣类课外补习的比例分别为 33.2%和 29.3%，两者均参加的比例为15.1%。在各门具体学术课程中，参加英语课外补习的比例最高，为 23.3%，其次是普通数学，为 20.2%，紧接着是语文/作文，为 11%，参加奥数课外补习的比例较低，为 4%。在兴趣类课外补习中，参加音乐/器乐类课外补习的比例最高，为10.6%，其次为体育类，为 8.5%，参加棋类课外补习的比例最低，为 2.4%。

我国初中生参加课外补习的规模存在显著差异，具体如表 6-2 所示。学校所在地的行政级别越高，学生参加各类课外补习的比例越高。不同质量的学校和班级，初中生参加课外补习的规模也存在显著差异：排名越靠前的学校的学生参加学术类和兴趣类课外补习的比例也越高，排名靠前的班级的学生参加学术类课外补习的比例也较高，但参加兴趣类课外补习的比例不遵循这一规律。女生参加课外补习的比例显著高于男生。独生子女参加课外补习的比例显著高于非独生子女。

初一学生参加课外补习的比例显著高于初三学生。班级成绩等级越高的学生，参加学术类和兴趣类课外补习的比例均越高。家庭资本不同的学生参加课外补习的规模存在显著差异。具体来说，父母最高学历较高的学生参加学术类和兴趣类课外补习的比例均较高，这表明，家庭人力资本越多的学生参加课外补习的可能性也越大。父母最高职业分类较高的学生参加学术类和兴趣类课外补习的比例均较高，这表明，家庭社会资本越多的学生参加课外补习的可能性也越大。家庭经济资本和家庭文化资本越多的学生参加学术类和兴趣类课外补习的可能性均越大。

表 6-2　参与课外补习规模差异

项目		参加课外补习		参加学术类课外补习		参加兴趣类课外补习	
		比例(%)	χ^2	比例（%）	χ^2	比例(%)	χ^2
学校所在地的行政级别	直辖市	61.6	1777.0***	45.5	1938.5***	36.9	562.8***
	省会城市市区	66.9		54.4		39.3	
	地级市市区	54.6		38.7		32.5	
	县、县级市	31.9		18.4		21.4	
学校所在地点类型	市/县城的中心城区	66.4	1978.8***	51.4	1978.5***	40.8	860.2***
	边缘城区及城乡接合部	43.4		28.3		26.6	
	乡镇农村	30.0		17.3		19.0	
学校质量	本县（区）排名最好	59.3	473.9***	43.7	381.6***	38.9	350.9***
	本县（区）排名中上	46.7		32.3		28.6	
	本县（区）排名中等及以下	35.2		23.4		20.0	
班级年级排名	最好	49.4	5.1*	37.6	24.7***	29.2	8.1**
	中等及中上	46.9		33.0		28.8	
	中下及最差	47.9		31.2		31.3	
学生性别	男	45.2	39.6***	31.3	31.4***	26.5	78.3***
	女	49.7		35.1		32.3	
是否独生	独生	60.5	1037.4***	45.8	1070.3***	36.8	412.4***
	非独生	37.3		23.5		23.5	
学生年级	初一	50.2	72.6***	34.0	7.3***	31.8	66.0***
	初三	44.1		32.2		26.5	

续表

项目		参加课外补习		参加学术类课外补习		参加兴趣类课外补习	
		比例（%）	χ^2	比例（%）	χ^2	比例（%）	χ^2
学生班级成绩等级	很好	56.5		43.3		34.9	
	中上	50.0		37.5		30.3	
	中等	47.3	158.7***	32.8	274.0***	29.1	53.5***
	中下	45.0		29.6		28.4	
	不好	37.5		21.5		24.4	
家庭人力资本	硕士及以上	82.7		65.1		63.7	
	大学本科	79.8	1886.1***	63.4	1787.8***	54.7	1297.3***
	大专	71.8		55.9		44.1	
	高中	49.9		34.9		31.1	
	初中	39.5		25.9		22.8	
	小学	26.6		15.0		16.6	
	文盲/半文盲	28.1		14.1		23.4	
家庭社会资本	上层	72.0		55.1		48.2	
	中层	47.1	1939.2***	33.0	1697.7***	27.1	1137.9***
	下层	25.3		13.9		16.4	
家庭经济资本	富裕	68.1		49.1		47.5	
	中等	50.2	661.6***	36.1	576.2***	30.4	353.1***
	困难	31.5		18.6		20.3	
家庭文化资本	很多	71.5		54.5		49.7	
	比较多	61.1		44.7		38.0	
	一般	42.8	1959.7***	28.8	1609.6***	24.3	1261.58***
	比较少	28.9		18.2		16.7	
	很少	24.7		14.1		15.7	

二、课外补习对初中生成绩影响分析：倾向值匹配方法

（一）计量模型和方法

根据已有课外补习对学生成绩影响的文献研究，再借鉴 Hanushek 建立的分析

学生成绩影响因素的教育生产函数经典理论模型①，本部分建立了如下的基本模型来分析课外补习对学生成绩的影响

$$Y_1=f（PT，I，F，S）\tag{6-1}$$

其中，Y_1 代表学生成绩，包括学生 2013 年期中考试标准化成绩语数外加总以及语数外各科期中考试标准化成绩；PT 代表课外补习，指参加学术类课外补习（之所以没有包括兴趣类课外补习，是因为兴趣类课外补习的主要目的不是提高学习成绩）；I 代表学生个体因素，包括性别、是否为独生子女、年级、学生成绩班级排名、认知能力测试得分、自我教育期望等；F 代表家庭因素，包括家庭人力资本、经济资本、文化资本、社会资本、父母对孩子教育水平的期望、父母检查作业频率、父母指导功课频率等；S 代表学生所在的学校因素，包括学校排名、学校所在地点类型、学校所在地行政级别、班级规模、班级在年级排名、班级同伴认知均值、班级同伴认知标准差等。

在采用具体的计量模型分析时，考虑到采用多元线性回归模型很难穷尽影响学生成绩的所有变量，尤其有些影响学生成绩的因素是不可观察的潜在变量，如学生能力变量，而且是否选择参加学术类课外补习可能与模型遗漏的潜在变量具有相关性，即存在内生性问题。自 20 世纪 90 年代以来，对这类问题一般有以下两种较为常用的处理方法：一是条件独立假设下的平均处理效应方法；二是工具变量方法。本书将采用第一种方法解决内生性问题。在项目评价分析框架下，可以将上述模型看成是一个项目评估问题。将 d=1 表示接受一项处理，d=0 表示未接受处理。此处 d=1 表示参加学术类课外补习。因而估计项目干预效果就是估计项目处理效应（treatment effect），换言之，结果变量的变化在多大程度上是源于项目处理的干预。本书的目的是估计学生成绩的变化在多大程度上源于参加学术类课外补习。

如果是否参加学术类课外补习依赖于一些可观测的变量 X，我们就可以使用匹配方法来估计项目处理效应。倾向得分法是匹配法中最常用的方法之一。Rosenbaum 与 Rubin 最早提出了这种方法。②其主要思想是将影响接受处理的各种因素作为协变量，在给定一组协变量的条件下估计出每个样本能够成为实验组（也

① Hanushek E A. The economics of schooling：Production and efficiency in public schools[J]. Journal of Economic Literature，1986，24（3）：1141-1177.

② Rosenbaum P R, Rubin D B. The central role of the propensity score in observational studies for causal effects[J]. Biometrika，1983，70（1）：41-55.

称处理组）的条件概率，将其记为倾向得分。如果实验组样本和对照组（也称控制组）样本估计得出的倾向得分的分布保持一致，则可以判断两个样本在协变量的分布上也是一致的。在对所有样本进行配对之后，通过计算配对之后的实验组和对照组之间在结果指标上的差异情况来考察项目处理组对实验组的影响效应。

（二）计量分析结果

表 6-3 是采用近邻匹配法估计初中生参加学术类课外补习倾向得分的 Probit 模型回归结果，模型卡方检验结果均在 0.05 以下，通过了 5%的显著性水平检验。由表 6-3 可知，在家庭因素中，家庭各类资本、父母检查作业频率和对子女的教育期望对学生是否参加学术类课外补习均有显著正向影响。在学生个体因素中，性别、是否为独生子女、自我教育水平期望对学生是否参加学术类课外补习均有显著正向影响。在学校因素中，学校所在地行政级别、学校所在地点类型、学校在本县（区）的排名对学生是否参加学术类课外补习均有显著正向影响，班级目前在全年级的排名、班级同伴认知测试得分均值、班级同伴认知测试得分标准差对学生是否参加学术类课外补习均有显著正向影响。

表 6-3　采用近邻匹配法的学术类课外补习 probit 模型结果

解释变量	回归系数（标准误）	Z
家庭人力资本	0.066***（0.011）	5.92
家庭社会资本	0.182***（0.020）	9.20
家庭文化资本	0.110***（0.010）	10.36
家庭经济资本	0.077***（0.023）	3.28
父母检查作业频率	0.064***（0.011）	5.68
父母指导功课频率	0.022（0.011）	0.18
父母对子女的教育期望	0.034***（0.010）	3.33
女（以男为参照）	0.107***（0.021）	5.06
独生子女（以非独生为参照）	0.104***（0.024）	4.29
学生认知能力测试得分	0.008（0.015）	0.54
自我教育水平期望	0.040***（0.010）	4.02
学校所在地行政级别	0.141***（0.010）	13.43
学校所在地点类型	0.227***（0.015）	14.64

续表

解释变量	回归系数（标准误）	Z
学校在本县（区）的排名	0.032*（0.018）	1.74
班级目前在全年级的排名	0.045**（0.025）	2.21
班级同伴认知测试得分均值	0.024***（0.006）	3.91
班级同伴认知测试得分标准差	0.086***（0.021）	3.93
Pseudo R^2	0.156	
Prob>χ^2	0.000	
N	17406	

在匹配的过程中，必须满足前面所述的条件独立假设，否则估计结果就是有偏差的。本章利用 t 检验，对匹配后各变量（X）是否存在显著的组间差异进行了变量平衡性检验。结果表明，近邻匹配后，处理组和对照组各变量（X）均不存在显著性差异，且通过 LR 检验，p 值为 0.445，满足条件独立假设。这表明匹配质量是比较好的，结果是可信的。

此外，本章也采用了半径匹配（0.05）、半径匹配（0.01）以及核匹配另外三种方法来估计初中生参加学术类课外补习倾向得分的 Probit 模型，该模型卡方检验的结果均为 0.000，均通过了 0.1%的显著性水平检验。由于篇幅关系，本书不呈现具体的回归结果了，该模型的回归结果与表 6-3 中呈现的近邻匹配法估计的 Probit 模型回归结果差异不大。本章也对上述不同匹配方法各变量（X）是否存在显著的组间差异进行了变量平衡性检验，由于篇幅关系，本书也不呈现具体的各种匹配法下的变量平衡性检验结果了，这些检验结果与前面呈现的近邻匹配法变量平衡性检验结果差异不大。结果表明，近邻匹配、半径匹配（0.05）、半径匹配（0.01）以及核匹配后，处理组和对照组各变量（X）均不存在显著性差异，且通过 LR 检验，p 值分别为 0.445、0.992、0.993、0.156，满足条件独立假设。这表明四种匹配法下的匹配质量是比较好的，结果是可信的。

近邻匹配、半径匹配（0.05）、半径匹配（0.01）以及核匹配四种倾向得分匹配方法估计结果（表 6-4）表明，参加学术类课外补习对提高学生语文、数学、英语总成绩的影响效应是较大的，平均在 1.565 分左右。也就是说，初中生个体参加学术类课外补习，使得他们的语文、数学、英语总成绩平均提高了 1.565 标准分。传统的 OLS 方法估计参加学术类课外补习的收益为 1.686 分（表 6-7），较

表 6-4　学术类课外补习对学生总成绩影响估计结果

匹配方法	处理组/对照组样本数	ATT	ATU	ATE
近邻匹配法	5904/11 502	1.404	1.374	1.384
半径匹配法（0.05）	5904/11 502	1.571	2.475	2.169
半径匹配法（0.01）	5904/11 502	1.515	2.241	1.995
核匹配法	5904/11 502	1.769	2.592	2.313
平均	5904/11 502	1.565	2.171	1.965

注：ATT（average treatment effect on the treated）指项目处理对参加课外补习样本的平均影响效应；ATU（average treatment effect on untreated）指项目处理对没有参加课外补习的样本的影响效应；ATE（average treatment effect）是指项目处理对所有样本的平均影响效应。

PSM 方法给出的收益估计高 0.121 分。这可能是由于是否选择参加学术类课外补习与学生成绩影响因素回归模型遗漏的潜在变量具有相关性，即存在内生性问题，故用 OLS 方法来估计课外补习对成绩影响的效应会出现一定的选择性偏差。①另外，未参加学术类课外补习的初中生个体的潜在补习收益高于参加课外补习组的补习收益（即 ATU>ATT），原因可能是补习提升学生学习成绩的收益受学生家庭社会经济背景以及城乡背景的约束。因而，参加学术类课外补习有助于提高学生语文、数学、英语总成绩。

本章进一步采用近邻匹配、半径匹配（0.05）、半径匹配（0.01）以及核匹配四种倾向得分匹配方法估计了学术类课外补习对语文、数学、英语各科成绩的影响效应，具体结果如表 6-5 所示。在近邻匹配法下，参加学术类课外补习对提高学生数学和英语成绩均有正向影响效应，但对提高学生语文成绩略有负向影响效应。在其他匹配方法下，参加学术类课外补习对提高学生语文、数学和英语成绩均有正向影响效应，其中，对英语成绩的正向影响效应最大，对数学成绩的正向影响效应次之，对语文成绩的正向影响效应最小。另外值得注意的是，未参加学术类课外补习的初中生，若其参加课外补习对其语文、数学、英语各科成绩均有正向影响效应，且这些学生语文、数学、英语各科潜在补习收益基本都高于参加课外补习组的补习收益（即 ATU>ATT）。

① Heckman J J，Li X S. Selection bias，comparative advantage，and heterogeneous returns to education：Evidence from China in 2000[J]. Pacific Economic Review，2004（9）：155-171.

表 6-5　学术类课外补习对学生各科成绩影响估计结果

匹配方法	学科	处理组/对照组样本数	ATT	ATU	ATE
近邻匹配法	语文	5 969/11 691	–0.064	0.533	0.331
	数学	5 917/11 532	0.556	0.879	0.770
	英语	5 910/11 544	0.991	0.630	0.752
半径匹配法（0.05）	语文	5 913/11 546	0.269	0.404	0.358
	数学	5 917/11 532	0.629	1.115	0.950
	英语	5 910/11 544	0.701	0.999	0.898
半径匹配法（0.01）	语文	5 913/11 546	0.257	0.313	0.294
	数学	5 917/11 532	0.602	1.061	0.905
	英语	5 910/11 544	0.695	0.898	0.829
核匹配法	语文	5 904/11 502	0.332	0.472	0.425
	数学	5 917/11 532	0.689	1.138	0.986
	英语	5 910/11 544	0.781	1.034	0.948

表 6-6 统计了上述四种匹配方法下，学术类课外补习对学生各科成绩影响平均效应估计结果。初中生参加学术类课外补习对提高英语成绩的影响效应最大（0.792 分），对提高数学成绩的影响效应次之（0.622 分），对提高语文成绩的影响效应最小（0.199 分）。传统的 OLS 方法估计参加英语和数学课外补习的收益分别为 0.712 分、0.775 分，估计语文课外补习收益没有通过显著性水平检验（表 6-7）。

表 6-6　学术类课外补习对学生各科成绩影响平均效应估计结果

学科	处理组/对照组样本数	平均 ATT	平均 ATU	平均 ATE
语文	5 969/11 691	0.199	0.431	0.352
数学	5 917/11 532	0.622	1.048	0.903
英语	5 910/11 544	0.792	0.890	0.857

表 6-7　学术类课外补习对学生成绩影响的 OLS 回归分析结果

解释变量	三科总成绩	数学	英语	语文
学术类课外补习	1.686*** （0.379）	0.775*** （0.152）	0.712*** （0.150）	0.236 （0.150）
家庭人力资本 （父母最高教育水平）	0.674*** （0.178）	0.183** （0.071）	0.298*** （0.070）	0.182** （0.070）

续表

解释变量	三科总成绩	数学	英语	语文
家庭社会资本（父母最高职业类别）	−0.417（0.303）	−0.125*（0.122）	−0.167（0.120）	−0.043（0.120）
家庭文化资本（除课本、杂志外的家庭藏书数）	0.613***（0.162）	0.108*（0.065）	0.178***（0.064）	0.329***（0.064）
家庭经济资本（家庭经济状况三分类）	−0.523（0.352）	−0.162（0.141）	−0.184（0.139）	−0.164（0.139）
父母检查作业频率	−0.546***（0.176）	−0.235***（0.071）	−0.171**（0.070）	−0.143**（0.070）
父母指导功课频率	−1.182***（0.188）	−0.420***（0.075）	−0.318***（0.074）	−0.444***（0.074）
父母的教育期望	2.294***（0.152）	0.753***（0.061）	0.857***（0.060）	0.680***（0.060）
女（以男为参照）	11.352***（0.327）	0.731***（0.132）	5.221***（0.129）	5.438***（0.130）
独生子女（以非独生为参照）	0.044（0.381）	0.011（0.153）	0.151（0.150）	−0.196（0.151）
学生认知能力测试得分	11.633***（0.228）	4.744***（0.092）	3.550***（0.090）	3.379***（0.090）
自我教育水平期望	3.122***（0.146）	1.081***（0.059）	1.046***（0.058）	1.008***（0.058）
学校所属行政级别	0.816***（0.170）	0.252***（0.068）	0.313***（0.067）	0.257***（0.067）
学校所在的地点类型	1.391***（0.243）	0.480***（0.098）	0.530***（0.096）	0.530***（0.096）
学校在本县（区）排名	−2.524***（0.288）	−0.776***（0.116）	−0.905***（0.114）	−0.856***（0.114）
班级目前在全年级的排名	2.541***（0.316）	0.918***（0.127）	0.843***（0.124）	0.788***（0.125）
班级同伴认知测试得分均值	−1.876***（0.098）	−0.765***（0.039）	−0.564***（0.039）	−0.544***（0.039）
班级同伴认知测试得分标准差	−1.393***（0.345）	−0.659***（0.139）	−0.323**（0.136）	−0.422***（0.137）
调整后 R^2	0.298	0.232	0.255	0.238
N	19487	19487	19487	19487

未参加学术类课外补习的初中生，若其参加课外补习对其语文、数学、英语各科成绩均有正向影响效应，且这些学生的语文、数学、英语各科目的潜在补习收益均高于参加课外补习组的补习收益（表 6-6）。未参加数学课外补习的初中生，若其参加数学课外补习，其潜在补习收益最高；未参加英语课外补习的初中生，若其参加英语课外补习，其潜在补习收益次高；未参加语文课外补习的初中生，若其参加语文课外补习，其潜在补习收益最低。参加语文课外补习对所有学生提高语文成绩的平均影响效应是 0.352 分，参加数学课外补习对所有学生提高数学成绩的平均影响效应是 0.903 分，参加英语课外补习对所有学生提高英语成绩的平均影响效应是 0.857 分。这说明，参加语文、数学、英语各科课外补习有助于提高其各科成绩。

为了对比采用 PSM 方法和 OLS 方法下估计初中生参加学术类课外补习的成绩收益结果，本部分也呈现了 OLS 方法下估计初中生参加学术类课外补习的总成绩和各科成绩收益结果（表 6-7）。各 OLS 模型卡方检验的结果均为 0.000，都通过了 0.1%的显著性水平检验。各 OLS 模型的自变量共线性检验结果显示，所有自变量的 VIF 值均小于 2，表明该模型中自变量之间不存在严重的共线性问题。从表 6-7 中可以看出，在控制了其他因素的情况下，参加课外补习对初中生总成绩以及数学和英语单科成绩均有显著正向影响，但对初中生语文成绩的影响不显著。

第三节　研究结论与政策建议

一、研究结论

通过分析谁在参加影子教育以及课外补习对学生成绩的影响效应，本章得出如下主要研究结论。

1）我国初中生参加课外补习已成为一种普遍现象。我国初中生参加课外补习的比例为 47.3%，初中生参加学术类课外补习的比例为 33.2%，参加兴趣类课外补习的比例为 29.3%，两者均参加的比例为 15.1%。由此可见，初中生参加学术类课外补习的比例明显高于参加兴趣类课外补习的比例。

2）由于学生个体、家庭和学校背景的差异，我国初中生参加课外补习的规模存在显著性差异。具体来说，城乡学校的初中生参加课外补习的规模存在显著性差异，不同质量学校的初中生参加课外补习的规模存在显著性差异，排名越靠前的学校的初中生参加课外补习的比例也越高。不同成绩的初中生参加课外补习的比例差异显著，成绩好的学生，其参加课外补习比例也较高。不同家庭资本的初中生参加课外补习的规模存在显著性差异，家庭各类资本越多的学生，其参加课外补习的可能性越大。

3）采用 PSM 方法研究发现，初中生参加学术类课外补习有助于提高其语文、数学、英语总成绩，也有助于提高语文、数学、英语各单科成绩，但对各单科成绩提升幅度有较大差异，对提高英语成绩影响效应最大（0.792 分），对提高数学成绩影响效应次之（0.622 分），对提高语文成绩影响效应最小（0.199 分）。

4）采用 PSM 方法研究还发现，未参加学术类课外补习的初中生，若其参加课外补习对其语文、数学、英语总成绩及单科成绩均有正向影响效应，未参加学术类课外补习的初中生的语文、数学、英语的潜在补习收益均高于参加课外补习组的补习收益。未参加学术类课外补习的初中生，若其参加数学课外补习，其潜在补习收益最高；若其参加英语课外补习，其潜在补习收益次高；若其参加语文课外补习，其潜在补习收益最低。

二、结论讨论

在所有调查的初中在校生中，有近一半的学生参加了课外补习。直辖市/省会城市初中生参加课外补习的比例均超过了 60%，即使是乡镇或农村学校初中生参加课外补习的比例也达到了 30%。如何理解上述结果？这表明，我国初中生参加课外补习已是普遍现象。我国初中生参加学术类课外补习的比例明显高于参加兴趣类课外补习的比例。这表明，初中生参加课外补习的主要目的是提高学习成绩。尽管旨在提高学生才艺能力的兴趣类课外补习也有助于提升学生未来升学和就业的竞争力，但在当前主要以考试成绩决定升学的教育背景下，学术类课外补习对考试成绩和升学的帮助更直接、更明显。我国初中生之所以大量参加课外补习，其背后有深刻的文化、教育、经济和政治的原因。从文化原因来看，包括中国在内的许多亚洲国家深受儒家文化的影响，儒家重视子女教育的文化观念显然对这些国家学生的课外补习行为有重要影响。从教育原因来看，“课外补习可能更加普遍地存在于那些通过投资于课外补习就能容易地取得考试成功的教育体系中，在那些以教师为中心而非以儿童为中心的教育体系以及不容忍差生的教育体系中，课外补习也会显得尤为重要”[①]。目前，我国的教育体系仍以考试为中心，实践表明，让孩子接受课外补习可以使孩子比较容易地在考试中取得成功，因此，学生家长热衷于让孩子参加课外补习。从经济原因来看，家长纷纷投资于课外补习是因为课外补习可能会带来高收益。Psacharopoulos 对教育收益率的研究表明，一般来说，为了获得更高的教育收益，人们将尽可能长地接受教育。[②]如果课外补习有助于孩子接受更高层次的教育，那么家长投资于课外补习将是一个明智的选择。从政治原因来看，根据 MMI 理论，当没有普及高中教育时，不同阶层家庭子女所获得的高中教育入学机会是有差异的，这时候，初中教育竞争的核心在于学生能否获得高中入学机会。而根据 EMI 理论，当高中教育已普及时，由于我国高中教育发展不平衡，城乡间和校际教育质量的差距比较大，这时候，初中教育竞争的核心围绕着高中教育的质量而出现。而当政府采取措施缩小城乡间和校际教育质量差距时，为了有效维持教育不平等，不同阶层家庭教育竞争的重心就从学校教育转向了课外补习，课外补习将使优势阶层子女获得更多数量和更高质量的初中教育，这些都可以帮助其子女在未来的高中升学乃至大学升学竞争中取得成功，而这种升学的成功可以帮助学生获得优势社会经济地位，这也就解释了为什么在初中教育阶段，来自家庭资本较多的学生参加课外补习的规模大大高于家庭资本较少的学生。

家庭资本较多以及大中城市的学生更可能接受课外补习，因此，课外补习成为家庭资本代际传递的新通道，这在一定程度上反映了社会不平等和教育不平等状况，是城乡差距和贫富差距的具体映像。城乡初中生以及不同阶层家庭初中生受家庭资本影响而获得课外补习数量和质量的差距，可能导致他们在未来学业成绩、入学和工作机会获得等方面存在差异，从而进一步固化社会流动。

在探讨谁在参加课外补习的问题上，一个有意思的问题是学习成绩好与学习成绩差的学生，谁更有可能去补习？质量高与质量差的学校，哪个学校的学生更可能去补习？本章显示，成绩越好的学生，参加学术类和兴趣类课外补习的比例均越高，排名越好的学校的学生参加学术类和兴趣类课外补习的比例均越高。一个合理的解释是，成绩越好和学校排名越靠前的学生，其面临的学习和

---

① Buchmann C. Getting ahead in Kenya：Social capital，shadow education，and achievement[J]. Research in the Sociology of Education，2002：133-159.

② Psacharopoulos G. Returns to investment in education：A global update[J]. World Development，1994，22（9）：1325-1343.

升学竞争越激烈，为了保住现有的学习和升学竞争优势，他们寻求课外补习的动机越强。上述结论表明，尽管我国初中在校生的课外补习“培优”“补差”两种类型并存，但占主导地位的可能还是“培优”类型的课外补习，这与薛海平和丁小浩对中国城镇学生课外补习调查研究结论①以及 2015 年薛海平对中国义务教育阶段在校生课外补习调查研究结论②均保持了一致，但与 Baker 等的相关研究的结论有所不同。③

课外补习究竟能否提高学生成绩？本章发现了一些有价值的结论。

1）初中生参加学术类课外补习既有助于提高其语文、数学、英语总成绩，也有助于提高语文、数学、英语各单科成绩，但对各单科成绩提升幅度有较大差异。本章结论与薛海平利用 CEPS 2012 年数据的研究④、胡咏梅等基于国际学生评价项目 2012 年上海的数据研究⑤、Zhao 利用中国 19 个城市调查数据研究⑥的结论较为一致。基于上述研究结论，我们可以理解为什么众多的学生和家长寻求课外补习，从提高学习成绩作用来看，选择参加课外补习无疑是一种可行的途径。

2）农村地区、薄弱学校、家庭资本较低、成绩较差等在教育竞争中处于弱势地位的学生，若其参加课外补习对其语文、数学、英语总成绩及语文、数学、英语各单科成绩均有正向影响效应，且他们语文、数学、英语各科潜在补习收益均高于参加课外补习组的补习收益。

三、政策建议

基于上述结论和讨论，本章的主要政策建议如下。

1）政府重视课外补习体系与主流学校教育体系的联动关系，坚持主流学校教育体系和课外补习体系一体化治理，切实推进义务教育更全面和更深层次的公平。

---

① 薛海平，丁小浩．中国城镇学生教育补习研究[J]．教育研究，2009（1）：39-46.

② 薛海平．从学校教育到影子教育：教育竞争与社会再生产[J]．北京大学教育评论，2015（3）：47-69，188-189.

③ Baker D P, Akiba M, LeTendre G K, et al. Worldwide shadow education: Outside-school learning, institutional quality of schooling, and cross-national mathematics achievement[J]. Educational Evaluation and Policy Analysis, 2001, 23（1）：1-17.

④ 薛海平．从学校教育到影子教育：教育竞争与社会再生产[J]．北京大学教育评论，2015，13（3）：60-80.

⑤ 胡咏梅，范文凤，丁维莉．影子教育是否扩大教育结果的不均等——基于 PISA 2012 上海数据的经验研究[J]．北京大学教育评论，2015（3）：40-59.

⑥ Zhao G C. Can money “buy” schooling achievement? Evidence from 19 Chinese cities [J]. China Economic Review, 2015（35）：83-104.

在义务教育阶段，政府和学校需坚持公平的目标，努力保证在起点阶段为每个儿童和青少年提供尽可能均衡的教育资源。

2）政府有必要采取措施抑制课外补习的社会再生产作用。社会分层通过课外补习这一家庭选择的市场行为，映射并传导到学校教育系统中来，使得课外补习成为代际效应传递以及维持和强化社会分层的一个重要通道。因此，课外补习已经成为继除学校教育之外的另一种教育社会再生产的新机制，且正在日益强化学校教育社会再生产功能。课外补习活动会对社会阶层间的良性循环和正常的社会流动产生不利影响，从而阻碍教育跨越代际效应功能的发挥。具体来说，政府可以采取如下措施：一是严格管控公立学校在职教师以牺牲校内教育教学质量来刺激学生课外补习需求从而获取利益的行为，保障全体学生公平接受义务教育的权利。二是政府可以对在教育竞争中处于不利地位的初中在校生家庭提供课外补习费用补贴，帮助他们缩小与其他学生的成绩差距。西方发达国家将课外补习当作对低分或者能力欠缺学生的一种帮助，通过补习券、补习津贴、基于课外补习投资税制优惠等措施刺激成绩落后学生的课外补习需求，削弱课外补习对正常社会流动的不利影响。借鉴国外政府的相关经验，我国政府也可以对农村地区、薄弱学校、家庭资本较低、成绩较差的初中在校生家庭提供课外补习费用补贴，这些学生参加语文、数学、英语课外补习，其语文、数学、英语各科的潜在补习收益均高于参加课外补习组的补习收益，从而有助于缩小其与参加课外补习组学生的成绩差距。三是坚持公共义务教育资源更多地向经济落后地区、薄弱学校、弱势阶层家庭倾斜，缩小经济落后地区、薄弱学校、弱势阶层初中在校生因课外补习而进一步拉大的义务教育资源和结果差距，促进城乡各学校、各阶层初中在校生获得义务教育资源均等化。

第七章

义务教育留守儿童课外补习与学业成绩

近些年来，课外补习在全球范围内迅速发展。课外补习会拉大不同家庭背景学生的学业成绩差距，从而维持和强化社会分层，对教育公平乃至社会公平产生深远影响。[①][②]2000 年至今，课外补习现象在中国城乡迅速蔓延，义务教育阶段的竞争也从校内扩展到校外，从主流教育延伸到影子教育。2012—2014 年，随着我国各地中小学"减负"政策的推行，中小学生放学时间提前，课后作业大幅缩减，这将刺激更多的家庭和学生寻求课外补习，不同家庭背景的学生围绕影子教育的竞争将日益激烈。在此背景下，留守儿童家庭可能会选择让孩子参加课外补习，从而弥补父母学业指导的缺失，寻求缩小与其他儿童学业成绩差距的方式。目前，国内很少有学者针对课外补习对留守儿童学业成绩的影响进行研究，相关领域的实证研究也几乎没有。因此，值得研究的问题是留守儿童与非留守儿童在课外补习上是否存在差异？课外补习对留守儿童的学业成绩有何种影响？课外补习是缩小了还是扩大了留守儿童与非留守的儿童学业成绩差距？本章将对上述问题进行实证研究。

---

① Bray M. The shadow education system：Private tutoring and its implications for planners[R]. Paris：IIEP of UNESCO，1999.

② 薛海平，丁小浩. 中国城镇学生教育补习研究[J]. 教育研究，2009（1）：39-46.

第一节　研 究 设 计

一、文献综述

留守儿童学业成绩的影响因素研究具有非常大的现实政策意义。然而，相关研究结论并不统一，大致有三种观点。传统观点认为，留守儿童由于缺乏父母关怀和学业指导，学业成绩一般较差。国内肖向梅等的研究指出，留守儿童普遍存在的问题之一就是学习成绩差。①陶然和周敏慧基于 2010 年安徽和江西两省四县 1010 名农村在校儿童调研数据进行研究，指出父母长时间的外出对农村留守男童的学习成绩有显著负向影响，而且这种负向影响不太可能通过提高家庭收入来抵消，因为负向的父母照顾效应远大于正向的收入效应。②郑磊和吴映雄对西部农村留守儿童的实证研究进一步指出，母亲外出打工会对留守儿童学习成绩产生显著的负效应。③

与传统观点相反，不少学者的实证调查证明，留守儿童的学业成绩并非处于弱势境地，父母的外出务工，改善了家庭经济生活，对留守儿童具有积极效果。胡枫和李善同利用 2007 年五城市农民工调研数据发现，虽然父母外出务工，尤其是远距离外出务工，会导致农村留守儿童学习成绩的下降，但是他们的研究还发现，父母外出务工所寄回的汇款能在一定程度上减少这种负向影响。④

还有一种观点认为，留守儿童的学业成绩与非留守儿童的学业成绩相比并没有必然的优势或劣势，似乎留守儿童群体内部的学业成绩差异更具研究价值。例如，北京师范大学教育学院对留守儿童问题的研究发现，父母在家的学生与留守儿童在学习行为上没有显著差异，儿童学习成绩与父母是否外出没有显著关系。⑤雷万鹏 2006 年对全国五省市的抽样调查显示，在“父母外出对留守儿童学习影响”

---

① 肖向梅，肖海鹰，鲁奇，等. 老区留守儿童教育问题及对策探讨[J]. 教育探索，2012（1）：96-97.

② 陶然，周敏慧. 父母外出务工与农村留守儿童学习成绩——基于安徽、江西两省调查实证分析的新发现与政策含义[J]. 管理世界，2012（8）：68-77.

③ 郑磊，吴映雄. 劳动力迁移对农村留守儿童教育发展的影响——来自西部农村地区调查的证据[J]. 北京师范大学学报（社会科学版），2014（2）：139-146.

④ 胡枫，李善同. 父母外出务工对农村留守儿童教育的影响——基于 5 城市农民工调查的实证分析[J]. 管理世界，2009（2）：67-74.

⑤ 李庆丰. 农村劳动力外出务工对“留守子女”发展的影响——来自湖南、河南、江西三地的调查报告[J]. 上海教育科研，2002（9）：25-28.

的选项中，22.9%的留守儿童认为父母外出导致其学习成绩下降，54.4%的留守儿童认为其学习成绩没有变化，22.7%的留守儿童认为其学习成绩提高了。总体来看，留守儿童的学习成绩在父母外出后有升也有降，且上升与下降的比例相当。从统计学角度来看，儿童学业成绩的差异最主要的是群体内差异，而不是群体间（留守儿童与非留守儿童）差异。①

在影响留守儿童学业成绩的诸多因素中，课外补习对留守儿童学业成绩的影响还未受到关注。截止到 2014 年，笔者检索中国知网，没有找到一篇相关研究的文献。但是，在我国，义务教育阶段学生参加课外补习早已是一种普遍现象，课外补习不可避免地会对留守儿童学业成绩产生影响。在国际上，有不少学者探讨了课外补习对义务教育阶段学生学业成绩的影响，结果发现，这种影响是混合的。例如，国外学者的研究发现，课外补习对部分国家地区的学生成绩有积极影响，如日本、毛里求斯、肯尼亚等，但相反的是，对韩国、新加坡的学生成绩有消极影响。遗憾的是，截止到 2014 年，中国尚没有采用规范统计方法探讨课外补习对义务教育学生成绩影响的实证研究。

综上所述，国内外学者很少有使用大规模基线调查数据探讨留守儿童学业成绩问题的，而探讨课外补习对留守儿童学习成绩影响的实证研究更是极其少见。本章将采用大规模基线调查数据探讨义务教育阶段留守儿童参加课外补习的现状以及课外补习对义务教育阶段留守儿童学业成绩的影响。

二、数据与变量说明

教育部基础教育司于 2013 年 9 月委托首都师范大学开展“义务教育学生课后活动机制研究”工作。时任首都师范大学副校长、教育学院院长孟繁华教授担任课题负责人。课题组开展了相关调研，该调研从 2013 年 10 月中旬开始至 2013 年 12 月初结束，涵盖了全国六省市（北京市、黑龙江省、山东省、山西省、青海省、四川省），问卷调查选取了三类人群，涉及学校校长、班主任和家长。其中，调查了 130 所学校，回收有效学校问卷 116 份，有效回收率 89.2%；回收 3185 份班主任问卷，其中，3167 份是有效问卷，问卷的有效回收率为 99.4%；回收 20 393 份家长问卷，其中，19 679 份是有效问卷，问卷的有效回收率为 96.5%。

留守儿童的定义一般要涉及以下 4 个方面的内容，外出父母是单方还是双方、

① 雷万鹏. 农民工随迁子女教育欠发展[N]. 中国社会科学报，2011-11-17（10）.

父母外出时间、父母工作地点以及孩子年龄。在这4个方面，目前学术界并没有完全统一的意见，且根据研究主题和方法差异，这4个方面的相对重要程度也有所不同，结果是不同研究给出的留守儿童定义往往各不相同。①在上述4个方面中，到底是父母双方都需外出，还是单方外出的儿童即算留守儿童，是任何研究都必须首先要确定的问题。与多数研究采用单方外出的儿童即留守儿童定义不同，本章采用的是较严格的定义，即父母双方都外出的儿童才能够被视为留守儿童，这可能会导致本次调查的留守儿童比例较低。首都师范大学课题组在对家长做问卷调查时，要求如果父母在身边必须由父母来填答问卷，如果父母不在身边可由其他人填答问卷，因此，其他人填答家长问卷的儿童被定义为留守儿童。据此筛选出留守儿童881名，占整个学生样本的4.5%。在881名留守儿童样本中，由(外)祖父母隔代照顾的留守儿童占71.2%，独自生活或由其他亲戚照顾的占28.8%。

为了能较为真实地反映留守儿童的学业成绩，采用与其他文献类似的做法，在调研问卷中并没有设计“某次期末考试成绩”这个问题项，而是代之以“父母对儿童当前学习成绩的等级评价”这个问题项，当前学习成绩等级分为成绩上等、成绩中上、成绩中等、成绩中下、成绩比较靠后五个等级。其主要原因在于考试科目可能不尽相同以及不同年级之间考试题目难度存在差异，仅仅根据某科目的某次成绩来判断儿童的学习状况可能会造成一定的偏误。②本章中，如果调查之前儿童参加了课外补习，就赋值为1，否则赋值为0。

本章后面的统计分析中用到的各变量说明如表7-1所示。

表7-1　统计分析中的变量说明

变量类型		变量名	变量说明
因变量		学生成绩	1. 成绩比较靠后，2. 成绩中下，3. 成绩中等，4. 成绩中上，5. 成绩上等
自变量	个人因素	性别	1=男，0=女
		是否留守儿童	1=留守儿童，0=非留守儿童
		是否参加了课外补习	1=参加，0=不参加
		独生子女	1=独生，0=非独生

① 周福林，段成荣. 留守儿童研究综述[J]. 人口学刊，2006（3）：60-65.

② WilliamK，Grace K. The impact of temporary labor migration on Mexican children's educational aspirations and performance[J] International Migration Review，2001，35（4）：1205-1231.

续表

变量类型		变量名	变量说明
自变量	家庭因素	父亲学历	1. 小学及以下，2. 初中，3. 高中、中专、技校，4. 大专，5. 大学本科，6. 研究生
		母亲学历	1. 小学及以下，2. 初中，3. 高中、中专、技校，4. 大专，5. 大学本科，6. 研究生
		家庭收入	1. 1000 元以下，2. 1000—2000 元，3. 2001—5000 元，4. 5001—8000 元，5. 8001—10 000 元，6. 10 001—20 000 元，7. 20 001—30 000 元，8. 30 000 元以上
	学校因素	所在地区	1=东部，2=中部，3=西部
		学校质量	1. 很差，2. 较差，3. 一般，4. 较好，5. 最好
		学校层次	1=小学，0=初中
		班主任教龄	连续变量
		班主任学历	1. 初中及以下，2. 高中，3. 技校/职高/中专，4. 大专，5. 本科，6. 硕士，7. 博士，8. 其他
		班主任职称	1. 见习期，2. 小教二级，3. 小教一级，4. 小教高级，5. 中教二级，6. 中教一级，7. 中教高级，8. 其他

从样本分布特征来看，留守儿童在性别上不存在显著性差异，而在是否为独生子女、学校层次、地区类型、所在区域、家庭收入、母亲受教育程度方面存在显著性差异（$p<0.01$）。具体而言，小学阶段留守儿童比例显著高于初中阶段留守儿童的比例；留守儿童居住在城区的比例最高，达到 47.7%，居住在农村的比例是 30.9%，而居住在县城的比例最低；居住在中部、东部和西部留守儿童的比例是依次上升的。此外，总体而言，留守儿童的家庭背景不及非留守儿童，表现在留守儿童家庭的收入水平不及非留守儿童高。在母亲受教育程度方面，留守儿童的母亲中，低文化程度的比例较高；非留守儿童的母亲中，高文化程度的比例较高（表 7-2）。

表 7-2　留守儿童与非留守儿童样本特征

变量	特征	非留守儿童[%（人）]	留守儿童[%（人）]	χ^2
性别	男	49.0（8 857）	47.1（408）	1.277
	女	51.0（9 210）	52.9（459）	
是否为独生子女	是	60.3　（11 008）	50.6（490）	6.523**
	否	39.7（7 239）	49.4（385）	

续表

变量	特征	非留守儿童[%（人）]	留守儿童[%（人）]	χ^2
学校层次	小学	63.70（11 718）	75.10（662）	65.046***
	初中	36.30（6 685）	24.90（219）	
地区类型	城区	56.8（10448）	47.7（420）	31.389***
	县城	23.0（4232）	21.5（189）	
	农村	20.2（3723）	30.9（272）	
所在区域	东部	41.7（7 669）	26.6（234）	31.389***
	中部	22.6（4 164）	23.2（204）	
	西部	35.7（6 570）	50.3（443）	
家庭收入	1 000 元以下	4.8（856）	10.9（92）	87.780***
	1 000—2 000 元	16.7（2 997）	21.7（183）	
	2001—5 000 元	36.5（6 553）	33.7（285）	
	5 001—8 000 元	20.2（3 621）	16.9（143）	
	8 001—10000 元	11.2（2007）	9.0（76）	
	10 001—20 000 元	5.8（1 047）	4.5（38）	
	20 001—30 000 元	2.1（385）	1.5（13）	
	30 000 元以上	2.7（491）	1.8（15）	
母亲受教育程度	小学及以下	9.8（1 731）	14.8（119）	75.663***
	初中	31.8（5 621）	41.2（331）	
	高中、中专、技校	24.9（4 387）	22.3（179）	
	大专	14.7（2 602）	10.8（87）	
	大学本科	16.8（2 960）	9.6（77）	
	研究生	2.0（348）	1.4（11）	

注：因有缺失值，一些变量的样本量小于等于 881。

第二节　课外补习对留守儿童成绩影响分析

一、儿童是否参加课外补习的影响因素分析

根据已有研究，儿童是否参加课外补习受个体、家庭、学校等多种因素的影

响。①根据调查数据，本章建立以下基本模型分析影响儿童是否参加课外补习的因素。

$$Y_1=f(I,\ F,\ S) \tag{7-1}$$

其中，Y_1代表儿童是否参加了课外补习，为二分变量；I代表儿童个体特征变量，如是否为留守儿童、性别、是否为独生子女；F代表家庭特征变量，如家庭收入、母亲的文化程度；S代表儿童的学校特征，如学校层级、学校质量、学校所在区域。

在具体分析时，采用 Logistic 回归方程来探讨影响儿童是否参加课外补习的因素，具体结果如表 7-3 所示。参加课外补习的概率分布差异显著，在全样本模型中，留守儿童参与率显著高于非留守儿童；在农村和城市样本模型中，留守儿童参与率仍高于非留守儿童，但不显著。男女儿童在是否参加课外补习上没有显著差异。在全样本模型和城市样本模型中，独生子女参加课外补习的概率显著高于非独生子女。家庭收入对儿童是否参加课外补习有正向，但影响不显著。母亲学历对儿童是否参加课外补习有显著负向影响，母亲学历越高，儿童参加课外补习的概率越低，其可能原因在于学历高的母亲可以对儿童学习进行指导，从而减少了对课外补习的需求。学校质量对儿童是否参加课外补习有显著负向影响，学校质量越高，儿童参加课外补习概率越低。上述研究结果表明，调查样本中，儿童参加课外补习的行为更多的是一种“补差”行为。农村小学生课外补习概率显著高于农村初中生，而城市小学生课外补习概率显著低于城市初中生。东部地区城市儿童课外补习概率显著高于西部地区。在全样本模型和农村样本模型中，中部地区儿童参加课外补习的概率显著低于西部；在城市样本模型中，中部地区儿童参加课外补习概率显著高于西部。

表 7-3　学生参加课外补习的影响因素 Logistic 模型回归分析结果

自变量	全样本	农村样本	城市样本
留守儿童 （以非留守儿童为基准）	0.255* （0.145）	0.149 （0.324）	0.163 （0.163）
儿童性别 （以女为基准）	–0.027 （0.052）	0.089 （0.128）	–0.043 （0.058）

① 肖向梅，肖海鹰，鲁奇，等. 老区留守儿童教育问题及对策探讨[J]. 教育探索，2012（1）：96-97.

续表

自变量	全样本	农村样本	城市样本
独生子女 （以非独生子女为基准）	0.166*** （0.060）	0.012 （0.141）	0.148** （0.067）
家庭收入	0.006 （0.019）	0.037 （0.055）	0.016 （0.021）
母亲学历	−0.158*** （0.024）	−0.209*** （0.070）	−0.155*** （0.026）
学校质量	−0.278* （0.042）	−0.214* （0.104）	−0.313*** （0.049）
小学 （以初中为基准）	0.050 （0.055）	1.118*** （0.140）	−0.135** （0.062）
东部 （以西部为基准）	0.073 （0.061）	0.132 （0.161）	0.122* （0.067）
中部 （以西部为基准）	−0.139** （0.069）	−1.723*** （0.154）	0.238*** （0.079）
Nagelkerke R^2	0.015	0.142	0.016
χ^2	0.000	0.000	0.000
N	17453	3577	13876

二、课外补习对儿童学习成绩影响分析

借鉴 Hanushek 建立的分析学生成绩影响因素的教育生产函数经典理论模型①，本章建立了如下扩展理论模型以分析课外补习对儿童学习成绩的影响

$$Y_2=f（I, F, T, S, PT） \quad （7\text{-}2）$$

其中，Y_2 代表学生成绩，为定序变量；I 代表儿童个体特征变量，如是否为留守儿童、性别、是否为独生子女；F 代表家庭特征变量，如家庭收入、母亲文化程度；T 代表儿童班主任特征，如学历、教龄、职称；S 代表儿童学校特征，如学校质量；PT 代表是否参加课外补习，为二分变量。在具体分析时，采用 ordinal 回归方程来探讨课外补习对儿童学习成绩的影响，具体结果如表 7-4 所示。

① Hanushek E A. The economics of schooling：Production and efficiency in public schools[J]. Journal of Economic Literature，1986，24（3）：1141-1177.

表 7-4　课外补习对中小学生成绩影响的 ordinal 回归模型分析结果

自变量	全样本	农村样本		城市样本	
		小学	初中	小学	初中
留守儿童 （以非留守儿童为基准）	−0.208*** （0.076）	−0.304* （0.163）	0.476 （0.494）	−0.285*** （0.106）	0.046 （0.161）
课外补习 （以没参加课外补习为基准）	0.396*** （0.052）	0.525*** （0.172）	0.249 （0.204）	0.328*** （0.071）	0.665*** （0.097）
留守儿童 × 课外补习	0.373 （0.284）	0.304 （0.796）	−0.270 （0.892）	0.679 （0.303）	−0.288 （0.563）
儿童性别 （以女为基准）	0.310*** （0.010）	0.401*** （0.080）	0.441*** （0.149）	0.291*** （0.042）	0.304*** （0.053）
独生子女 （以非独生子女为基准）	−0.024 （0.034）	0.195** （0.087）	−0.110 （0.163）	−0.092* （0.048）	−0.036 （0.553）
家庭收入	0.050*** （0.011）	0.051* （0.030）	0.112 （0.075）	0.052*** （0.015）	0.072*** （0.020）
母亲学历	0.307*** （0.014）	0.454*** （0.043）	0.100 （0.019）	0.295*** （0.019）	0.301*** （0.025）
班主任教龄	0.006*** （0.002）	−0.005 （0.005）	0.007 （0.008）	0.010*** （0.003）	−0.004 （0.004）
班主任学历	0.051 （0.033）	−0.082 （0.083）	−0.078 （0.076）	0.167*** （0.047）	0.008 （0.064）
班主任职称	−0.114*** （0.011）	−0.043 （0.034）	−0.216** （0.094）	−0.106*** （0.021）	−0.013 （0.026）
学校质量	0.508*** （0.023）	0.483*** （0.061）	0.513*** （0.125）	0.538*** （0.036）	0.467 （0.040）
Nagelkerke R^2	0.121	0.127	0.060	0.100	0.113
χ^2	0.000	0.000	0.000	0.000	0.000
N	15585	2236	624	7918	4807

当控制住其他因素的影响时，在全样本模型和小学样本模型中，留守儿童学习成绩显著低于非留守儿童；在初中样本模型中，留守儿童与非留守儿童学习成绩差异不显著。除在农村初中样本模型中，课外补习对儿童学习成绩的影响不显著外，其他分样本模型中，课外补习对儿童学习成绩均有显著正向影响，即参加课外补习的儿童的学习成绩显著高于不参加课外补习的儿童。在所有样本模型中，课外补习与留守儿童交互项均未达到统计学显著水平；男生成绩均显著高于女生。

除农村初中样本模型外，在其他各样本模型中，家庭收入和母亲学历均对儿童学习成绩有显著正向影响。在部分样本模型中，班主任教龄对儿童学习成绩有显著正向影响，班主任学历对儿童学习成绩有显著正向影响，班主任职称对儿童学习成绩有显著负向影响，可能原因在于较高职称教师的教学工作努力程度不如较低职称教师。学校质量在城市初中以外的各模型中均对儿童学习成绩有显著正向影响。

上述模型在估计课外补习对儿童学习成绩影响时不可避免地存在自选择偏差问题，为了在一定程度上解决此问题，笔者使用了儿童是否参加课外补习的影响因素 Logistic 模型，得出每个儿童是否参加课外补习的概率预测值，并将该预测值分成从低到高的 4 等组，然后控制其他变量，估计每一组内课外补习对儿童学业成绩的影响，结果如表 7-5 所示。在补习概率最低的第 1 组中，非留守儿童成绩高于留守儿童，但不显著；参加课外补习的儿童，其成绩显著高于不参加课外补习的儿童。从交互项系数来看，留守儿童与课外补习的交互项系数值为 1.621，留守儿童的系数值为–0.378，二者之和为 1.243，表明该组留守儿童在选择参加课外补习后其学业成绩明显提高，且超过了非留守儿童的学业成绩。在补习概率较低的第 2 组中，结论与第 1 组一致，从留守儿童与课外补习的交互项系数来看，课外补习明显提高了该组留守儿童的学业成绩，且超过了非留守儿童的成绩。该交互项系数为 1.825，留守儿童系数值为–0.647，二者之和为 1.178，表明课外补习对该组留守儿童的成绩提升也起到了积极作用。第 3 组和第 4 组留守儿童与课外补习交互项系数未达到统计学显著水平。根据是否参加课外补习可将非留守儿童分为非留守非补习和非留守补习两组，为了进一步分析留守儿童参加课外补习后与非留守非补习和非留守补习两组儿童成绩的变化情况，笔者以留守补习组为基准对照组，对留守不补习、非留守补习、非留守不补习 3 组分别设置了 3 个虚拟变量，将其分别纳入补习预测概率第 1 组和第 2 组中考察它们对成绩的影响。在控制住其他变量的情况下，第 1 组回归中，留守不补习、非留守补习、非留守不补习 3 个虚拟变量的系数均不显著；第 2 组回归中，留守补习儿童成绩不仅高于留守不补习儿童成绩，而且显著高于非留守补习儿童成绩，但与非留守不补习儿童成绩的差异并不显著。

表 7-5　课外补习对儿童学习成绩影响因素 ordinal 回归模型分析结果：分补习概率样本

自变量	补习预测概率值从低到高分 4 组			
	1 组	2 组	3 组	4 组
留守儿童 （以非留守儿童为基准）	–0.378 （0.318）	–0.647*** （0.240）	0.188 （0.178）	–0.221** （0.105）

续表

自变量	补习预测概率值从低到高分 4 组			
	1 组	2 组	3 组	4 组
课外补习（以没参加课外补习为基准）	0.653*** （0.093）	0.267*** （0.095）	0.445*** （0.109）	–0.004 （0.137）
留守儿童×课外补习	1.621* （0.974）	1.825** （0.737）	–0.292 （0.652）	–0.314 （0.393）
儿童性别（以女为基准）	0.170*** （0.059）	0.342*** （0.060）	0.333*** （0.060）	0.407*** （0.063）
独生子女（以非独生子女为基准）	–0.113 （0.074）	–0.082 （0.086）	0.103 （0.081）	0.033 （0.072）
家庭收入	0.044** （0.021）	0.040* （0.022）	0.061*** （0.022）	0.060*** （0.022）
母亲学历	0.287*** （0.037）	0.306*** （0.051）	0.052 （0.070）	0.280*** （0.048）
班主任教龄	–0.005 （0.004）	0.006 （0.004）	0.009** （0.004）	0.011 （0.004）
班主任学历	0.026 （0.064）	–0.026 （0.065）	0.052 （0.070）	0.008 （0.064）
班主任职称	–0.098*** （0.023）	–0.099** （0.023）	–0.122*** （0.023）	–0.129*** （0.021）
学校质量	0.610*** （0.079）	0.407*** （0.092）	0.523*** （0.101）	0.625*** （0.057）
Nagelkerke R^2	0.127	0.060	0.100	0.113
χ^2	0.000	0.000	0.000	0.000
样本量	2236	624	7918	4807

第三节　研究结论与政策建议

一、结论与讨论

基于上述实证研究分析结果，本章得出如下主要研究结论。

1）留守儿童学业成绩显著低于非留守儿童。无论是全样本分析还是城乡小学阶段儿童分样本分析，留守儿童学业成绩均显著低于非留守儿童。只有在农村初中生和城市初中生分样本分析中，留守儿童与非留守儿童学业成绩差异不显著，其可能原因在于与初中生相比，小学生年龄较小，自我学习能力较差，更需要父母在学业上给予指导，父母不在身边对小学留守儿童的成绩影响较初中留守儿童更大。本章结论与肖向梅等①、陶然和周敏慧②以及郑磊和吴映雄③等的研究结论一致。

2）参加课外补习的儿童的学业成绩显著高于没有参加课外补习的儿童。无论是儿童全样本分析，还是农村小学、城市小学、城市初中分样本分析，课外补习对儿童学业成绩均有显著正向影响，即参加课外补习的儿童的学业成绩显著高于没有参加课外补习的儿童。目前，国内关于课外补习对义务教育儿童学业成绩影响的实证研究基本没有，但本章结论支持了其他一些国家和地区类似研究的结论。

3）在学业竞争中处于不利地位的儿童更积极参加课外补习。学校质量越高，儿童参加课外补习的概率越低。该结论表明，在本样本中，儿童参加课外补习更多的是一种“补差”行为。为了缩小成绩差距，在学业竞争中处于不利地位的儿童更积极参加课外补习。

4）在我国义务教育阶段，留守儿童更加积极地参加课外补习。其中，学校质量较高、成绩较好的留守儿童参加课外补习能够有效地缩小其与非留守儿童的学业成绩差距。相比之下，学校质量较差、成绩较差的留守儿童参加课外补习对缩小其与非留守儿童学业成绩差距的帮助不大。调查显示，在全部样本中，高达 90%的义务教育阶段儿童参加了课外补习，其中，留守儿童参加课外补习的比例更高。本研究估计了每个儿童是否参加课外补习的概率预测值，结果发现在第 1 组（补习概率最低）和第 2 组（补习概率较低）中，留守儿童在参加课外补习后，其成绩明显提升且超过了非留守儿童成绩。进一步分析发现，课外补习对留守儿童的成绩提高起到积极作用，参加补习后，其成绩显著高于非留守参加补习儿童的成绩，但与非留守不补习儿童的成绩差异不显著。根据前面对影响学生是否参加课外

① 肖向梅，肖海鹰，鲁奇，等. 老区留守儿童教育问题及对策探讨[J]. 教育探索，2012（1）：96-97.

② 陶然，周敏慧. 父母外出务工与农村留守儿童学习成绩——基于安徽、江西两省调查实证分析的新发现与政策含义[J]. 管理世界，2012（8）：68-77.

③ 郑磊，吴映雄. 劳动力迁移对农村留守儿童教育发展的影响——来自西部农村地区调查的证据[J]. 北京师范大学学报（社会科学版），2014（2）：139-146.

补习因素的分析，儿童参加课外补习更多的是一种“补差”行为，学校质量较高的学生参加课外补习的概率较低。已有相关研究表明，成绩较好的学生参加课外补习的概率也较低。[①]因此，课外补习概率最低的第 1 组和较低的第 2 组更多的是学校质量和学业成绩较好的儿童，这部分留守儿童与非留守儿童之间的成绩差距不大，寻求课外补习的意愿就相对较弱，但可以通过参与课外补习来缩小与非留守儿童之间的成绩差距。课外补习概率最高的第 3 组和较高的第 4 组更多的是学校质量和学业成绩较差的儿童，这部分留守儿童与非留守儿童之间的成绩差距较大，寻求课外补习的意愿就相对较强，然而即使通过参与课外补习也很难缩小与非留守儿童之间的成绩差距。

二、政策建议

基于本章的研究结论，本章提出如下政策建议以帮助提高留守儿童的学业成绩，缩小留守儿童与非留守儿童的学业成绩差距，促进义务教育公平。

1）教育行政部门和学校应重视留守儿童与非留守儿童的学业成绩差距，采取措施帮助留守儿童提高学业成绩，促进义务教育公平。无论是全样本分析，还是城乡儿童分样本分析，留守儿童学业成绩均显著低于非留守儿童。只有在农村初中和城市初中儿童分样本分析中，留守儿童与非留守儿童学业成绩差异不显著。当前，我国义务教育阶段有大量的留守儿童，而留守儿童学业成绩显著低于非留守儿童的现实既不利于留守儿童自身发展，也为我国实现义务教育公平目标带来了巨大挑战。

2）为不同类型留守儿童提供不同方式的学习援助，帮助他们缩小与非留守儿童的学业成绩差距。学校质量和学业成绩较好的留守儿童参加课外补习有助于缩小其与非留守儿童的学业成绩差距。在澳大利亚、英国、法国、新加坡、美国等发达国家，课外补习被当作对低分或者能力欠缺学生的一种帮助，这种额外的教育是开发人力资本的一种形式，是对公立教育的一种有益补充。因此，政府采用不同方式力图刺激他们对课外补习的需求。[②]我国政府可以借鉴国外的一些经验，直接向在学习竞争中处于不利地位而又缺少资金参加课外补习，但学校质量和成

① David B P，et al. World wide shadow education：Outside-school learning，institutional quality of schooling and cross-national mathematics achievement[J]. Educational Evaluation and Policy Analysis，2001，23（1）：1-17.

② David B P，et al. World wide shadow education：Outside-school learning，institutional quality of schooling and cross-national mathematics achievement[J]. Educational Evaluation and Policy Analysis，2001，23（1）：1-17.

绩相对较好的留守儿童提供课外补习支出补贴或为他们购买课外补习服务，以帮助他们缩小与非留守儿童的学业成绩差距。学校质量和学业成绩较差的留守儿童参加课外补习也很难缩小其与非留守儿童学业成绩差距。因此，对这部分留守儿童，更多的是要通过家庭教育和学校教育来帮助他们缩小与非留守儿童的学业成绩差距。

3）关注不同监护人下留守儿童的学业成绩差异，重点向留守儿童自己或其他亲友监护下的留守儿童提供学业帮助。在留守儿童样本中，留守儿童由（外）祖父母照顾的占比为 71.2%，留守儿童独自生活或由其他亲友照顾的占比为 28.8%。对这两类监护人监护下的留守儿童学业成绩的卡方检验（表 7-6）显示，（外）祖父母照顾的留守儿童的学业成绩显著好于其他留守儿童。（外）祖父母照顾留守儿童，虽然也面临着年纪较大、文化程度较低等问题，但相比留守儿童自己或其他亲友的监护，（外）祖父母对留守儿童学习的监管可能更加严格，提供学习上的帮助可能更多。因此，与（外）祖父母监护下的留守儿童相比，其他监护人监护下的留守儿童在学习竞争上处于更加不利地位，需要教育行政部门和学校重点向这部分留守儿童提供学业帮助，如上所述，可以向他们提供更多的课外补习援助，以帮助他们缩小与其他儿童学业成绩的差距。

表 7-6　不同监护人监护下留守儿童学业成绩差异

监护人身份	学习成绩等级					χ^2
	最好	较好	一般	较差	很差	
（外）祖父母	15.3 （94）	38.6 （238）	36.2 （223）	7.0 （43）	2.9 （18）	12.59**
其他	15.7 （39）	33.3 （83）	32.5 （81）	12.9 （32）	5.6 （14）	

注：括号内数据为样本量，括号上方数据为所占百分比数。

4）帮助留守儿童开展多样化的课外活动，提高他们的学习兴趣。近些年来，从中央到地方都出台了一系列相应的政策以推进中小学生“减负”工作，并将开展课外活动作为推进“减负”工作的重要环节。例如，2013 年 8 月，教育部发布了《小学生减负十条规定》（征求意见稿），该规定严格规定了中小学生在校时间和课外活动时间，对“减负”工作的推进产生了积极的影响，但“减负”政策在实施的过程中也面临着很多问题。例如，“减负”政策实施后，学生的在校时间缩短，而课外活动开展得又不够，加上父母不在身边，留守儿童得不到父母的监管，可能导致他们学习时间投入减少；与老师和同学接触时间的减少也会让他们感到更加孤独。这无疑会刺激其家长对课外补习的需求。在本章样本中，义务教育阶段学生参加课外补习的比例很高，而留守儿童参加课外补习的比例更高，就反映了上述问题，也反映了我国中小学生课外活动的单一。因此，政府在“减负”政策实施过程中，应加大课外活动投入，重点支持农村地区学校开展各种课外活动，针对留守儿童的个性需求，帮助他们开展多样化的课外活动，提高他们的学习兴趣，促进他们身心健康发展。

第八章

中学生课外补习时间与学业成绩

学习时间是教育生产活动中的重要因素。近年来，我国中学生参与课外补习的现象越来越普遍，投入到课外补习的时间也越来越多，很有必要考虑中学生课外补习时间的投入-产出效应，即中学生参与课外补习的有用性。基于此，为了探究中学生参与课外补习的效果和作用，深入挖掘中学生课外补习时间投入对学业成绩的影响效应，本章提出了以下几个问题：谁的课外补习时间投入更多？课外补习时间投入与学生学业成绩存在何种关系？课外补习时间投入越多越好吗？课外补习时间投入是否存在合理值，即有效补习时间？中学生课外补习时间投入的差异是否会加剧教育结果的不均等？本章将采用PISA 2015年中国四省市（北京、上海、江苏和广东）数据，运用多层线性模型的量化研究方法，来深入探讨中学生课外补习时间的现状和中学生课外补习时间投入对学业成绩产出的影响，从而来回答上述问题，并结合相关研究结论提出有针对性的建议和对策。

第一节　研 究 设 计

一、文献综述

（一）学生课外补习时间研究

国内外关于课外补习时间的研究较少，已有研究主要在描述和比较不同年级和国家或地区学生的课外补习时间。

1. 不同年级学生的课外补习时间比较

王云峰等对北京市 34 652 名五年级学生的数据进行分析后发现，在参与课外补习的样本中，每周数学补习时间达 1 个小时及以内的学生比例为 10.1%、补习时间为 1—2 个小时（含）的学生的比例为 12.4%，补习时间为 2—3 个小时（含）的学生的比例为 9.3%，补习时间为 3 个小时以上的学生的比例为 5.8%。①吴翌琳利用中国教育追踪调查 2014 年的数据，研究发现，初中生每周平均补习时间为 1 个小时，补习时间最多的学生每周可长达 24 个小时。初一学生平均每周补习 0.82 个小时，初三学生平均每周补习 1.23 个小时。②庞晓鹏等基于西北农村小学的调查数据，研究小学生参加课外补习的情况，在参与了课外补习的学生中，补习时间不足 1 个小时的学生占比为 5.3%，四年级学生的补习时间均值为 2.08 个小时，多于五年级学生的 2.06 个小时。③何菲和温红博基于 PISA 2012 年上海的数据发现，学生平均每周在辅导班学习 2.09 个小时，其中，初中生平均每周在辅导班学习的时间为 2.65 个小时，高中生为 1.64 个小时。由此可见，初中生在辅导班上花的时间更长。④沈学珺利用 PISA 2012 年上海的数据，研究发现，上海学生平均每人每周参加家教的时间为 1.2 个小时，每周参加校外私人辅导班的时间为 2.1 个小时，且初中生的私人家教和校外私人辅导班时间均比高中生长。⑤

2. 不同国家或地区学生的课外补习时间比较

邹雪和张旭基于 PISA 2012 年中国上海与美国的数据，研究发现，上海中学生每周的课外补习时间平均为 2.08 个小时，明显高于美国（0.31 个小时）。⑥胡咏梅等利用 PISA 2012 年中国上海、中国香港，以及日本和韩国学生的数据统计发现，这些中学生每周用于数学的课外补习时间均多于用于科学和语文科目的课外补习时间，其中，韩国中学生每周补习数学的时间为 2.56 个小时、中国上海中学生每周补习数学的时间为 2.01 个小时，明显比日本中学生每周补习数学的 1.74

① 王云峰，郝懿，李美娟. 小学生课业负担与学业成绩的关系研究[J]. 中国教育学刊，2014（10）：59-63.

② 吴翌琳. 初中生课外补习的影响因素研究——基于 CEPS 的调查数据分析[J]. 教育科学，2016（5）：63-73.

③ 庞晓鹏，严如贺，聂景春，等. 农村小学生可以通过课外补习提高学习成绩吗？[J]. 教育经济评论，2017（2）：87-101.

④ 何菲，温红博. 中学生课外学习时间的合理性研究——基于 PISA2012 数据[J]. 外国中小学教育，2017（9）：22，23-30.

⑤ 沈学珺. 基于 PISA 数据探究上海中学生学习时间的合理性[J]. 教育发展研究，2014（4）：9-14.

⑥ 邹雪，张旭. 中学生参与课外补习机构的影响因素分析——基于 PISA2012 中国上海和美国的数据[J]. 当代教育论坛，2017（1）：29-34.

个小时和中国香港学生每周补习数学的 1.07 个小时要多。[①]孙天慈基于 PISA 2015 年中国四省市（北京、上海、江苏和广东）的数据，研究发现，中国四省市学生平均每周用于课外学习的时间为 27 个小时，在所有参与国家（地区）中位列第二，仅次于阿联酋；其中，中国四省市学生用于科学、数学、语文、英语和其他学科的课外学习时间分别为 4.4 个小时、6.6 个小时、5.6 个小时、5.2 个小时和 5.2 个小时，均远远高于 OECD 国家（地区）的平均水平（3.2 个小时、3.8 个小时、3.1 个小时、3.1 个小时和 3.9 个小时）。[②]

（二）学生课外补习时间投入对学业成绩影响的研究

通过梳理文献可以发现，已有研究主要围绕学生补习时间、学生参与补习对成绩有何作用来研究，且这种作用的研究结论仍存在差异。同时，已有研究很少考虑学生课外补习时间投入的差异及其对学业成绩影响效应的差异。有部分学者的研究虽然考虑到了课外补习时间与学生成绩的关系问题，但研究结论也存在较大差异。[③]

1. 学生课外补习时间投入对学业成绩有积极影响

Liu[④]基于中国台湾初一学生样本数据，主要研究其补习时间情况，统计分析结果显示，补习对学生推理演绎能力和数学成绩存在显著正向作用，但随着补习时间的增加，这种正向作用会逐渐减小。胡咏梅等基于 PISA 2012 年中国上海、中国香港、韩国、日本学生与学校样本数据进行统计分析，结果显示，数学补习时间对韩国中学生的数学成绩存在积极作用，且具有显著性。[⑤]方晨晨等基于 2016 年全国调查与测评样本数据，探究小学生补习时间投入对成绩提升的作用，统计分析结果表明，小学生补习时间投入对成绩有显著正向作用。[⑥]

① 胡咏梅，范文凤，丁维莉．“影子教育”会扩大教育结果不均等吗？——基于 PISA2012 数据的中国、日本、韩国比较研究[J]. 教育经济评论，2017（5）：43-71.

② 孙天慈．基于 PISA 2015 对学生学习时间合理性的研究[J]. 教育导刊（上半月），2017（8）：35-38.

③ 宋海生，薛海平．课外补习时间、学生成绩与社会再生产[J]. 当代教育论坛，2017（5）：51-62.

④ Liu J. Does cram schooling matter? Who goes to cram schools? Evidence from Taiwan [J]. International Journal of Educational Development，2012，32（1）：46-52.

⑤ 胡咏梅，范文凤，丁维莉．“影子教育”会扩大教育结果不均等吗？——基于 PISA2012 数据的中国、日本、韩国比较研究[J]. 教育经济评论，2017（5）：43-71.

⑥ 方晨晨，胡咏梅，张平平．小学生能从课后学习时间中受益吗[J]. 湖南师范大学教育科学学报，2018（1）：69-77.

2. 学生课外补习时间投入对学业成绩没有影响

Smyth①基于爱尔兰的学生样本数据，统计分析结果显示，参与补习频次高、时间长的学生，其考试成绩与未参与补习或补习频次低且时间短的学生的成绩相比较，不存在明显差异。胡咏梅等基于 PISA 2012 年中国上海学生与学校的样本数据，统计分析结果显示，数学补习时间对上海学生数学素养及成绩不存在显著作用。②

3. 学生课外补习时间投入对学业成绩有消极影响

沈学珺基于 PISA 2012 年的上海数据，利用多层线性模型，研究发现，私人家教时间与学生数学成绩存在负向相关关系，即学生家教补习时间越长，其数学成绩反倒越低。③郝亚迪基于我国学校课程与教学调查样本，分析研究初中生数学成绩与补习间的关系。统计结果表明，补习时间与数学成绩存在负向相关关系，也就是说，补习时间越长，初中生的数学成绩不会上升反而会下降。④胡咏梅等基于 PISA 2012 年中国上海、中国香港，以及韩国、日本学生与学校样本数据，探究中学生补习时间投入对数学素养及成绩的作用，统计结果显示，数学补习时间对中国香港中学生的数学素养及成绩存在负向作用，且具有显著性，即中国香港中学生的数学补习时间越长，其数学成绩反而会下降。⑤

4. 学生课外补习时间投入对学业成绩的影响存在非线性关系

黄毅志和陈俊玮⑥探究高中生补习对提升其学业成绩与升入大学概率的作用，统计结果显示，高中生合理的补习时间投入能提升其学业成绩，并增加其升入大学的概率，然而，过长的补习时间投入对学业成绩与升大学的概率存在负向作用，总的来说，补习时间对学业成绩和升大学概率的作用呈现非线性关

---

① Smyth E. The more, the better? Intensity of involvement in private tuition and examination performance[J]. Educational Research and Evaluation，2008，14（5）：465-476.

② 胡咏梅，范文凤，丁维莉. 影子教育是否扩大教育结果的不均等——基于 PISA 2012 上海数据的经验研究[J]. 北京大学教育评论，2015（3）：29-46.

③ 沈学珺. 基于 PISA 数据探究上海中学生学习时间的合理性[J]. 教育发展研究，2014（4）：9-14.

④ 郝亚迪. 课外辅导与初中生数学学业成绩的关系研究[J]. 上海教育科研，2016（1）：50-56.

⑤ 胡咏梅，范文凤，丁维莉. “影子教育”会扩大教育结果不均等吗？——基于 PISA2012 数据的中国、日本、韩国比较研究[J]. 教育经济评论，2017（5）：43-71.

⑥ 黄毅志，陈俊玮. 学科补习，成绩表现与升学结果——以学测成绩与上公立大学为例[J]. 教育研究集刊，2008（1）：117-149.

系。江芳盛[①]和刘正[②]基于中国台湾高中生补习时间调查样本数据进行统计分析，结果显示，补习时间对学业成绩的作用有着非线性关系，具体为一种先上升后下降的倒U形关系。李佳丽等基于郑州市城区128所学校50461名八年级学生的项目测试数据，运用威斯康星模型研究发现，课外补习时间对学生学业成绩的影响呈先升后降的非线性关系。具体来说，与未参加补习的学生相比较，每周补习时间为0—3个小时（含）的学生和补习时间为3—6个小时（含）的学生的成绩呈显著上升趋势；而补习时间为6—8个小时（含），学生成绩收益略有下降；当补习时间超过8个小时，学生成绩收益则显著下降，并且控制父母对子女的教育期望和子女自我教育期望之后，课外补习时间对学生成绩的影响效应下降。[③]马红梅和郑盼基于PISA 2012年上海的微观个体信息，通过充分利用截面数据信息结构优势将其构造成伪面板数据的策略，采用固定效应方法估计了学生课后学习时间强度如何受课堂教学时间影响及这种时间资源配置模式的短期收益。研究发现，课外补习时间对学生学业成绩提升的影响也是显著的，但具有门槛效应，只有超出某个阈值水平，回报率才出现质的提高。[④]胡咏梅等基于PISA 2012年中国上海、中国香港，以及韩国、日本学生与学校样本数据，统计分析结果显示，数学补习时间对日本中学生数学素养及成绩存在显著的正向作用，将数学补习时间平方项引入模型之后，结果表明，数学补习时间与日本中学生的数学素养及成绩呈现倒U形的非线性关系。[⑤]

（三）文献小结

时间资源是具有巨大经济价值和社会意义的无形资产，时间配置也是具有内生偏好的经济行为和管理艺术。在个体倾向、学校安排等要素既定的基础上，课后时间投入还隐性地显示了资源配置效率和潜在偏好。课后时间也是一种受总量约束且不可转让的稀缺资源，学术活动和非学术活动之间面临竞争，课外补习时间何以获得其应有的份额，其背后的行动激励或预期回报也值得研究。[⑥]通过梳

① 江芳盛. 中学生课业补习效果之探讨[J]. 台北市立教育大学学报（教育类），2006，37（1）：131-148.

② 刘正. 补习在台湾的变迁：效能与阶层化[J]. 教育研究集刊，2006（1）：1-31.

③ 李佳丽，胡咏梅，范文凤. 家庭背景_影子教育和学生学业成绩——基于Wisconsin模型的经验研究[J]. 教育经济评论，2016（1）；70-89.

④ 马红梅，郑盼. 课外学习时间分配及效果：基于教育投入——产出的分析[J]. 基础教育，2017（3）：86-95.

⑤ 胡咏梅，范文凤，丁维莉. “影子教育”会扩大教育结果不均等吗？——基于PISA2012数据的中国、日本、韩国比较研究[J]. 教育经济评论，2017（5）：43-71.

⑥ 马红梅，郑盼. 课外学习时间分配及效果：基于教育投入——产出的分析[J]. 基础教育，2017（3）：86-95.

理文献，发现已有研究还存在以下几点不足之处。

1）时间是教育生产过程中的重要投入要素，如今，课外补习时间越来越成为学生学习时间的重要组成部分。但目前，国内外很多研究主要关注不同群体参与课外补习的比例、支出和科目差异，针对学生课外补习时间的专门研究很少。①

2）关于课外补习与学生学业成绩的关系研究较多，但没有统一的结论。②学生课外补习时间投入对学业成绩有何影响？学生各学科课外补习时间投入差异对学业成绩的影响效应又有何不同？鲜有学者研究这些问题。

3）不同家庭条件或背景学生的课外补习时间投入差异带来学生成绩的差异，进而造成教育结果不均等乃至教育公平问题，但也鲜有学者探讨这个问题。③

梳理文献可知，补习时间对成绩的作用机制还受到多种因素的影响。在学生因素方面，学生参与补习的动机、态度、方式、内容，以及学习基础、学习兴趣与努力程度是影响其成绩的关键因素；在补习教师方面，补习教师的素质、能力、耐心程度和负责程度等也会在很大程度上影响学生成绩。所以，补习时间对成绩的效果或作用如何，仍需要大量深度、高质量的研究进行分析。将深度访谈与量化数据分析相结合，将有助于更清晰地理解补习时间对成绩的作用机制和原理。本章将探讨学生课外补习时间投入与学业成绩的关系，期望可以丰富已有研究的内容或结论，同时也可以为规范课外补习机构的办学行为，减轻学生校外负担政策的制定提供量化支持。

二、研究数据

本章使用的数据来源于 2015 年经济合作与发展组织开展的国际学生评估项目，旨在通过国际比较，反思和改进我国的教育政策和教育质量。该项目每三年开展一次，目标群体是参与该项目的国家和地区的 15 周岁学生，测评的主要内容为学生的数学素养、阅读素养和科学素养以及财经素养。同时也对学校、家庭及学生个体的基本情况进行背景信息调查。

PISA 测试自 2000 年在国际上开始实施，每次进行 PISA 测试都会选定一门

① 薛海平，宋海生. 课外补习时间对中学生成绩影响的实证研究——基于 PISA2012 上海的数据[J]. 教育科学研究，2018（4）：55-60.

② 薛海平，宋海生. 课外补习时间对中学生成绩影响的实证研究——基于 PISA2012 上海的数据[J]. 教育科学研究，2018（4）：55-60.

③ 宋海生，薛海平. 课外补习时间、学生成绩与社会再生产[J]. 当代教育论坛，2017（5）：51-62.

科目作为主测内容，其他两门科目为次要考察内容。前五次测试的主测科目分别为阅读（PISA 2000 年）、数学（PISA 2003 年）、科学（PISA 2006 年）、阅读（PISA 2009 年）和数学（PISA 2012 年）。我国的上海市分别参加了 2009 年和 2012 年两次测试，并在两次测评中均取得第一名的成绩。科学是 PISA 2015 年中的主测科目，阅读和数学是次要考核科目，我国的北京、上海、江苏和广东四省市共同参加了此次测试，其中，科学素养成绩位列第十。

2015 年，PISA 样本覆盖了 72 个国家和地区，样本规模为 540000 名学生，调查对象严格界定为参加测试时年龄在 15 岁 3 个月到 16 岁 2 个月之间的中学生（初中或高中学生），抽样方法为分层随机抽样，先将含有 15 岁学生的学校以概率比例规模抽样（probability-proportionate-to-size sampling，PPS）法抽取合适的学校样本，被选中的学校提供 15 岁学生名单，再从中随机抽样选出 35—40 名学生施测。[①]本章采用 PISA 2015 年的数据作为样本来源，从数据库中选取中国四省市的学生问卷数据和学校问卷数据来进行研究。2015 年，中国四省市抽取了 268 所学校中的 9841 名在校生参与了这一轮测试和调查。

三、变量说明

本章主要考察两方面的内容：一是我国四省市中学生科学、数学和语文三门学科的课外补习时间投入现状；二是中学生课外补习时间投入对学业成绩的影响。在变量的选取上，根据经典教育生产函数模型，学生学业成绩常常被用于表示教育产出变量。因此，本章以 PISA 2015 年科学素养、数学素养和阅读素养的测试结果作为衡量科学、数学和语文学科的补习效果的产出变量，即因变量。同时，教育生产函数模型所使用的教育投入变量主要包括学校投入变量、教师投入变量、学生家庭投入变量以及学生个体投入变量。其中，学校投入变量包括学校经费、班级规模、课程时间等；教师投入变量包括教师学历、教师经验、教师专业水平、教师表达能力等；学生家庭投入变量包括家庭收入、父母受教育程度、父母职业、家庭所在社区情况等；学生个体投入变量包括学生学习动机、学习努力程度、有效学习时间、在校时间、参加课外补习班的类型与时间数量等。[②]在参照理论的

① 陈昭志. 非认知因素对我国 15 岁学生综合素养能力的影响——基于 PISA 2015 调查数据[J]. 教育学术月刊，2017（4）：80-88.

② 胡咏梅. 学校资源配置与学生学业成绩关系研究——基于西部五省区农村中小学的实证分析[D]. 北京师范大学，2007：24-25.

基础上，再根据已有数据的可得性情况，本章以学生平均每周参加科学课外补习时间、数学课外补习时间和语文课外补习时间为学生个体投入变量，即核心自变量。为了能够准确地分析课外补习时间对学生学业成绩的影响，还要控制其他变量（即学校、学生家庭等投入变量）对学生学业成绩的影响，控制变量主要包括学生个人特征变量（如性别、学段、自我教育期望和家庭经济社会地位等），以及学校特征变量（如学校科学、数学和语文三学科课程时间，学校位置，办学性质，学校规模，班级规模，生师比，学校自主权，学校教育资源短缺指数等），具体变量名称及编码方式如表 8-1 所示。

表 8-1　因变量名称及编码方式

变量名称		变量说明	编码方式
学习成绩	科学成绩	学生的科学素养得分十个拟真值均值	连续变量
	数学成绩	学生的数学素养得分十个拟真值均值	连续变量
	阅读成绩	学生的阅读素养得分十个拟真值均值	连续变量
学生水平变量	科学课外补习时间	每周参加科学课外补习的时间	连续变量，　单位：小时
	数学课外补习时间	每周参加数学课外补习的时间	连续变量，　单位：小时
	语文课外补习时间	每周参加语文课外补习的时间	连续变量，　单位：小时
	性别	学生性别	分类变量，0=女，1=男
	学段	学生所处的学段	分类变量，0=初中，1=高中
	自我教育期望	学生自我教育期望	分类变量，按 ISCED 标准的教育水平分类
	家庭经济社会地位	由父母的最高受教育水平、父母最高职业地位和家庭拥有物三项指标合成	连续变量
	校内科学课程时间	每周校内科学课程学习时间	连续变量　单位：小时
	校内数学课程时间	每周校内数学课程学习时间	连续变量　单位：小时

续表

变量名称		变量说明	编码方式
学校水平变量	校内语文课程时间	每周校内语文课程学习时间	连续变量　单位：小时
	学校位置	学校所在地类型	分类变量，0=农村，1=县镇，2=城市
	学校办学性质	所在学校是公立还是民办	分类变量，0=民办，1=公立
	学校规模	学校中学生总人数	连续变量，单位：人
	班级规模	所在班级的人数	连续变量，单位：人
	生师比	学校中学生人数与教师人数之比	连续变量
	学校自主权	在资源分配、管理与教学等方面自主权	连续变量
	教育资源短缺指数	学校教育资源短缺指数	连续变量
	合格教师比例	学校合格教师比例	连续变量
	在校生家庭经济社会地位指数均值	学校同伴家庭经济社会地位均值	连续变量
	在校生家庭经济社会地位指数标准差	学校同伴家庭经济社会地位标准差	连续变量

由表 8-2 可知，在学生水平变量中，中学生平均每周的科学课外补习时间为 2.42 个小时，低于 OECD 国家的平均值（2.53 个小时）[①]，数学课外补习时间和语文课外补习时分别为 3.56 个小时、3.14 个小时，均明显高于 OECD 国家的平均水平（3.03 个小时、2.61 个小时）。男女生比例基本相当，有 52%的样本为男生，有 48%的样本为女生，样本性别比例分布合理。其中，还有 43%的学生样本为高中生，57%的学生样本为初中生。学生的家庭经济社会地位取值范围在–4.97—3.61，取值越高，意味着家庭经济社会地位越优越。学生的家庭经济社会地位均值为–0.88，低于 OECD 国家的平均水平（–0.04）。这表明我国四省市学生的家庭经济社会地位较差，并未达到 OECD 国家的平均水平，且四省市中学生家庭贫富差距明显，城市学生的家庭条件明显优于农村学生。

① OECD. PISA 2015 Questionnaire items[EB/OL]. http://webfs.oecd.org/pisa/Compendiaquestionnaire.zip.

表 8-2　因变量的统计描述

变量名		样本数	平均数	标准差	最小值	最大值
学习成绩	科学素养成绩	9841	528.06	95.40	185.79	790.28
	数学素养成绩	9841	541.34	95.82	159.48	812.95
	阅读素养成绩	9841	505.82	98.43	125.65	778.08
学生水平变量	科学课外补习时间	8054	2.42	3.57	0.00	20.00
	数学课外补习时间	8574	3.56	4.37	0.00	20.00
	语文课外补习时间	8217	3.14	4.30	0.00	20.00
	男生比例	9841	0.52	0.50	0.00	1.00
	高中学生比例	9841	0.43	0.50	0.00	1.00
	学生自我教育期望	9785	1.98	1.01	0.00	3.00
	家庭经济社会地位	9799	–0.88	1.12	–4.97	3.61
学校水平变量	校内科学课程时间	268	5.59	3.71	0.00	64.00
	校内数学课程时间	268	5.03	2.24	0.00	42.00
	校内语文课程时间	268	4.79	1.99	0.00	26.67
	学校位置	268	1.28	0.64	0.00	2.00
	公立学校比例	268	0.90	0.30	0.00	1.00
	学校规模	268	1943.02	1893.35	48	11071
	班级规模	268	42.04	8.95	13.00	53.00
	生师比	268	12.50	7.54	2.53	100.00
	学校自主权	268	0.56	0.25	0.00	1.00
	教育资源短缺指数	268	0.06	1.23	–1.25	3.61
	合格教师比例	268	0.97	0.06	0.50	1.00
	在校生家庭经济社会地位指数均值	268	–0.87	0.76	–2.28	1.00
	在校生家庭经济社会地位指数标准差	268	0.81	0.14	0.28	1.30

在学校水平变量中，我国四省市中学生每周的校内科学课程的学习时间为5.59个小时，校内数学课程的学习时间为5.03个小时，而语文课程的学习时间为

4.79 个小时。我国四省市参加 PISA 项目的公立学校远远多于民办学校，公立学校占比高达 90%，而民办学校占比仅为 10%。我国四省市学校的平均规模为 1943.02 人，学校总体规模较大；班级规模为 42.04 人；生师比为 12.5∶1；教育资源短缺指数为 0.06。这表明与 OECD 国家相比，我国四省市学校的教育人力和物质资源仍然相对缺乏。教师合格比例达 97%，表明我国四省市学校的教师整体合格水平较高。

四、研究方法

在具体的统计方法运用上，本章主要采用描述性统计与推断性统计（多层线性模型）相结合的方法。描述性统计的优点在于能够简洁明了地反映数据的基本信息。推断性统计主要能对研究假设进行证实或证伪，因此，将二者结合使用有助于完成本章的目标。

（一）描述性统计

本章的描述性统计变量主要包括均值、标准差、方差和频数分析。通过描述性统计呈现我国四省市中学生参加课外补习时间的现状及其所在学校的特征。学生课外补习时间变量描述性统计具体包括各性别，各学段，各家庭社会经济、文化地位，各学校性质和各学校所在地的中学生课外补习时间投入的情况；学校变量的描述性统计具体包括学校科学、数学和语文三个学科的课程时间，学校所在位置，学校办学性质，学校规模，班级规模，生师比，学校自主权，学校教育资源短缺指数等变量的均值、标准差、方差和频数分析，并用卡方检验进行差异性分析。

（二）多层线性模型

学生成绩受学校、班级、个体、家庭等多层次因素的影响。由于 PISA 数据的多水平嵌套特征，传统一般线性模型无法准确探究影响学生成绩的因素是什么。因为传统一般线性模型仅从宏观层面进行分析，未剔除学生层面或学校层面变量之间的关联，容易导致研究结果出现偏差，也未考虑数据的嵌套性特征，降低了研究的严谨度和可信度。而多层线性模型既考虑了不同学校变量间的随机误差，也考虑了跨层级数据结构问题，能有效揭示各变量之间的真正内在关系。它的突出优点在于它强调教育系统的内在层次性，可以基于不同层次来探讨每一层次各因素的影响，可以有效地规避一般线性模型存在的问题，因此，本章采用多层线性模型来考察中学生课外补习时间投入对其学业成绩的影响。

为了更好地检验中学生课外补习时间投入与其学业成绩之间的关系，本章将学生的课外补习活动视为投入—产出的生产过程，采用教育生产函数模型来估计课外补习时间的边际效应。借鉴 Hanushek 的教育生产函数一般理论模型及其扩展性理论模型，建立如下的扩展模型考查学生课外补习时间投入对各科成绩的影响效应

$$Y_1=f(PTT, I, S) \tag{8-1}$$

其中，Y_1代表中学生学业成绩，包括中学生科学、数学和阅读成绩；PTT代表中学生课外补习时间投入，包括科学课外补习时间投入、数学课外补习时间投入和语文课外补习时间投入，为核心自变量，即本章中的核心投入变量；I 代表学生层面背景因素，包括学生性别、学段、自我教育期望、家庭经济社会地位，为控制变量；S 代表学校层面背景因素，包括学校科学、数学和语文课程时间，学校所在地类型，学校规模，班级规模，生师比，学校自主权，教育资源短缺指数，合格教师比例，在校生家庭经济社会地位指数均值与标准差，为控制变量。

1. 零模型分析

在进行两层模型分析前需要进行方差成分分析。在多层线性模型中，零模型是分析的起点，因为它能提供对组内相关系数的估计，从而表明多层线性模型的分析是否有必要。[①]在零模型中，层 1 和层 2 模型中均不加入任何解释变量，它着重考察的是研究对象的个体差异和背景差异。对于就读于 j 学校的 i 学生的各科成绩，零模型设定如下[②]

层 1 模型：$Y_{ij}=\beta_{0j}+e_{ij}$

层 2 模型：$\beta_{0j}=\gamma_{00}+u_{0j}$

其中，j 表示学校，i 表示中学生，Y_{ij}是 j 学校的 i 中学生的学科成绩，β_{0j}是 j 学校的中学生平均学科成绩，e_{ij}是学生层面的随机误差，即 j 学校 i 中学生的学科成绩与该学校的平均学科成绩之间的差异。γ_{00} 是所有学校中学生的学科成绩平均值；u_{0j}是学校层面的随机误差。

① 周皓，巫锡炜. 流动儿童的教育绩效及其影响因素：多层线性模型分析[J]. 人口研究，2008（4）：22-32.
② 周皓，巫锡炜. 流动儿童的教育绩效及其影响因素：多层线性模型分析[J]. 人口研究，2008（4）：22-32.

2. 完全模型分析

完全的多层线性模型是指学生学业成绩两层线性模型（即层 1 和层 2 模型）均加入解释或预测变量。层 1 为学生层面变量，包括学生性别、学段、自我教育期望、家庭经济社会地位；层 2 为学校层面变量，包括学校科学、数学和语文课程时间及其平方项，学校所在位置，学校类型，学校规模，班级规模及其平方项，生师比，学校自主权，教育资源短缺指数，合格教师比例，在校生家庭经济社会地位指数均值与标准差，这些变量均为控制变量。本章采用两水平线性模型从课外补习时间的角度探究学生学科课外补习效应的差异。本章两层模型如下。

层 1 模型：将学生的学科成绩表示为学生层面特征变量的函数与一个误差项的和[①]，即

Y_{ij}=β_{0j}+β_{1j}（性别）+β_{2j}（学段）+β_{3j}（自我教育期望）+β_{4j}（家庭经济社会地位）+β_{5j}（课外补习时间）+β_{6j}（课外补习时间平方项）+β_{7j}（课外补习时间×性别）+β_{8j}（课外补习时间×学段）+β_{9j}（课外补习时间×家庭经济社会地位）+r_{ij}

其中，Y_{ij} 是 j 学校 i 学生的学科成绩，β_{0j} 为回归截距；学生性别、学段、自我教育期望、家庭经济社会地位、课外补习时间及其平方项、课外补习时间与性别、课外补习时间与学段、课外补习时间与家庭经济社会地位的交互项为学生层面的预测变量；β_{1j}—β_{9j} 分别为学生层面的预测变量对因变量的回归系数，r_{ij} 为学生层面的随机误差。

层 2 模型：层 1 模型中的每一个回归截距 β_{0j} 和回归系数 β_{pj} 可以看作固定的，非随机变化的或随机的，每一个学生层面的系数 β_{0j} 和 β_{pj} 可以由层 2 模型的预测变量预测或解释，因此，可将 β_{0j} 和 β_{pj} 表示为学校层面预测变量的函数。[②]

β_{0j}=γ_{00}+γ_{01}（学科课程时间）+γ_{02}（学科课程时间的平方项）+γ_{03}（学校所在位置）+γ_{04}（学校类型）+γ_{05}（学校规模）+γ_{06}（班级规模）+γ_{07}（班级规模的平方项）+γ_{08}（生师比）+γ_{09}（学校自主权）+γ_{010}（教育资源短缺指数）+γ_{011}（合格教师比例）+γ_{012}（学校学生家庭经济社会地位均值）+γ_{013}（在校生家庭经济社会地位指数标准差）+u_{0j}

β_{pj}=γ_{p0}+γ_{p1}（学科课程时间）+γ_{p2}（学科课程时间的平方项）+γ_{p3}（学校所在位置）+γ_{p4}（学校类型）+γ_{p5}（学校规模）+γ_{p6}（班级规模）+γ_{p7}（班级规模的平方项）+γ_{p8}（生师比）+γ_{p9}（学校自主权）+γ_{p10}（教育资源短缺指数）+γ_{p11}（合

① 薛海平，胡咏梅，段鹏阳. 我国高中生科学素质影响因素分析[J]. 教育科学，2011（5）：68-78.
② 薛海平，胡咏梅，段鹏阳. 我国高中生科学素质影响因素分析[J]. 教育科学，2011（5）：68-78.

格教师比例）$+\gamma_{p12}$（在校生家庭经济社会地位均值）$+\gamma_{13}$（在校生家庭经济社会地位指数标准差）$+u_{pj}$

β_{0j} 和 β_{pj} 分别代表层 1 模型中的回归截距和回归系数（p=1，2，3，…，9）。学校科学、数学和语文课程时间及其平方项，学校所在位置，学校类型，学校规模，班级规模及其平方项，生师比，学校自主权，教育资源短缺指数，合格教师比例，在校生家庭经济社会地位指数均值与标准差为学校层面的预测变量；γ_{p1}—γ_{p13} 分别为学校层面的预测变量对层 1 模型中回归截距和回归系数的预测或解释系数。u_{pj} 为学校层面的随机误差。

第二节　中学生课外补习时间分析

一、不同性别学生的课外补习时间差异

由表 8-3 可知，在我国四省市学校的学生样本中，在科学课外补习时间方面，女生每周的补习时间为 2.22 个小时，明显少于男生的 2.6 个小时；在数学课外补习时间方面，女生每周的补习时间为 3.38 个小时，显著少于男生的 3.73 个小时；在语文课外补习时间方面，女生每周的补习时间为 2.92 个小时，男生每周的补习时间为 3.34 个小时，男生的语文课外补习时间显著多于女生。由此可见，在科学、数学和语文课外补习时间上，女生均少于男生，而且我国四省市中学生这三科的课外补习时间在性别上均存在显著性差异。

表 8-3　不同性别学生的每周课外补习时间差异

变量	性别	样本数	均值	标准差	t
科学课外补习时间	女	3901	2.22	3.29	−4.710***
	男	4153	2.60	3.80	
数学课外补习时间	女	4143	3.38	4.16	−3.808***
	男	4431	3.73	4.56	
语文课外补习时间	女	3940	2.92	4.14	−4.357***
	男	4277	3.34	4.44	

二、不同学段学生的课外补习时间差异

由表 8-4 可知，在我国四省市的学生样本中，在科学科目上，初中生每周的课外补习时间为 2.77 个小时，高中生为 1.94 个小时，初中生的科学课外补习时间显著多于高中生；在数学科目上，初中生每周的课外补习时间为 3.96 个小时，高中生为 3.02 个小时，初中生的数学课外补习时间显著多于高中生；在语文科目上，初中生每周的课外补习时间为 3.69 个小时，高中生每周的课外补习时间为 2.38 个小时，高中生的语文课外补习时间显著少于初中生。可见，在科学、数学和语文的课外补习时间上，高中生少于初中生，而且我国四省市中学生的三科课外补习时间在学段上均存在显著性差异。

表 8-4 不同学段学生的每周课外补习时间差异

变量	学段	样本数	均值	标准差	t
科学课外补习时间	初中	4620	2.77	3.83	10.486***
	高中	3434	1.94	3.13	
数学课外补习时间	初中	4925	3.96	4.54	9.835***
	高中	3649	3.02	4.07	
语文课外补习时间	初中	4757	3.69	4.60	13.754***
	高中	3460	2.38	3.73	

三、不同家庭经济社会地位学生的课外补习时间差异

由表 8-5 可知，在我国四省市的学生样本中，家庭经济社会地位低于四省市平均值的学生（简称“低 SES[①]学生”）每周的科学课外补习时间为 2.38 个小时，家庭经济社会地位高于四省市平均值的学生（简称“高 SES 学生”）为 2.46 个小时，低 SES 学生与高 SES 学生的科学课外补习时间没有显著性差异；高 SES 学生每周的数学课外补习时间为 3.87 个小时，低 SES 学生为 3.02 个小时，高 SES 学生的数学课外补习时间明显多于低 SES 学生；高 SES 学生每周的语文课外补习

① SES（socioeconomic status）表示家庭经济社会地位，由 escs 变量生成，为离散变量，1 为高于所在参与国学生 escs 平均值，0 为低于平均值。

时间为 3.15 个小时，低 SES 学生为 3.12 个小时，高 SES 学生与低 SES 学生的语文课外补习时间没有显著性差异。可见，不同家庭经济社会地位学生的数学补习时间存在显著性差异，家庭经济社会地位与数学课外补习时间呈正相关；而科学和语文的课外补习时间在不同家庭经济社会地位的学生中没有显著性差异。

表 8-5　不同家庭经济社会地位学生的课外补习时间差异

变量	家庭经济社会地位	样本数	均值	标准差	t
科学课外补习时间	低 SES 学生	4204	2.38	3.58	−1.339
	高 SES 学生	3847	2.46	3.56	
数学课外补习时间	低 SES 学生	4473	3.02	4.38	−5.048**
	高 SES 学生	4097	3.87	4.36	
语文课外补习时间	低 SES 学生	4315	3.12	4.24	−3.140
	高 SES 学生	3898	3.15	4.37	

四、不同办学性质学校学生的课外补习时间差异

由表 8-6 可知，从学校办学性质看，在科学科目上，民办学校学生每周的课外补习时间为 2.49 个小时，公办学校学生的为 2.4 个小时，民办学校和公办学校学生的科学课外补习时间没有显著性差异；在数学科目上，民办学校学生每周的课外补习时间为 3.74 个小时，公办学校学生的为 3.52 个小时，民办学校和公办学校学生的数学课外补习时间仍没有显著性差异；在语文科目上，民办学校学生每周的课外补习时间为 3.28 个小时，公办学校学生的为 3.1 个小时，两种类型学校学生的语文课外补习时间仍没有显著性差异。可见，我国四省市中学生的科学、数学和语文三科的课外补习时间在不同办学性质学校中均没有显著性差异。

表 8-6　不同办学性质学校学生的课外补习时间差异

变量	办学性质	样本数	均值	标准差	t
科学课外补习时间	民办学校	816	2.49	3.89	0.703
	公办学校	7171	2.40	3.52	
数学课外补习时间	民办学校	867	3.74	4.63	1.397
	公办学校	7636	3.52	4.33	

续表

变量	办学性质	样本数	均值	标准差	t
语文课外补习时间	民办学校	840	3.28	4.43	1.180
	公办学校	7309	3.10	4.26	

五、不同学校所在地学生的课外补习时间差异

由表 8-7 可知，从学校所在地看，在科学科目上，农村学生每周的课外补习时间为 2.59 个小时，县镇学生为 2.6 个小时，城市学生为 2.08 个小时，农村学生和县镇学生的科学课外补习时间明显比城市学生多，且存在显著性差异；在数学科目上，农村学生每周的课外补习时间为 3.99 个小时，县镇学生为 3.9 个小时，城市学生为 2.87 个小时，农村学生和县镇学生的数学课外补习时间显著多于城市学生；在语文科目上，农村学生每周的课外补习时间为 3.71 个小时，县镇学生为 3.58 个小时，城市学生为 2.22 个小时，农村学生和县镇学生的语文课外补习时间远远多于城市学生，且有显著性。可见，我国四省市中学生的科学、数学和语文三科的课外补习时间在城乡之间存在显著性差异。

表 8-7　不同学校所在地学生的课外补习时间差异

变量	学校所在地	样本数	均值	标准差	F
科学课外补习时间	农村	862	2.59	3.64	19.354***
	县镇	4045	2.60	3.68	
	城市	2976	2.08	3.31	
数学课外补习时间	农村	923	3.99	4.62	57.915***
	县镇	4307	3.90	4.55	
	城市	3160	2.87	3.86	
语文课外补习时间	农村	907	3.71	4.50	99.528***
	县镇	4172	3.58	4.51	
	城市	2952	2.22	3.66	

第三节　中学生课外补习时间投入对学业成绩的影响分析

前面内容主要通过描述性统计介绍了我国四省市学生层面和学校层面变量的基本情况，比较了不同性别、学段、家庭经济社会地位、学校办学性质和学校所在地的学生在科学、数学和语文科目上的课外补习时间差异。为了进一步了解课外补习时间投入与学业成绩间的关系，本节基于多层线性模型，在控制住学生层面变量和学校层面变量后，来考察中学生课外补习时间投入对其学业成绩的影响效应。

一、中学生学业成绩零模型分析

本节通过构建零模型，两层模型中均不加入任何预测变量，零模型分析的随机效应被区分为层 1 和层 2 两层模型，分别代表中学生学业成绩的差异源于学生个体差异的部分和源于学校差异的部分，亦即组内差异和组间差异，也可以理解为，中学生学业成绩的差异被个体层次与学校层次解释的部分，暂时不考虑其他相关的控制变量对被预测变量的影响，通过检验和比较组内方差和组间方差比例是否显著，来判断是否适合构建多层线性模型。①

表 8-8、表 8-9 和表 8-10 分别是中学生科学成绩、数学成绩和阅读成绩的零模型估计结果。

表 8-8　中学生科学成绩的零模型估计结果

随机效应	方差估计	标准误	组内相关系数	χ^2	p
层 2 随机项	4937.169	437.836	0.541	14515.155	0.000
层 1 随机项	4181.560	60.439			

表 8-9　中学生数学成绩的零模型估计结果

随机效应	方差估计	标准误	组内相关系数	χ^2	p
层 2 随机项	5 028.028	445.973	0.545	14 973.410	0.000
层 1 随机项	4 196.205	60.652			

① 周皓，巫锡炜. 流动儿童的教育绩效及其影响因素：多层线性模型分析[J]. 人口研究，2008（4）：22-32.

表 8-10　中学生阅读成绩的零模型估计结果

随机效应	方差估计	标准误	组内相关系数	χ^2	p
层 2 随机项	5 578.636	493.712	0.571	11 778.200	0.000
层 1 随机项	4 197.183	60.667			

由表 8-8 可知，在中学生科学成绩零模型估计结果中，组内方差为 4181.560，组间方差为 4937.169（p<0.001），表明中学生的科学成绩在不同学校间存在显著性差异。而中学生科学成绩的 ICC=4937.169/（4937.169 + 4181.560）=0.541，说明中学生科学成绩有 54.1%来源于不同质量学校之间的差异。

由表 8-9 可知，在中学生数学成绩零模型估计结果中，组内方差为 4196.205，组间方差为 5028.028（p<0.001），表明中学生的数学成绩在不同学校间存在显著性差异。而中学生数学成绩的 ICC=5028.028/（5028.028+4196.205）=0.545，说明中学生数学成绩有 54.5%的差异来源于不同质量学校之间的差异。

由表 8-10 可知，在中学生阅读成绩零模型估计结果中，组内方差为 4197.183，组间方差为 5578.636（p<0.001），表明中学生的阅读成绩在不同学校间存在显著性差异。而中学生阅读成绩的 ICC=5578.636/（5578.636+4197.183）=0.571，说明中学生阅读成绩有 57.1%来源于不同质量学校之间的差异。

根据已有经验判断，当组内相关系数大于 0.059 时，说明校际差异较大，就需要在统计建模处理中考虑如何处理组间效应，且中学生科学成绩、数学成绩和阅读成绩零模型中组内相关系数均大于 0.059。因此，采用传统一般线性回归分析嵌套数据不够合理，有必要采用多层线性模型，这样才能准确地考察变量间的关系。①

二、中学生学业成绩两层线性模型分析

（一）中学生科学课外补习时间投入对科学成绩的影响效应分析

中学生学业成绩两层线性模型就是层 1 和层 2 的模型均加入解释变量。

表 8-11 是中学生科学课外补习时间投入对科学成绩影响效应的两水平模型分析结果。从模型 1 到模型 5 的结果可以看出，学生水平变量中的性别、学段、

① 周皓，巫锡炜. 流动儿童的教育绩效及其影响因素：多层线性模型分析[J]. 人口研究，2008（4）：22-32.

自我教育期望和家庭经济社会地位，学校水平变量中的校内科学课程时间及其平方项、学校位置、学校办学性质、学校规模、班级规模及其平方项、生师比、学校自主权、教育资源短缺指数、合格教师比例、在校生家庭经济社会地位指数的均值与标准差的系数值相差均很小，说明各模型的稳健性很好。各模型卡方检验的结果均为 0.000，都通过了 0.1%的显著性水平检验，说明量化统计分析结果的可信度较高。

表 8-11　中学生科学课外补习时间投入对科学成绩的影响效应分析（*N*=7663）

变量名		模型 1	模型 2	模型 3	模型 4	模型 5
截距		369.855*** （34.019）	371.952*** （33.855）	373.884*** （33.881）	371.155*** （33.868）	371.808*** （33.855）
学生水平变量	科学课外补习时间	−2.747*** （0.194）	−4.414*** （0.437）	−4.344*** （0.468）	−4.329*** （0.474）	−4.351*** （0.469）
	科学课外补习时间的平方项		0.187*** （0.030）	0.184*** （0.030）	0.187*** （0.030）	0.186*** （0.030）
	科学课外补习时间×学生性别			−1.089** （0.387）		
	科学课外补习时间×学生学段				0.474 （0.403）	
	科学课外补习时间×家庭经济社会地位					0.065 （0.174）
	女生 （以男生为参照组）	−16.292*** （1.320）	−16.221*** （1.319）	−18.729*** （1.591）	−16.191*** （1.319）	−16.209*** （1.320）
	初中生 （以高中生为参照组）	−25.124** （2.625）	−25.022*** （2.621）	−25.040*** （2.620）	−23.952*** （2.774）	−25.036*** （2.621）
	自我教育期望	17.876*** （0.493）	17.863*** （0.492）	17.861*** （0.492）	17.858*** （0.492）	17.863*** （0.492）
	家庭经济社会地位	1.812** （0.817）	1.841** （0.816）	1.893** （0.816）	1.853** （0.817）	1.689* （0.913）
学校水平变量	校内科学课程时间	7.466*** （0.479）	7.535*** （0.479）	7.533*** （0.479）	7.511*** （0.479）	7.529*** （0.479）
	校内科学课程时间的平方项	−0.281*** （0.024）	−0.285*** （0.024）	−0.284*** （0.024）	−0.283*** （0.024）	−0.284*** （0.024）
	学校位置	1.743 （1.904）	1.695 （1.894）	1.713 （1.895）	1.697 （1.895）	1.694 （1.894）

续表

变量名		模型 1	模型 2	模型 3	模型 4	模型 5
学校水平变量	民办学校（以公办学校为参照组）	1.958 （7.154）	2.094 （7.118）	2.033 （7.122）	2.130 （7.120）	2.114 （7.118）
	学校规模	0.001 （0.001）	0.001 （0.001）	0.001 （0.001）	0.001 （0.001）	0.001 （0.001）
	班级规模	5.015** （1.752）	4.965** （1.744）	5.008** （1.745）	4.985** （1.744）	4.963** （1.744）
	班级规模的平方项	−0.058** （0.022）	−0.058** （0.022）	−0.058** （0.022）	−0.058** （0.022）	−0.058** （0.022）
	生师比	−0.096 （0.282）	−0.092 （0.281）	−0.095 （0.281）	−0.095 （0.281）	−0.092 （0.281）
	学校自主权	7.428 （9.062）	7.027 （9.017）	6.872 （9.022）	6.964 （9.019）	7.014 （9.016）
	教育资源短缺指数	−4.833** （1.618）	−4.830** （1.609）	−4.795** （1.610）	−4.837** （1.610）	−4.834** （1.609）
	合格教师比例	69.264** （29.263）	68.914** （29.121）	68.555** （29.137）	69.116** （29.127）	68.915** （29.119）
	在校生家庭经济社会地位指数均值	39.013*** （3.668）	39.027*** （3.650）	39.015*** （3.652）	39.036*** （3.651）	39.027*** （3.650）
	在校生家庭经济社会地位指数标准差	−12.511 （13.035）	−12.415 （12.971）	−12.355 （12.978）	−12.310 （12.973）	−12.432 （12.970）

本章研究的关注点在于课外补习时间与中学生成绩的关系，因此，在这部分将深入探讨中学生科学课外补习时间投入对科学成绩的影响效应。模型 1 显示，在控制了其他变量之后，科学课外补习时间对学生科学成绩有显著的负向影响，科学课外补习时间每增加 1 个小时，学生的科学成绩会降低 2.7 分左右。进一步加入科学课外补习时间的平方项得到模型 2，结果显示，科学课外补习时间对学生科学成绩呈显著的非线性影响，为 U 形曲线，当每周科学课外补习时间在 12 个小时以内时，随着投入时间的增加，科学补习对学生科学成绩的提高没有效果，甚至会降低学生的科学成绩；当每周科学课外补习时间超过 12 个小时后，科学补习对学生科学成绩的提高才能产生实质性的效果。这说明，科学课外补习存在明显的门槛效应，科学课外补习时间过短难以有效提升学生的科学成绩，只有每周

的科学课外补习时间达到 12 个小时以上（即每周平均每天补习科学 1.71 个小时以上），才有可能实质性提升科学成绩。

本研究加入科学课外补习时间与学生性别的交互项、科学课外补习时间与学生学段的交互项、科学课外补习时间与家庭经济社会地位的交互项，以进一步分析中学生科学课外补习时间投入对科学成绩影响的异质性，分别得到模型 3、模型 4 和模型 5。结果显示，在控制了其他变量之后，科学课外补习时间对科学成绩的作用有着明显的性别差异，在时间相同的情况下，男生科学课外补习的成绩提升效应更大，比女生多 1.089 分。科学课外补习时间对学生科学成绩的影响效应在学段和学生家庭经济社会地位方面存在差异，在补习时间相同的情况下，高中生获得的补习效应高于初中生，家庭经济社会地位高的学生获得的补习效应高于家庭经济社会地位低的学生，但都没有通过显著性检验。

同时，从表 8-11 中可知，性别、学段、自我教育期望和家庭经济社会地位等学生水平变量对科学成绩的影响均通过了显著性检验。具体来说，不同性别和学段的学生在科学成绩上具有显著性差异，女生的科学成绩比男生低 16 分左右，初中生的科学成绩比高中生低 25 分左右。学生的自我教育期望和家庭经济社会地位对科学成绩有积极作用。学生的自我教育期望越高，家庭经济社会地位越高，其科学成绩就越高。学校水平变量对学生科学成绩存在混合影响。校内科学课程时间和班级规模对学生科学成绩有显著正向影响，都呈倒 U 形曲线，当每周校内科学课程时间为 13 个小时左右和班级规模为 43 人左右时，学生科学成绩的提升效应最大。学校教育资源短缺指数对学生科学成绩有显著的负向影响，教育资源短缺指数越高，学生的科学成绩越低。学校合格教师比例对科学成绩有积极作用，合格教师比例每增加一个单位，学生的科学成绩就能提升 69 分左右。其他因素，如学校位置、办学性质（民办学校）、学校规模、学校自主权对学生科学成绩有正向影响，学校生师比对学生科学成绩有负向影响，但都没有显著性。

（二）中学生数学课外补习时间投入对数学成绩的影响效应分析

表 8-12 是中学生数学课外补习时间投入对其数学成绩影响效应的两水平模型结果。结果显示，学生水平变量和学校水平变量的均值与标准差的系数值相差均很小，说明各模型的稳健性很好，且各模型卡方检验的结果均为 0.000，都通过了 0.1%的显著性水平检验，说明量化统计分析结果的可信度较高。

表 8-12　中学生数学课外补习时间投入对数学成绩的影响效应分析（N=8178）

变量名		模型 1	模型 2	模型 3	模型 4	模型 5
截距		374.087*** （37.968）	379.613*** （37.873）	380.520*** （37.894）	378.884*** （37.841）	380.586*** （37.877）
学生水平变量	数学课外补习时间	−2.408*** （0.154）	−5.355*** （0.401）	−5.207*** （0.425）	−5.673*** （0.431）	−5.650*** （0.427）
	数学课外补习时间的平方项		0.192*** （0.024）	0.194*** （0.024）	0.197*** （0.024）	0.194*** （0.024）
	数学课外补习时间 × 学生性别			−0.316 （0.299）		
	数学课外补习时间 × 学生学段				0.626** （0.312）	
	数学课外补习时间 × 家庭经济社会地位					0.280** （0.139）
	女生（以男生为参照组）	−15.272*** （1.285）	−15.159*** （1.281）	−16.244*** （1.641）	−15.118*** （1.281）	−15.174*** （1.280）
	初中生（以高中生为参照组）	−25.300*** （2.616）	−24.565*** （2.609）	−24.587*** （2.609）	−22.430*** （2.817）	−24.494*** （2.608）
	学生自我教育期望	19.288*** （0.476）	19.292*** （0.474）	19.286*** （0.474）	19.281*** （0.474）	19.290*** （0.474）
	家庭经济社会地位	2.576** （0.793）	2.733** （0.790）	2.738** （0.790）	2.759*** （0.790）	3.736*** （0.933）
学校水平变量	校内数学课程时间	5.429*** （0.860）	5.457*** （0.856）	5.455*** （0.856）	5.444*** （0.856）	5.475*** （0.856）
	校内数学课程时间的平方项	−0.304*** （0.046）	−0.316*** （0.046）	−0.315*** （0.046）	−0.315*** （0.046）	−0.316*** （0.046）
	学校位置	−0.830 （2.129）	−0.960 （2.123）	−0.966 （2.124）	−0.934 （2.121）	−0.964 （2.123）
	民办学校（以公办学校为参照组）	−2.320 （8.006）	−2.314 （7.984）	−2.318 （7.987）	−2.170 （7.978）	−2.379 （7.985）
	学校规模	0.001 （0.001）	0.001 （0.001）	0.001 （0.001）	0.001 （0.001）	0.001 （0.001）
	班级规模	5.740** （1.958）	5.686** （1.952）	5.694** （1.953）	5.732** （1.951）	5.672** （1.951）

续表

变量名		模型 1	模型 2	模型 3	模型 4	模型 5
学校水平变量	班级规模的平方项	–0.065** (0.025)	–0.064** (0.025)	–0.065** (0.025)	–0.065** (0.025)	–0.064** (0.025)
	生师比	–0.297 (0.309)	–0.296 (0.308)	–0.297 (0.308)	–0.297 (0.308)	–0.296 (0.308)
	学校自主权	–5.453 (10.136)	–5.997 (10.109)	–6.050 (10.112)	–5.977 (10.100)	–5.879 (10.110)
	教育资源短缺指数	–4.201** (1.809)	–4.228** (1.804)	–4.225** (1.805)	–4.243** (1.803)	–4.201** (1.804)
	合格教师比例	62.242*** (32.505)	61.430*** (32.418)	61.217*** (32.427)	60.838*** (32.390)	61.176*** (32.418)
	在校生家庭经济社会地位指数均值	39.059*** (4.064)	38.994*** (4.053)	39.016*** (4.055)	38.986*** (4.050)	38.849*** (4.054)
	在校生家庭经济社会地位指数标准差	–14.642 (14.611)	–14.347 (14.572)	–14.371 (14.576)	–14.193 (14.559)	–14.111 (14.572)

本章研究的关注点在于课外补习时间投入与中学生成绩的关系，因此，在这部分将具体探讨中学生数学课外补习时间投入对其数学成绩的影响效应。模型 1 显示，在控制了其他变量之后，数学课外补习时间对学生数学成绩有显著的负向影响，数学课外补习时间每增加 1 个小时，学生的数学成绩会降低 2.4 分左右。加入数学课外补习时间的平方项得到模型 2，结果显示，数学课外补习时间对数学成绩有显著的非线性影响，呈 U 形曲线，即当每周数学课外补习时间在 14 个小时以内时，随着时间的增加，数学补习对数学成绩提高没有明显的作用，但是，当每周补习时间超过 14 个小时后，数学补习对数学成绩便会产生实质性的提升效应，说明数学课外补习存在明显的门槛效应，过短的数学补习时间难以产生明显的成绩提升效应，学生每周数学补习时间需达到 14 个小时以上（即每周平均每天补习数学 2 个小时以上），数学成绩才可能得到实质性提高。

为了进一步分析中学生数学课外补习时间投入对数学成绩影响的异质性，本研究分别加入数学课外补习时间与学生性别的交互项、数学课外补习时间与学生学段的交互项、数学课外补习时间与家庭经济社会地位的交互项，得到模型 3、模型 4 和模型 5。结果显示，在控制了其他变量之后，数学课外补习时间对学生数学成绩的影响效应存在性别差异，在补习时间相同的情况下，男生数学成绩的提升效应高于女生，但没有通过显著性检验。数学课外补习时间对学生数学成绩的影响效应在不同学段和家庭经济社会地位方面存在差异，在补习时间相同的情况下，高中生获得的数学补习效应高于初中生，家庭经济社会地位越高的学生，获得的数学补习效应越大。

同时，从表 8-12 中可知，学生水平变量对数学成绩的影响均通过了显著性检验。具体来说，不同性别和学段的学生在数学成绩上具有显著性差异，女生的数学成绩比男生低 15 分左右，初中生的数学成绩比高中生低 25 分左右。学生自我教育期望和家庭经济社会地位对学生数学成绩有显著的正向影响。学生自我教育期望越高、家庭经济社会地位越高，其数学成绩就越高。学校水平变量对学生数学成绩存在混合影响。校内数学课程时间对学生数学成绩存在明显的积极作用，同时这种作用是非线性的，呈倒 U 形曲线，也就是说，当每周校内数学课堂时长为 9 个小时时，学生数学成绩的提升效应最大；班级规模对学生数学成绩显示出明显的积极效应，且该种作用呈非线性关系，即当班级规模为 44 人左右时，学生数学成绩的提升效应最大。学校教育资源短缺指数对学生数学成绩有显著负向影响，即学校教育资源短缺越严重，越不利于学生数学成绩的提升。学校合格教师比例对数学成绩有明显的正向作用，学校合格教师比例每增加一个单位，学生数学成绩就能提升 62 分左右。学校规模对学生数学成绩有正向影响，学校位置、办学性质（民办学校）、生师比和学校自主权对学生数学成绩有负向影响，但都没有通过显著性检验。

（三）中学生语文课外补习时间投入对阅读成绩的影响效应分析

表 8-13 是中学生语文课外补习时间投入对阅读成绩影响效应的两水平模型结果。从表 8-13 中模型 1 到模型 5 的结果可以看出，学生水平变量和学校水平变量的均值与标准差的系数值相差都很小，各模型的稳健性很好。且各模型卡方检验的结果均为 0.000，都通过了 0.1%的显著性水平检验，说明统计分析结果的可信度较高。

表 8-13　中学生语文课外补习时间投入对阅读成绩的影响效应分析

变量名	模型 1	模型 2	模型 3	模型 4	模型 5
截距	324.625*** （36.828）	335.837*** （36.519）	336.278*** （36.538）	335.700*** （36.525）	336.350*** （36.533）

续表

变量名		模型 1	模型 2	模型 3	模型 4	模型 5
学生水平变量	语文课外补习时间	−3.542*** （0.163）	−7.763*** （0.407）	−7.686*** （0.432）	−7.810*** （0.438）	−7.899*** （0.433）
	语文课外补习时间的平方项		0.288*** （0.026）	0.289*** （0.026）	0.289*** （0.026）	0.289*** （0.026）
	语文课外补习时间×学生性别			−0.166 （0.312）		
	语文课外补习时间×学生学段				0.098 （0.338）	
	语文课外补习时间×家庭经济社会地位					0.132 （0.145）
	女生 （以男生为参照组）	8.760*** （1.319）	8.497*** （1.309）	7.999*** （1.609）	8.501*** （1.309）	8.463*** （1.309）
	初中生 （以高中生为参照组）	−24.833*** （2.686）	−23.863*** （2.665）	−23.880*** （2.666）	−23.585*** （2.833）	−23.828*** （2.666）
	学生自我教育期望	17.195*** （0.485）	17.112*** （0.481）	17.109*** （0.481）	17.108*** （0.481）	17.116*** （0.481）
	家庭经济社会地位	4.741*** （0.813）	4.686*** （0.807）	4.691*** （0.807）	4.687*** （0.807）	5.098*** （0.924）
学校水平变量	校内语文课程时间	6.887*** （0.959）	6.788*** （0.952）	6.794*** （0.952）	6.776*** （0.953）	6.816*** （0.952）
	校内语文课程时间的平方项	−0.374*** （0.054）	−0.384*** （0.054）	−0.384*** （0.054）	−0.383*** （0.054）	−0.386*** （0.054）
	学校位置	1.412 （2.066）	1.193 （2.048）	1.195 （2.048）	1.194 （2.048）	1.186 （2.048）
	民办学校 （以公办学校为参照组）	1.468 （7.762）	1.001 （7.694）	0.990 （7.696）	1.014 （7.694）	0.946 （7.696）
	学校规模	0.001 （0.001）	0.001 （0.001）	0.001 （0.001）	0.001 （0.001）	0.001 （0.001）
	班级规模	5.571** （1.904）	5.474** （1.887）	5.483** （1.887）	5.483** （1.887）	5.463** （1.887）
	班级规模的平方项	−0.063** （0.024）	−0.062** （0.024）	−0.062** （0.024）	−0.062** （0.024）	−0.062** （0.024）

续表

变量名		模型 1	模型 2	模型 3	模型 4	模型 5
学校水平变量	生师比	–0.270 （0.302）	–0.269 （0.299）	–0.269 （0.300）	–0.269 （0.299）	–0.269 （0.300）
	学校自主权	6.211 （9.830）	4.974 （9.745）	4.943 （9.748）	4.963 （9.746）	5.024 （9.748）
	教育资源短缺指数	–4.763** （1.754）	–4.763** （1.739）	–4.759** （1.739）	–4.765** （1.739）	–4.755** （1.739）
	合格教师比例	68.176*** （31.523）	64.521*** （31.249）	64.417*** （31.258）	64.550*** （31.252）	64.275*** （31.259）
	在校生家庭经济社会地位指数均值	41.518*** （3.956）	40.925*** （3.922）	40.941*** （3.923）	40.933*** （3.922）	40.844*** （3.924）
	在校生家庭经济社会地位指数标准差	–3.902 （14.192）	–3.981 （14.068）	–4.037 （14.072）	–3.966 （14.069）	–3.849 （14.072）

本章研究的关注点在于课外补习时间投入与中学生成绩的关系，因此，在这部分将深入分析中学生语文课外补习时间投入对阅读成绩的影响效应。模型 1 显示，在控制了其他变量之后，语文课外补习时间对学生阅读成绩有显著的负向影响，语文课外补习时间每增加 1 个小时，学生的阅读成绩会降低 3.5 分左右。加入语文课外补习时间的平方项得到模型 2，研究结果显示，语文课外补习时间对学生阅读成绩有显著的非线性影响，呈 U 形曲线，即当每周语文课外补习时间低于 13 个小时时，随着补习时间的增加，语文补习对学生阅读成绩没有实质性的提升效应；当每周补习时间超过 13 个小时后，语文补习对学生阅读成绩才会产生实质性的提升效应。这说明，语文课外补习同样存在明显的门槛效应，补习时间过短难以有效提升成绩，只有当学生每周语文课外补习时间达到 13 个小时以上（即每周平均每天补习语文 1.86 个小时以上）时，才有可能产生实质性的提升效果。

为了进一步分析语文课外补习时间投入对语文成绩影响的异质性，本研究分别加入语文课外补习时间与学生性别的交互项、语文课外补习时间与学生学段的交互项、语文课外补习时间与家庭经济社会地位的交互项，得到模型 3、模型 4 和模型 5。结果显示，在控制了其他变量之后，语文课外补习时间对学生阅读成绩的影响效应存在性别差异，在语文课外补习时间相同的情况下，男生成绩提升效应更大，但没有通过显著性检验。语文课外补习时间对阅读成绩的提升效应在不同学段和不同家庭经济社会地位方面存在差异，在语文补习时间相同的情况下，初中生获得的语文补习效应低于高中生，家庭经济社会地位越低的学生，获得的语文补习效应越小，但也没有通过显著性检验。

同时，从表 8-13 中可知，代表学生水平的各个变量对阅读成绩的影响均通过了显著性检验。具体来说，不同性别和学段的学生在阅读成绩上具有显著性差异，女生的阅读成绩比男生高 8 分左右，初中生的阅读成绩比高中生低 24 分左右。学生自我教育期望和家庭经济社会地位对学生语文成绩存在正向影响。学生自我教育期望越高、家庭经济社会地位越高，其阅读成绩就越高。学校水平变量对学生阅读成绩存在混合影响。校内语文课程时间和班级规模对学生阅读成绩有显著的正向影响，为倒 U 形曲线，即当每周校内语文课程时间为 9 个小时左右时，学生阅读成绩的提升效应最大；当班级规模为 44 人左右时，学生阅读成绩的提升效应最大。学校教育资源短缺指数对学生阅读成绩有显著负向影响，学校教育资源短缺指数越高，学生的阅读成绩越低，即学校教育资源短缺越严重，越不利于学生阅读成绩的提高。但是，学校合格教师比例对学生阅读成绩存在明显的积极作用，学校合格教师比例每增加一个单位，学生阅读成绩就能提升 64 分左右。学校位置、办学性质（民办学校）、学校规模、学校自主权对学生阅读成绩有正向影响，生师比对学生阅读成绩有负向影响，但都不显著。

第四节　研究结论与政策建议

一、研究结论

本章基于 PISA 2015 年我国四省市的数据，探讨了中学生课外补习时间投入对其学业成绩的影响，以课外补习时间作为投入变量，以中学生学业成绩作为产出变量，通过整理文献，并结合教育生产函数模型以及 MMI 理论和 EMI 理论提出的 2 个研究假设，运用 HLM6.0 进行数据处理分析，得出如下主要结论。

（1）不同群体中学生的课外补习时间存在显著性差异

我国四省市中学生每周的科学课外补习时间、数学课外补习时间和语文课外补习时间均值分别为 2.24 个小时、3.56 个小时和 3.14 个小时。分性别来看，男生用于科学、数学和语文三科的课外补习时间均显著多于女生；分学段来看，初中生用于科学、数学和语文三科的课外补习时间均显著多于高中生；分家庭经济社会地位来看，高 SES 学生的数学课外补习时间显著多于低 SES 学生，而科学和语文课外补习时间在不同家庭经济社会地位学生间均不存在显著性差异；分学校位置来看，农村学校的学生和县镇学校的学生用于科学、数学和语文三科的课外补习时间均显著多于城市学生。

（2）中学生课外补习时间投入与学业成绩之间存在 U 形曲线关系

无论是科学成绩模型、数学成绩模型还是阅读成绩模型，研究结果均显示，中学生课外补习时间投入与学业成绩之间存在显著的非线性关系，呈 U 形曲线。这表明，学科课外补习存在明显的门槛效应，过短的补习时间难以产生明显的成绩提升效应，只有超出某个阈值水平，学习成绩才能出现质的提升。

（3）中学生数学课外补习时间的投入差异扩大了不同家庭经济社会地位学生数学成绩的差距

中学生数学课外补习时间投入差异对数学成绩的影响效应在学生家庭经济社会地位上存在显著性差异，在课外补习时间投入相同的情况下，家庭经济社会地位越高的学生，其获得的数学补习效应越大，同时，家庭经济社会地位越高的学生，其数学补习时间投入也越多，因此，数学课外补习时间扩大了不同家庭经济地位学生的数学成绩的差距，导致教育结果不公平的问题。而中学生科学课外补习时间的投入差异对其科学成绩的影响效应以及语文课外补习时间的投入差异对其阅读成绩的影响效应在学生家庭经济社会地位上均没有显著性差异。

（4）相较于课外补习时间，校内课程时间能更有效地提升学生成绩

校内课程时间是学生成绩提升的重要保障。研究结果表明，补习时间对学业成绩有显著的消极作用，且这种作用具有门槛效应，只有学生每周科学、数学和语文的课外补习时间分别超过 12 个小时、14 个小时和 13 个小时的情况下，其学习成绩才能出现质的提升。而校内学科课程时间对学生成绩有显著正向影响，且这种影响呈倒 U 形曲线，当每周校内的科学、数学和语文课程时间分别达到 13 个小时、9 个小时和 9 个小时的时候，学生成绩的提升效应最大，能达到最高值。这表明，校内学习时间比课外补习时间更能有效地提升学生学习成绩。因此，应该更充分有效地利用学生在学校内的学习时间，发挥学校教育的主导作用，减少

不必要的课外补习时间，降低学生的校外学业负担。

二、结论讨论

如何理解上述结论？时间是教育生产过程中的重要投入要素。[①]大多数学生花大量课后时间参加课外补习班，目的是想借此提升考试分数。然而，课外补习时间投入与成绩有着何种关系呢？统计分析结果显示，我国四省市中学生的各科课外补习时间对学科成绩的影响存在明显的非线性关系，呈U形曲线，即增加课外补习时间能提高学生成绩，但这种成绩的提升效应具有明显的门槛效应[②]，学生成绩随着课外补习时间的增加经历了一个先下降后上升的过程，只有当课外补习时间超出某个阈值，学习成绩才能出现质的提升。课外补习是学校教育在校外的延伸，作为学校教育的补充，课外补习的内容与学校课程内容存在明显的同质性。学生最开始参加课外补习，所学内容与在校内所学内容在一定程度上存在重复性和无针对性，从而导致学生的厌学和抵触情绪，因此，在短时间内可能出现补习的无效性。然而，随着补习时间的增加，补习的针对性更强，学习的积累效应变得逐渐显著，学生开始出现成绩上升的情况。同时，学习本身就是一个循序渐进的过程，补习的效果也并非立竿见影的，过短的补习时间难以产生明显的成绩提升效应，只有当学生的课外补习时间达到一定的量，补习的成绩提升效应才有可能显现。另外，也有可能与学生自身能力和学习习惯有关，学业基础差、能力弱、学习兴趣较低、效率低和注意力不集中的学生，短时间内的课外补习并没有效果甚至是负向影响，可能需要更长的补习时间才能达到很好的补习效果。反之，基础好、能力强、学习兴趣大、效率高的学生，可能只需要很少的补习时间就能取得很好的补习效果。这也能解释多数学生为何乐此不疲地利用大量课外时间参与课外补习，要想通过补习提高学生成绩，就需要坚持投入时间才能达到效果，因此，学生才会坚持参与补习，以期取得补习效果。

研究发现，投入校内课程时间比投入课外补习时间更能有效地提升学生的学习成绩。这可能是因为学校是学生学习的主要场所，且学生在校学习时间更为集中，学校老师的质量也更有保障，老师对学生的学习情况也更为熟悉，更能有针

---

① 马红梅，郑盼．课外学习时间分配及效果：基于教育投入—产出的分析[J]．基础教育，2017（3）：86-95.

② 薛海平，宋海生．课外补习时间对中学生成绩影响的实证研究——基于 PISA2012 上海的数据[J]．教育科学研究，2018（4）：55-60.

对性地帮助学生，再加上学校的学习环境和学习氛围更优，因而，投入时间在校内学习上更有利于学生成绩的提升。当前，我国校外补习机构质量良莠不齐，且我国大多数学生普遍参与的是由个人举办的学科补习班①，因此，补习教师的质量、补习场所的环境与条件都无法得到保证，再加上课外补习时间的碎片化和分散化，使得课外补习的效果非常有限，且短期内并不会产生明显成效。近年来，我国大力推行“减负”政策，不断减少学生的在校时间和作业时间等，以此来保证学生的睡眠时间和鼓励学生利用大量的自由时间来发展自己的兴趣爱好等。事实上，学生的校内负担减轻了，校外负担却猛增，大多数学生将大量本可以用作休闲或娱乐的时间投入到课外补习中，从而出现“校内减负、校外增负”，“政府给学生减负、家长给孩子增负”的现象。因此，我们应该正确对待“减负”政策，特别是校内“减负”问题。研究发现，校内学习时间更能有效提升学生成绩，那学校就应该保证学生的校内学习时间，让学生的学习重新回归学校。同时，学校还可以提供课后辅导服务，满足学生的学习需求，政府相关部门再辅以财政支持与制度规范，就能充分发挥学校教育的主导地位，减轻学生不必要的校外学习负担。

在探讨学生课外补习时间的差异时，本章发现，学生的家庭经济社会地位越高，其补习时间投入越多。因为在当前按时收费的补习商业市场中，优势阶层家庭更有经济能力为子女支付高昂的课外补习费用，且这些优势阶层家庭父母的受教育程度普遍较高，对其子女有着较高的教育期望，会更重视和关注子女的教育，在送子女参与课外补习时，不仅注重补习机会的获得，而且注重子女补习质量和补习内容的多样化、全面化。以上现象可以用 Raftery 的“最大化维持不平等”理论和 Lucas 的“有效维持不平等”理论来进行解释。这两种理论认为，不同经济社会地位家庭间所获得的教育是不平等的，随着受教育机会的增加，这种教育获得的不平等并不会减弱，而是以某种特定方式继续加以维持。根据 MMI 理论，当某一层级的教育没有普及时，不同家庭经济社会地位的子女获得该层级教育的入学机会是存在差异的，此时，教育竞争的核心在于能否获得入学机会优势，从而最大化维持教育不平等。而根据 EMI 理论，当某一层级的教育已经普及时，此时，教育竞争的核心在于能否在教育质量和教育类型上占据优势，从而有效维持教育不平等。2014 年，我国普及了初中教育，无关家庭背景差异，所有子女都能

① 北京大学教育财政科学研究所 2017 年中国财政家庭调查结果显示，只有不到 20%的学生仅参与由商业公司提供的学科补习，有超过 75%的学生仅参与由个人提供的学科补习。

获得初中入学机会，因此，此时初中阶段教育竞争的核心是能否获得更高质量的教育。近年来，随着我国义务教育均衡的推进、教育均衡政策的实施，如限制“择校”行为和实施各种薄弱学校改进计划，减弱了家庭经济背景与学校教育质量获得之间的联系，不同经济社会地位家庭的子女在学校这个教育竞争的“第一战场”中获得教育质量的差距逐渐缩小，家庭经济社会地位更高的子女的升学竞争优势也不再明显。因此，这些优势阶层家庭为了继续维持升学竞争优势，转而依赖课外补习这个教育竞争的“第二战场”，以期通过课外补习提高其子女成绩，从而继续获得优质的学校教育。

已有多数研究表明，参加课外补习能够显著提高学生学习成绩[①②③]，不同经济社会地位家庭的子女参与课外补习的数量和质量上的差距，会进一步拉大学生成绩、升学乃至就业上的差距，即不同经济社会地位家庭的子女在获得更高层次教育机会和质量的差异，会引发不同经济社会地位家庭的子女在劳动力市场上的社会分层，最终完成家庭经济社会地位的代际传递。[④]因此，课外补习会强化不同经济社会地位家庭子女学校教育获得的差距，已然成为家庭资本代际传递的另外一条新的通道，发挥着教育社会再生产的功能，在加剧义务教育乃至社会的不公平。

三、政策建议

1）中学生及家长应理性考虑课外补习时间的投入。学生参加课外补习的确能提高其成绩，但家长也要清晰地认识到，课外补习对学生成绩的提升具有明显的门槛效应，过短的课外补习时间难以产生明显的成绩提升效应，过长的补习时间会加重学生的校外学业负担，同时，在当前按时收费的补习市场中，盲目延长补习时间也会加剧家庭的经济负担。因此，家长在给孩子选择课外补习时，应理性考虑学生的学习基础和能力，以及家庭的经济情况等，根据学生实际的学习与发展需要，选择合理的补习时间，并取得良好的补习效果，避免跟风补习和盲目延长补习时间。

---

① 方晨晨，薛海平. 课外补习对义务教育阶段学生成绩影响的实证研究[J]. 上海教育科研，2014（12）：5-9.

② 薛海平. 从学校教育到影子教育：教育竞争与社会再生产[J]. 北京大学教育评论，2015（3）：47-69，188-189.

③ 张羽，陈东，刘娟娟. 小学课外补习对初中学业成绩的影响——基于北京市某初中九年追踪数据的实证研究[J]. 教育发展研究，2015（Z2）：18-25.

④ 薛海平. 课外补习、学习成绩与社会再生产[J]. 教育与经济，2016（2）：32-43.

2）学校要保证校内的课堂教学时间，努力提高教学效率，充分发挥学校教育的主导作用。学校课堂教学时间的充足性和教学质量是影响学生课后参与补习的重要因素。[①]充足和高质量的课堂教学本可以帮助学生巩固和强化所学知识，从而有效地提升学生的成绩，因此，要理性看待“减负”政策，特别是校内“减负”问题，学校应该充分保证学生在校内的学习时间。学校要充分保障课堂教学时间的充足性和质量，开展小班教学，改进教学方式和评价机制，进一步提高教学的效率与质量，从而提高学校教育质量，让学生的学习与发展需要在校内就能充分得到满足，增强家长对学校教育的信心和认可度，这样不仅能充分发挥学校教育的主导作用，还可以降低学生的课外补习需求，减少不必要的校外学习负担。

3）政府应坚持精准教育扶贫政策，加大对经济困难家庭学生的教育财政补贴与政策支持，努力促进校内外教育公平。教育公平是社会公平的重要基础。教育公平的关键是机会公平。教育公平的主要责任在政府，全社会要共同促进教育公平。[②]2018 年的政府工作报告指出，要发展公平而有质量的教育。近年来，我国通过限制“择校”行为、实施各种薄弱学校改进计划、开展集团化办学和名校办分校等措施，大力推进义务教育的均衡化发展。与此同时，随着课外补习行业的快速发展，高补习率和高补习支出在我国已然成为常态，这也给义务教育的均衡发展带来了巨大挑战。不同经济条件家庭的学生因课外补习数量与质量的差异造成的学习成绩差距以及教育结果的不均等，给主流学校教育公平带来了一定的冲击，从而在某种程度上阻碍了义务教育均衡的有效推进。因此，政府要高度重视非主流课外补习教育对义务教育公平的影响，坚持教育精准扶贫，为经济困难家庭或弱势群体家庭学生提供教育财政补贴与政策支持，如发放补习津贴或补习券、与正规的课外补习机构合作来提供课外补习支持项目、加强公立学校的课后辅导功能等，以满足这类学生的补习需求，为他们提供有针对性的和高质量的课外补习服务，有效缩小不同家庭经济条件的学生由课外补习数量与质量的差距带来的学习成绩差距，促进教育结果的均等化，削弱课外补习对义务教育均衡化的影响，从而真正促进校内外教育公平。

---

① 马红梅，郑盼. 课外学习时间分配及效果：基于教育投入—产出的分析[J]. 基础教育，2017（3）：86-95.
② 方晨晨. 课外补习对义务教育阶段学生成绩影响的实证研究[D]. 首都师范大学，2016.

第九章

初中生课外补习与中考升学

党的十九大报告提出，“努力让每个孩子都能享有公平而有质量的教育”，但由于现阶段我国教育发展不平衡不充分，不同家庭的孩子获得的教育数量和质量均存在较大差异。家庭社会经济背景对子女教育获得的影响是社会和学者长期关注的重要议题，当前学生教育获得既包括学校教育机会获得，还包括国际学术界称之为“影子教育”的课外补习机会获得。很多研究表明，家庭资本对子女获得更多、更优质的学校教育和影子教育的机会有显著的帮助。然而，义务教育阶段学生参加课外补习能否真正帮助其获得中等教育入学机会，需要实证研究予以证实。迄今为止，这方面的实证研究非常少。本章聚焦的核心问题是：家庭社会经济背景是如何通过初中学校教育和课外补习影响学生高中教育机会获得的？初中生参加课外补习有助于其升高中吗？在初中生获得高中教育入学机会的过程中，初中学校教育和课外补习哪个作用更大？

第一节 研究设计

一、文献综述

（一）家庭资本分类界定

法国社会学家布迪厄认为，家庭是社会的“细胞”和基本单位，家庭资本能够为学生个体的教育活动提供各种有用的资源，对其影响非常深远。[①]美国学者科尔曼认为，家庭资本具有物质资本、人力资本和社会资本三种形态。物质资本是指能够促进生产发展的物质领域资源；人力资本是指人所拥有的、能够改变社会的知识水平和能力；社会资本是指存在于人际关系网络中能够作为资产帮助实现个体目标的社会资源结构。[②]我国的学者也基于各自的研究角度对家庭资本有着不同的定义，但家庭资本具有社会资本、文化资本和经济资本这三种形态依旧得到了大多数学者的认可。

（二）家庭资本对学业成绩和学校教育机会获得的影响研究

1. 家庭社会资本对学业成绩和学校教育机会获得的影响研究

Coleman[③]和Teacherman[④]基于美国的研究发现，家庭社会资本对子女获得更优质的教育机会存在显著的正向影响。具体来说，以父母的职业测量的美国家庭社会资本对子女的高中教育机会获得具有重要的影响。Wong的研究发现，在捷克斯洛伐克，家庭社会资本对儿童学业成就具有显著正向影响。[⑤]Richard的研究发现，在澳大利亚，社会资本较少的家庭，其子女主要进入较低层次的高等院校。[⑥]李春玲的研究发现，从20世纪40年代至90年代，以父亲的职业地位测量的家庭社会资本一直影响着子女的教育获得。[⑦]方长春和风笑天对马鞍山市的研究发现，父亲职业等级对其孩子高中升学成绩以及高中学校质量均有显著正向影响。[⑧]李煜基于我国1966—2003年样本的研究发现，家庭社会资本对子女高中升学和高等教育机会获得存在不同程度的影响。[⑨]刘志民和高耀的研究发现，父亲的职业等级对江苏学生高等

---

① 皮埃尔·布迪厄．文化资本与社会资本．//张人杰．国外教育社会学基本文选[M]．上海：华东师范大学出版社，1989.

② Coleman J S. Social capital in the creation of human capital[J]. American Journal of Sociology, 1988, 94: 57-103.

③ Coleman J S. Social capital in the creation of human capital[J]. American Journal of Sociology, 1988, 94: 57-103.

④ De Graaf N D, De Graaf P M, Kraaykamp G. Parental cultural capital and educational attainment in the Netherlands: A refinement of the cultural capital persepctitve[J]. Sociology of Education, 2000, 73（2）: 92-111.

⑤ Wong R S K. Multidimensional influences of family environment in education: The case of socialist Czechoslovakia[J]. Sociology of Education, 1998, 71（1）: 1-22.

⑥ Richard J. Non-traditional students in Australian higher education: Persistent inequities and the new ideology of student choice[J]. Tertiary Education and Management, 2000（2）: 105-118.

⑦ 李春玲．社会政治变迁与教育机会不平等——家庭背景及制度因素对教育获得的影响(1940—2001)[J]．中国社会科学，2003（3）：86-98.

⑧ 方长春，风笑天．阶层差异与教育获得——一项关于教育分流的实证研究[J]．清华大学教育研究，2005（5）：22-30.

⑨ 李煜．制度变迁与教育不平等的产生机制——中国城市子女的教育获得（1966—2003）[J]．中国社会科学，2006（4）：97-109.

教育数量获得没有显著影响，但对高等教育质量获得具有显著的正向影响。[①]

2. 家庭文化资本对学业成绩和学校教育机会获得的影响研究

布迪厄[②]和 Teacherman[③]的研究表明，家庭文化资本可以帮助子女获得更优质的教育机会。Wößmann 采用 TIMSS 项目的数据进行研究，结果显示，中国香港和韩国、日本、新加坡、泰国等国家和地区的家庭文化资本对子女的成绩有显著正向影响。[④]与上述研究结论不同，有学者针对法国以及希腊的研究均未发现文化资本对学生学业成就有显著影响。李春玲的研究发现，以父亲学历测量的家庭文化资本对子女教育获得的影响，在我国的不同年代，存在明显差异。[⑤]李煜的研究发现，1966—2003 年，以父亲的教育水平测量的家庭文化资本对子女升高中和升大学的概率在不同时期有不同影响。[⑥]与上述研究结论不同，刘志民和高耀的研究发现，父亲的受教育程度对江苏学生的高等教育数量和质量获得均没有产生显著影响。[⑦]

3. 家庭经济资本对学业成绩和学校教育机会获得的影响研究

有研究者认为，父母收入会显著影响子女的高中教育机会获得。[⑧] Carneiro 和 Heckman 发现，家庭的长期收入对儿童能否考上大学有显著影响，但短期收入没有。[⑨] Wong 针对捷克斯洛伐克的研究显示，家庭经济资本对子女受教育程度有显著正向影响。[⑩]李春玲的研究发现，在 1940—1990 年，家庭经济资本对个人教

---

① 刘志民，高耀. 家庭资本、社会分层与高等教育获得——基于江苏省的经验研究[J]. 高等教育研究，2011（12）：18-27.

② 皮埃尔·布迪厄. 文化资本与社会资本//张人杰. 国外教育社会学基本文选[M]. 上海：华东师范大学出版社，1989.

③ Teacherman J. Parental culturalcapital and educational attainment in the Netherlands a refinement of the cultural capital perspective[J]. American Sociological Review，2000（2）：92-111.

④ Wößmann L. Educational production in East Asia：The mpact of family background and schooling policies on student performance[J]. German Economic Review，2005，6（3）：331-353.

⑤ 李春玲. 社会政治变迁与教育机会不平等——家庭背景及制度因素对教育获得的影响（1940—2001）[J]. 中国社会科学，2003（3）：86-98.

⑥ 李煜. 制度变迁与教育不平等的产生机制——中国城市子女的教育获得（1966—2003）[J]. 中国社会科学，2006（4）：97-109.

⑦ 刘志民，高耀. 家庭资本、社会分层与高等教育获得——基于江苏省的经验研究[J]. 高等教育研究，2011（12）：18-27.

⑧ De Graaf N D，De Graaf P M，Kraaykamp G. Parental cultural capital and educational attainment in the Netherlands：A refinement of the cultural capital perspective[J]. Sociology of Education，2000，73（2）：92-111.

⑨ Carneiro P，Heckman J J. The evidence on credit constraints in post-secondary schooling[J]. Economic Journal，2002，112（482）：705-734.

⑩ Wong R S K. Multidimensional influences of family environment in education：The case of socialist Czechoslovakia[J]. Sociology of Education，1998，71（1）：1-22.

育获得的影响存在明显差异。[①]郭丛斌和闵维方[②]以及刘志民和高耀[③]均认为，家庭经济资本对学生高等教育入学机会的获得存在显著正向影响。

（三）家庭资本对课外补习获得的影响研究

1. 家庭社会资本对课外补习获得的影响研究

Smyth 的研究发现，在爱尔兰，家庭社会资本有助于子女获取更多数量和更高质量的课外补习。[④]洪岩璧和赵延东[⑤]以及周金燕和邹雪[⑥]基于我国的研究均认为，父母职业地位对义务教育阶段学生参与课外补习的比例存在显著正向影响。

2. 家庭文化资本对课外补习获得的影响研究

有学者基于土耳其的研究表明，父母学历对中小学生的课外补习支出存在显著正向影响。基于我国中小学生的许多研究也得出了类似的结论。当然，也存在不同观点，Buchmann 等基于美国高中生的研究发现，父母学历与影子教育参与率不存在显著相关。[⑦]我国学者曾满超等基于甘肃、湖南和江苏三省的研究也得出了类似结论。[⑧]

3. 家庭经济资本对课外补习获得的影响研究

Stevenson 和 Baker[⑨]、Tansel 和 Bircan[⑩]以及 Buchmann 等[⑪]分别基于日本、

---

① 李春玲. 社会政治变迁与教育机会不平等——家庭背景及制度因素对教育获得的影响(1940—2001)[J]. 中国社会科学，2003（3）：86-98.

② 郭丛斌，闵维方. 家庭经济和文化资本对子女教育机会获得的影响[J]. 高等教育研究，2006（11）：24-31.

③ 刘志民，高耀. 家庭资本、社会分层与高等教育获得——基于江苏省的经验研究[J]. 高等教育研究，2011（12）：18-27.

④ Smyth E. Buying your way into college? Private tuition and the transition to higher education in Ireland[J]. Oxford Review of Education，2009，35（1）：1-22.

⑤ 洪岩璧，赵延东. 从资本到惯习：中国城市家庭教育模式的阶层分化[J]. 社会学研究，2014（4）：73-93.

⑥ 周金燕，邹雪. 中美学生教育补习机会的影响因素比较——基于 2012 年中国上海和美国 PISA 数据的实证探索[J]. 教育与经济，2016（2）：44-52.

⑦ Buchmann C，Condron D J，Roscigno V J. Shadow education，American style：Test preparation，the SAT and college enrollment[J]. Social Forces，2010，89（2）：435-461.

⑧ 曾满超，丁小浩，沈华. 初中生课外补习城乡差异分析——基于甘肃、湖南和江苏 3 省的初中学生课外补习调查[J]. 教育与经济，2010（2）：7-11.

⑨ Stevenson D L，Baker D P. Shadow education and allocation in formal schooling：Transition to university in Japan[J]. The American Journal of Sociology，1997（6）：1639-1657.

⑩ Tansel A，Bircan F B. Private supplementary tutoring in Turkey recent evidence on its various aspects[J]. Social Science Electronic Publishing，2008，9（1）：162-171.

⑪ Buchmann C，Condron D J，Roscigno V J. Shadow education，American style：Test preparation，the SAT and college enrollment[J]. Social Forces，2010，89（2）：435-461.

土耳其和美国的研究发现，家庭收入对课外补习支出存在显著正向影响。薛海平和丁小浩的研究发现，家庭经济收入对我国城镇学生参加课外补习概率有显著正向影响。①Bray 等同样发现，家庭收入对香港中学生是否参加课外补习有显著正向影响。②曾满超等③和薛海平④的研究均得出与上述结论相反的结果，即家庭收入与课外补习参与率不存在显著相关。

（四）课外补习对学校教育获得的影响研究

已有关于课外补习获得对学校教育获得影响的研究基本上都是围绕课外补习获得对学生在校学习成绩的影响展开的。鉴于学生学业成绩受多种因素影响，会产生内生性问题，为此，多种高级统计方法被引入用以估算课外补习对学业成绩的影响。Sunderman 利用工具变量方法估计了课外补习对印度尼西亚小学四年级学生成绩的影响，结果发现影响不显著。⑤Dang 利用工具变量方法发现，课外补习支出对越南小学生和初中生的成绩排名有显著正向影响。⑥Guill 和 Bonsen 采用多层线性模型估计了课外补习对德国汉堡小学五、六年级学生成绩的影响，结果发现影响不显著。⑦

Zhang⑧和胡咏梅等⑨均采用多层线性模型，却得出了不同的结论，前者认为，从整体来看，课外补习对高中生语数英三科的成绩影响不显著，但对部分样本存在显著正向影响，而后者发现，参加课外补习对数学成绩有显著提高。Zhao 运用工具变量法基于我国城市小学生的研究发现，课外补习只对提高数学成绩有帮助，对语文成绩的影响不显著。⑩薛海平利用 CFPS 2012 年的数据，采用倾向得分匹

① 薛海平，丁小浩. 中国城镇学生教育补习研究[J]. 教育研究，2009（1）：39-46.

② Bray M，Zhan S，Lykins C，et al. Differentiated demand for private supplementary tutoring：Patterns and implications in Hong Kong secondary education[J]. Economics of Education Review，2013，38（1）：24-37.

③ 曾满超，丁小浩，沈华. 初中生课外补习城乡差异分析——基于甘肃、湖南和江苏 3 省的初中学生课外补习调查[J]. 教育与经济，2010（2）：7-11.

④ 薛海平. 从学校教育到影子教育：教育竞争与社会再生产[J]. 北京大学教育评论，2015(3)：47-69，188-189.

⑤ Sunderman G L. Do supplemental educational services increase for minority students?[J]. Phi Delta Kappan，2006，88（2）：117-122.

⑥ Dang H-A. The determinants and impact of private tutoring classes in Vietnam[J]. Economics of Education Review，2007，26（6）：683-698.

⑦ Guill K，Bonsen M. Leistungsvorteile durch Nachhilfeunterricht in Mathematik am Beginn der sekundarstufe I?[J]. Unterrichtswissenschaft，2010，38（2）：117-133.

⑧ Zhang Y. Does private tutoring improve students' national college entrance exam performance?A case study from Jinan，China[J]. Economics of Education Review，2013（1）：1-28.

⑨ 胡咏梅，范文凤，丁维莉. 影子教育是否扩大教育结果的不均等——基于 PISA 2012 上海数据的经验研究[J]. 北京大学教育评论，2015（3）：30-46.

⑩ Zhao G. Can money "buy" schooling achievement? Evidence from 19 Chinese cities[J]. China Economic Review，2015（35）：83-104.

配方法研究发现，义务教育阶段学生参加数学课外补习能提高其数学成绩，但参加语文课外补习不能提高其阅读成绩。①薛海平采用倾向得分匹配法发现，参加课外补习有助于提高初中生的语数英单科成绩。②李佳丽采用固定效应模型研究发现，西部农村中小学生参加补习，对数学成绩没有影响，对语文成绩有显著负向影响。③

（五）文献研究总结

综上，不同于家庭资本对学校教育获得的影响研究，有关家庭资本对影子教育机会获得的影响研究出现时间较晚，数量上也是近年来才逐渐增加的。家庭资本通过影子教育直接帮助学生提升成绩或培养特长，为学生获得更多、更好的升学机会打下基础。迄今，已有不少研究关注了课外补习对学业成绩的影响，但鲜有关于课外补习对升学结果直接影响的探讨。当前在我国基础教育体系中，政府主导的学校教育与市场主导的影子教育均可能会对学生升学结果产生重要影响。学校教育在家庭资本与升学结果之间的中介作用受到学者重点关注的同时，课外补习在二者之间的中介作用却几乎无人问津。本章将基于初中生样本展开分析，把学校教育质量与课外补习获得一并纳入家庭资本影响高中教育机会获得的中介模型，并对学校教育质量与课外补习获得的中介效应进行比较分析，探讨在中考升学过程中，学校教育质量与课外补习哪个因素起到了更大的作用。

二、数据和变量说明

本章使用数据为北京大学中国家庭追踪调查 2014 年和 2016 年两年的面板数据。中国家庭追踪调查是由北京大学中国社会科学调查中心设计和实施的、具有全国代表性的大型追踪调查项目，旨在通过跟踪和收集个体、家庭、社区三个层次的数据，以反映中国社会、经济、人口、教育和健康的变迁。本章的调查对象为 2014 年调查时为初中生、2016 年追踪调查时已经初中毕业的群体，样本量为 1176 名，具体学生样本分布如表 9-1 所示。

---

① 薛海平. 从学校教育到影子教育：教育竞争与社会再生产[J]. 北京大学教育评论，2015（3）：47-69，188-189.

② 薛海平. 课外补习、学习成绩与社会再生产[J]. 教育与经济，2016（2）：32-43.

③ 李佳丽. 参加课外补习对西部农村学生的影响效应研究——基于面板数据的固定效应分析[J]. 基础教育，2018（1）：90-98.

表 9-1　初中生样本分布

变量	分类	样本量	占比（%）
父母最高学历	文盲/半文盲	461	42.8
	小学	351	32.6
	初中	171	15.9
	高中/中专/技校/职高	71	6.6
	大专及以上	22	2.1
父母最高职业分层	下层	458	46.3
	中层	396	40.0
	上层	135	13.7
家庭人均年纯收入分组	低收入组	260	26.8
	中低收入组	312	32.1
	中高收入组	237	24.4
	高收入组	162	16.7
初中是否参加课外补习	没参加	750	67.9
	参加	355	32.1
初中学校质量	非重点	861	73.7
	重点	308	26.3

本章中的课外补习指正规学校教育以外的、所有为升学而购买的教育活动，既包括学科类补习，也包括特长类补习。家庭资本是指家庭在学生获得学校教育和课外补习机会过程中提供的各类资源。基于前文综述，本章将家庭资本分为三类，即社会资本、文化资本、经济资本。其中，家庭社会资本的测量指标借鉴了李春玲的职业分层研究[①]，将家长职业按照社会经济地位分为上、中、下三层，选取双亲中层级较高一方的职业层级作为社会资本测量指标。[②]家庭文化资本测量指标选用父母一方的最高受教育程度。家庭经济资本测量指标依据家庭人均年

① 李春玲. 社会政治变迁与教育机会不平等——家庭背景及制度因素对教育获得的影响（1940—2001）[J]. 中国社会科学，2003（3）：86-98.

② 李春玲将职业分为中上中产阶级、中下中产阶级和底层阶级。中上中产阶级包括：机关及企事业单位负责人、中层管理人员、中高级职称专业技术人员、一般机关干部公务员、经济业务人员、私营企业主（雇工人或以上）；中下中产阶级包括：基层管理人员、其他专业技术人员/一般技术员、企事业单位职员、技术工人、军人警察消防人员、个体户/小业主（雇工八人或以下）；底层阶级包括：商业与服务业人员、非技术工人、农林牧渔业人员、自由职业者、无业失业下岗家务人员。本研究根据李春玲的分类将中上中产阶级划分为上层，中下中产阶级划分为中层，底层阶级划分为下层。

收入分组，分为低收入组、中低收入组、中高收入组、高收入组四类收入水平。至于因变量的学生教育获得，根据前文综述，主要指其获得的受教育水平和质量。学生受教育水平或者受教育年限差异反映了学生获得教育数量上的差异。在受教育水平相同的情况下，学生成绩或学校质量差异反映了学生获得教育质量的差异。本章中，学生高中教育获得包括三个方面：是否升入高中、升入高中的类型（普通高中/职业高中、技工学校或中专）、升入高中的质量（示范或重点校/普通校）。具体涉及的变量说明如表 9-2 所示。

表 9-2　统计分析中的变量说明

变量名	变量定义	变量取值说明
初中课外补习机会获得	2014 年就读初中时是否参加课外补习	0. 否，1. 是（2014 年课外辅导费>0，取值为 1，2014 年课外辅导费=0，取值为 0）
初中学校质量	2014 年就读的初中是否为重点校	0. 普通校，1. 重点校
高中教育机会获得	是否升入高中	0. 否，1. 是
高中教育类型获得	是否升入普通高中	0. 否，1. 是
高中教育质量获得	是否升入示范或重点高中	0. 否，1. 是
初中家庭社会资本	父母最高职业分层	1. 下层，2. 中层，3. 上层
初中家庭文化资本	父母最高学历	1. 文盲/半文盲，2. 小学，3. 初中，4. 高中/中专或技校/职高，5. 大专，6. 大学本科及以上
初中家庭经济资本	初中家庭人均年纯收入分组	1. 低收入组，2. 中低收入组，3. 中高收入组，4. 高收入组

第二节　初中生参加课外补习对其高中教育获得的影响分析

一、初中生家庭资本、课外补习与高中教育获得的统计描述

表 9-3 统计了初中生的初中学校质量与其高中教育获得的关系。由此可以看出，在升学比例（即是否升入高中）上，学校质量不存在显著性差异，而在以升入普通高中和重点普通高中（示范学校）为指标的升学质量上，重点初中具有显著的优势。

表 9-3 初中学校质量与高中教育获得

初中学校质量	是否升入高中			升入高中类型			升入高中质量		
	样本量	升入高中（%）	没升高中（%）	样本量	普通高中（%）	其他高中（%）	样本量	示范学校（%）	非示范学校（%）
重点初中	180	87.2	12.8	119	82.4	17.6	139	53.2	46.8
普通初中	530	85.1	14.9	303	31.7	68.3	400	35.0	65.0
p	0.482			0.004			0.000		

表 9-4 统计了初中生课外补习机会获得与高中教育获得的关系。由此可以看出，参加课外补习的初中生在升学比例和升学质量两方面较未参加补习的样本均存在显著性优势。

表 9-4 初中生课外补习机会获得与高中教育获得

初中是否参加课外补习	是否升入高中			升入高中类型			升入高中质量		
	样本量	升入高中（%）	没升高中（%）	样本量	普通高中（%）	其他高中（%）	样本量	示范学校（%）	非示范学校（%）
初中参加课外补习	201	97.0	3.0	157	78.3	21.7	174	50.6	49.4
初中没参加课外补习	513	76.8	23.2	251	66.9	33.1	349	32.7	67.3
p	0.000			0.013			0.000		

表 9-5 统计了初中生家庭资本与课外补习机会获得的关系。由此可以看出，整体上，家庭文化资本越多的初中生，其参加课外补习的比例也越高；家庭社会资本越多的初中生，其参加课外补习的比例也越高；家庭经济资本越多的初中生，其参加课外补习的比例同样也越高。

表 9-5 初中生家庭资本与课外补习机会获得

家庭资本		参加课外补习比例（%）	有效样本量	*p*
文化资本	大专及以上	66.7	21	0.000
	高中/中专或技校/职高	35.8	67	
	初中	44.8	165	
	小学	31.6	339	
	文盲/半文盲	26.8	425	

续表

家庭资本		参加课外补习比例（%）	有效样本量	p
社会资本	上层	55.6	124	0.000
	中层	38.3	376	
	下层	23.1	432	
经济资本	高收入组	61.6	159	0.000
	中高收入组	41.5	229	
	中低收入组	26.8	299	
	低收入组	16.7	245	

表 9-6 统计了初中生家庭资本与初中学校质量的关系。由此可以看出，总体上，家庭文化资本越多的初中生，其就读重点初中的比例越高；家庭社会资本越多的初中生，其就读重点初中的比例也越高；家庭经济资本越多的初中生，其就读重点初中的比例同样也越高。

表 9-6 初中生家庭资本与初中学校质量

家庭资本		重点初中比例（%）	有效样本量	p
文化资本	大专及以上	40.9	22	0.114
	高中/中专或技校/职高	35.2	71	
	初中	27.1	170	
	小学	28.5	351	
	文盲/半文盲	23.7	455	
社会资本	上层	41.5	135	0.000
	中层	25.9	394	
	下层	23.2	456	
经济资本	高收入组	34.8	161	0.032
	中高收入组	28.0	236	
	中低收入组	23.5	310	
	低收入组	23.2	259	

表 9-7 统计了初中生家庭资本与其高中教育获得的关系。由此可以看出，家庭文化资本对升入高中、普通高中和示范高中的比例均不存在显著影响；家庭社

会资本和经济资本均对升入高中的比例存在显著正向影响，而对升入普通高中的比例均不存在显著影响。

表 9-7　初中生家庭资本与高中教育获得

家庭资本		升入高中		升入普通高中		升入示范高中	
		比例（%）	样本量	比例（%）	样本量	比例（%）	样本量
文化资本	大专及以上	92.9	14	80.0	10	30.0	10
	高中/中专或技校/职高	86.7	45	74.1	27	42.4	33
	初中	87.0	115	61.4	70	44.4	90
	小学	81.0	226	74.1	147	40.4	166
	文盲/半文盲	78.3	318	72.5	160	38.2	220
	p	0.171		0.341		0.818	
社会资本	上层	89.6	77	70.4	54	54.0	63
	中层	88.7	256	70.6	170	41.3	196
	下层	73.2	332	75.0	156	37.8	222
	p	0.000		0.632		0.072	
经济资本	高收入组	86.1	101	72.6	73	55.6	81
	中高收入组	87.2	149	71.9	96	37.3	110
	中低收入组	80.9	220	77.0	113	40.7	162
	低收入组	70.8	185	70.4	81	35.7	115
	p	0.001		0.739		0.028	

二、课外补习影响高中教育获得的中介效应分析

基于前文研究综述，再参照温忠麟等对中介效应检验方法和程序的研究结论[①]，本章构建了基于初中生样本的课外补习在家庭资本与高中教育获得之间的中介效应模型。一方面家庭资本直接影响初中生的高中教育获得；另一方面，家庭资本既可以通过帮助子女进入重点初中的路径影响子女高中教育获得，也可以通过帮助子女参加课外补习的路径影响子女高中教育获得。国内外一些研究表明，学校质量越

① 温忠麟，张雷，侯杰泰，等. 中介效应检验程序及其应用[J]. 心理学报，2004（5）：614-620.

好，学生越有可能去参加课外补习，因此，本章在中介效应模型中构建了初中学校质量影响初中生参加课外补习的路径。本章使用 Amos20.0 统计软件分析课外补习在家庭资本与高中教育获得之间的中介效应。

（一）课外补习影响高中教育机会获得的中介效应分析

基于上述初中课外补习在家庭资本与高中教育获得之间的中介效应模型建构分析，本部分构建了初中生课外补习影响其高中教育机会获得的中介模型。在模型拟合优化过程中，删除了初中学校质量影响初中生参加课外补习的路径，模型标准化回归路径系数结果见图 9-1。家庭资本对其子女获得的初中学校质量和是否参加课外补习均有显著正向影响，家庭资本对其子女是否升入高中影响不显著。初中学校质量对初中生是否升入高中影响不显著，但初中生是否参加课外补习对其是否升入高中有正向显著影响。初中课外补习在家庭资本与学生是否升入高中之间起到了完全中介作用。初中生是否参加课外补习对其是否升入高中直接影响效应为 0.188。

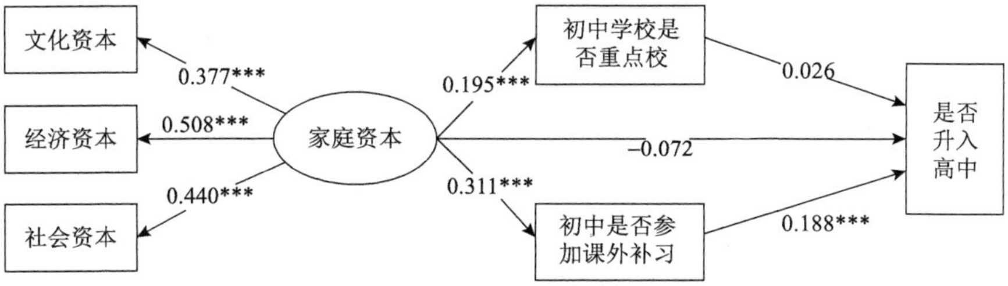

图 9-1　课外补习影响高中教育机会获得的中介模型

表 9-8 是上述结构方程中介模型的拟合结果，该模型为递归模型。根据温忠麟等对结构方程模型拟合指数标准的研究[①]，上述结构方程模型各项拟合指数都很好，显示该模型与实际观测数据拟合程度高。

表 9-8　课外补习影响高中教育机会获得的中介模型拟合结果

拟合指数	CMIN	CMIN/*df*	RMSEA	AGFI	NFI	RFI	IFI	TLI	CFI
计算数值	20.054	2.865	0.005	0.982	0.981	0.942	0.987	0.962	0.987
判断标准		<5.0	<0.08	>0.90	>0.90	>0.90	>0.90	>0.90	>0.90

① 温忠麟，侯杰泰，马什赫伯特. 结构方程模型检验：拟合指数与卡方准则[J]. 心理学报，2004，36（2）：186-194.

（二）课外补习影响高中教育类型获得的中介效应分析

基于上述中介效应模型建构分析，本部分构建了初中生课外补习影响其高中教育类型获得的中介模型，模型标准化回归路径系数结果见图 9-2。家庭资本对其子女获得的初中学校质量和是否获得课外补习机会均有显著正向影响，家庭资本对其子女是否升入普通高中有显著负向影响，其原因可能在于家庭经济资本为中低收入组家庭的子女进入普通高中的比例高于高收入组或中高收入组，家庭社会资本为下层家庭的子女进入普通高中的比例高于上层或中层家庭（表 9-7）。初中学校质量与初中课外补习在家庭资本与学生是否升入普通高中之间起到了部分中介作用。初中学校质量和初中生是否获得课外补习机会均对其是否升入普通高中有显著正向影响。初中学校质量对学生是否升入普通高中直接影响效应为 0.137，间接影响效应为 0.004（0.046 × 0.097），影响总效应为 0.141。初中生是否参加课外补习对其是否升入普通高中的直接影响效应为 0.097。比较而言，初中学校质量对学生是否升入普通高中影响更大。

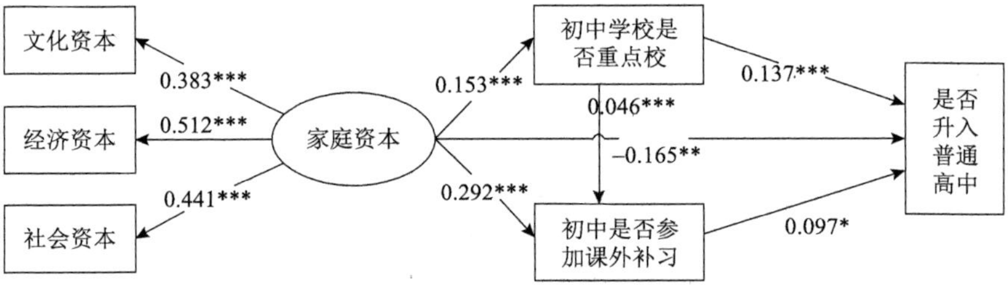

图 9-2　课外补习影响高中教育类型获得的中介模型

表 9-9 是上述结构方程中介模型的拟合结果，该模型为递归模型。从表 9-9 可知，上述结构方程模型各项拟合指数都很好，显示该模型与实际观测数据拟合程度高。

表 9-9　课外补习影响高中教育类型获得的中介模型拟合结果

拟合指数	CMIN	CMIN/*df*	RMSEA	AGFI	NFI	RFI	IFI	TLI	CFI
计算数值	9.673	1.612	0.003	0.985	0.990	0.963	0.996	0.986	0.996
判断标准		<5.0	<0.08	>0.90	>0.90	>0.90	>0.90	>0.90	>0.90

（三）课外补习影响高中教育质量获得的中介效应分析

基于上述中介效应模型建构分析，本部分构建了初中生课外补习影响其高中教育质量获得的中介模型，模型标准化回归路径系数结果见图 9-3。家庭资本对其子女获得的初中学校质量和是否参加课外补习均有显著正向影响。初中学校质量与初中课外补习在家庭资本与学生是否升入重点高中之间起到了完全中介作用。初中学校质量和初中生是否参加课外补习均对其是否升入重点高中有显著正向影响。初中学校质量对学生是否升入重点高中的直接影响效应为 0.137，间接影响效应为 0.004（0.046 × 0.093），影响总效应为 0.141。初中生是否参加课外补习对其是否升入重点高中的直接影响效应为 0.093。比较而言，初中学校质量对学生是否升入重点高中的影响更大。

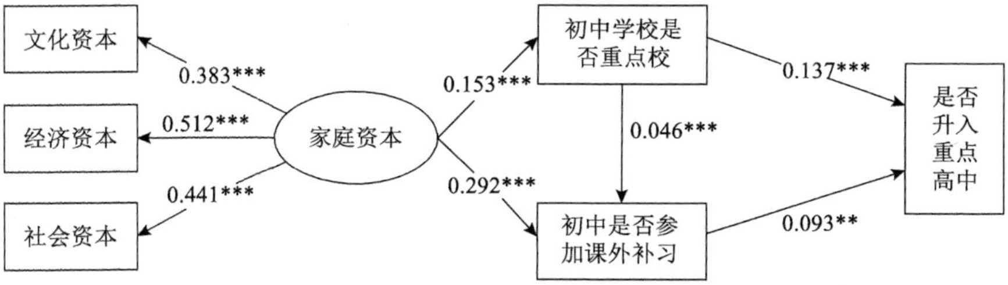

图 9-3　课外补习影响高中教育质量获得的中介模型

表 9-10 是上述结构方程中介模型的拟合结果，该模型为递归模型。从表 9-10 可知，上述结构方程模型各项拟合指数都很好，显示该模型与实际观测数据拟合程度高。

表 9-10　课外补习影响高中教育质量获得的中介模型拟合结果

拟合指数	CMIN	CMIN/*df*	RMSEA	AGFI	NFI	RFI	IFI	TLI	CFI
计算数值	11.357	1.622	0.003	0.987	0.988	0.964	0.995	0.986	0.995
判断标准		<5.0	<0.08	>0.90	>0.90	>0.90	>0.90	>0.90	>0.90

第三节　研究结论与政策建议

一、研究结论

1）初中学校质量对初中生是否升入高中影响不显著，但是否参加课外补习却对此存在显著正向影响。初中生是否参加课外补习在家庭资本与学生高中教育机会获得之间起到了完全中介作用。

2）初中学校质量和是否参加课外补习均对学生是否升入普通高中存在显著正向影响。比较而言，初中学校质量对学生是否升入普通高中影响更大，且二者均在家庭资本与学生高中教育类型获得之间起到了部分中介作用。

3）初中学校质量和是否参加课外补习均对学生是否升入重点/示范高中存在显著正向影响。比较而言，初中学校质量对初中生是否升入重点/示范高中影响更大。初中学校质量与初中生是否参加课外补习在家庭资本与学生高中教育质量获得之间起到了完全中介作用。

二、结论讨论

中小学生普遍参加课外补习是希望课外补习能帮助其获得更多、更优的中等教育入学机会。然而，这种希望是否能成为现实或落空，很少有实证研究结论予以证实。本章结论表明，初中生参加课外补习能帮助其获得更多、更优的高中教育机会，从而将其升学期望变成现实。初中生是否参加课外补习对其高中教育机会获得有显著正向影响，而初中学校质量对学生高中教育机会获得的影响反而不显著，其原因在于随着近年来高中教育的普及，普通初中的学生升入高中的比例（85.1%）与重点初中的学生升入高中的比例（87.2%）没有太大差别。初中生获得的学校教育和课外补习均对其高中教育获得有影响，然而影响程度存在差异。相对于初中生获得的课外补习机会，初中生获得的学校质量对其高中教育类型获得与高中教育质量获得影响更大。初中生的学校教育质量与课外补习机会均受到其家庭社会经济背景的影响，通过家庭资本测量的初中生家庭社会经济背景既显著影响初中生获得的学校质量，也显著影响初中生获得的课外补习机会。家庭资本通过初中学校质量获得与初中课外补习机会获得两条通道影响子女的高中教育机会获得的数量、类型和质量。初中学校质量和课外补习在家庭资本与高中教育类型和质量获得过程中均起到了中介作用，这种双重中介作用增强了家庭资本对高中教育类型和质量获得的影响。

“最大化地维持不平等”理论认为，当没有普及某阶段教育时，教育竞争的核心在于获得该阶段教育入学机会的优势，以最大化地维持教育不平等。而“有效地维持不平等”理论则认为，当某阶段教育（如我国目前的义务教育阶段）已普及时，教育竞争的核心在于获得该阶段教育质量上的优势以有效地维持教育不平等。2015 年，我国高中教育毛入学率达到 87.0%①，高中教育已基本普及。根据 EMI 理论，2015 年以来，我国不同家庭社会经济背景的学生围绕高中教育获得的竞争核心在于其能否获得质量较高的高中教育，而非获得高中教育入学机会。

现阶段，我国高中教育阶段主要有普通高中和职业高中两种类型，初中生及其家长普遍首选普通高中而非职业高中。在普通高中和职业高中两种类型中，又都存在示范校和普通校两种学校类型。本章结论显示，家庭社会经济背景较好的初中生利用其家庭资本优势，通过初中学校质量和课外补习双重体系，为其升入普通高中与示范高中占据了竞争优势。而这种竞争优势最终又会累积成其在高等教育入学机会获得竞争中的优势。凭借在各阶段教育机会获得竞争中占据的优势，家庭资本较好的初中生未来更可能取得较高的社会经济地位，从而实现家庭资本的社会再生产。初中学校质量和课外补习在家庭资本与高中教育获得过程中的双重中介作用建立起了学校教育与课外补习联合社会再生产机制。

三、政策建议

基于上述主要结论与讨论，本书提出如下政策建议。

1）不同家庭背景下的高中教育机会均等化依赖于初中学校质量和课外补习的双重均衡。本章研究显示，家庭资本对初中学校质量和课外补习获得均存在显著正向影响，初中学校质量和课外补习获得在家庭资本与高中教育获得过程中的双重中介作用，导致了不同家庭背景下的初中生获得高中教育机会的差异，且相较而言，初中学校质量对高中教育类型和质量获得的影响更大。据此可知，高中教育获得机会均等化依赖于初中学校质量和课外补习的双重均衡。具体来说，一方面，政府首先应继续坚定不移地推行基础教育均衡化政策，努力缩小初中学校质量差距，保证为不同社会经济背景家庭的初中生提供公平的学校教育；另一方面，政府也应对家庭资本欠缺且成绩落后的初中生提供课外补习费用补贴或其他支持措施，缩小不同社会经济背景家庭初中生获得课外补习机会的差距，促进不同社会经济背景家庭初中生课外补习机会获得的均衡。只有初中学校质量和课外补习达到双重均衡，才能有效削弱其在家庭资本与高中教育获得过程中的双重中介作

① 中华人民共和国教育部. 2015 年全国教育事业发展统计公报[EB/OL]. http://www.moe.gov.cn/srcsite/A03/s180/moe_633/201607/t20160706_270976. html，2018-07-12.

用，才能更有效地实现不同家庭背景下的初中生高中教育获得机会的均等化。

2）高中学校招生录取名额的分配适当向家庭资本欠缺的初中生倾斜。当前，我国正在大力普及高中阶段教育，但由于我国城乡和地区间高中教育发展水平不均衡,不同社会经济背景家庭的子女获得的高中教育类型和质量均存在较大差异。学校教育质量和课外补习联合社会再生产机制将使家庭资本欠缺的初中生获得高中教育的类型和质量不及家庭资本较多的初中生。为了缩小不同社会经济背景家庭子女获得的高中教育类型和质量的差距，普通高中学校招生录取名额以及高中阶段示范校招生录取名额的分配应适当向家庭资本欠缺的初中生倾斜，家庭资本欠缺的初中生获得更多、更优的高中教育入学机会将有助于实现党的十九大报告提出的“努力让每个孩子都能享有公平而有质量的教育”目标，也有利于打破阶层固化，促进社会平等。

第十章

高中生课外补习与高考升学

在党的十九大报告中，教育事业被提到“优先发展”的重要位置，“教育公平”也随之成为“全面贯彻党的教育方针”的重要内容，这充分表明了我国政府“努力让每个孩子都能享有公平而有质量的教育”的坚定决心。但由于现阶段我国教育的发展还存在着不充分不平衡，不同家庭的孩子获得的教育数量和质量均存在明显差异。已有研究显示，家庭资本经常被用于帮助子女获得更多、更好的学校教育和课外补习机会。高中生普遍选择课外补习是希望能够通过课外补习来获取更多、更优的高等教育入学机会。然而，高中生参加课外补习能否真正帮助其获得高等教育入学机会，是否还能进一步影响其所获得的高等教育质量，需要实证研究结论予以证实。迄今为止，这方面的实证研究比较少。本章研究聚焦的核心问题是：家庭社会经济背景是如何通过帮助高中生参加课外补习从而影响高中生高等教育机会获得的？高中生参加课外补习有助于其考大学吗？高中生在获得高等教育入学机会的过程中，高中学校的质量、类型和是否参加课外补习哪个作用更大？

第一节　研 究 设 计

一、文献综述

（一）家庭资本的相关研究

法国社会学家布迪厄认为，资本可以表现为三种基本的形态，即经济资本、文化资本和社会资本。其中，经济资本是以财产权的形式被制度化的；文化资本是以教育资格的形式被制度化的；社会资本是以某种高贵头衔的形式被制度化的。[①]类似的，美国学者 Coleman 认为，有三种资本会影响教育过程，即金融资本、人力资本和社会资本。[②]其中，金融资本类似于经济资本，人力资本类似于文化资本。[③]而我国学者李春玲则将家庭资本分为经济资本、文化资本、社会资本以及政治资本。[④]其中，文化资本与社会资本以父亲的学历和职业为依据，而政治资本则以家庭成分为依据。以上关于家庭资本的分类方式虽各有不同，但总体来看并没有太大差异，本章将以布迪厄的理论为基础，将家庭资本分为家庭文化资本（父母最高学历）、家庭社会资本（父母最高职位水平）与家庭经济资本（去年人均净收入水平）来进行接下来的研究。

（二）家庭资本对学校教育获得的影响研究

1. 家庭文化资本对学校教育获得的影响研究

布迪厄早在 1989 年的研究中就表明，在法国，家庭文化资本较多的学生获得了更多、更好的教育机会。[⑤] De Graaf 和 De Graaf[⑥]以及 Wößmann[⑦]分别对美国和东亚 5 个地区进行的实证研究表明，父母的受教育程度对学生的学业成绩存在正向影响。我国学者李春玲发现，步入 20 世纪 70 年代后，父亲的文化程度对子女教育的影响才开始体现并逐年增大。[⑧]李煜的研究发现，在 1966—2003 年，通过父亲的文化水平测量的家庭文化资本对子女升高中和升大学的概率在不同时期的影响存在差异。[⑨]杨倩的研究发现，我国高中生的高等教育入学机会随父母受教育程度的提

---

① 布尔迪厄. 文化资本与社会炼金术[M]. 包亚明译. 上海：上海人民出版社，1997：189.

② Coleman J S. Social capital in the creation of human capital [J]. American Journal of Sociology，1988，94：95-120.

③ 吴欢南，陈卫洪. 高考中社会资本的作用力及其运行机制——高考与社会资本关系的实证分析[J]. 教育学术月刊，2013（5）：3-6.

④ 李春玲. 社会政治变迁与教育机会不平等——家庭背景及制度因素对教育获得的影响（1940—2001）[J]. 中国社会科学，2003（3）：86-98.

⑤ 皮埃尔·布迪厄. 文化资本与社会资本//张人杰. 国外教育社会学基本文选[M]. 上海：华东师范大学出版社，1989.

⑥ De Graaf N D，De Graaf P M，Kraaykamp G. Parental cultural capital and educational attainment in the Netherlands：A refinement of the cultural capital perspective[J]. Sociology of Education，2000，73（2）：92-111.

⑦ Wößmann L. Educational production in East Asia：The impact of family background and schooling policies on student performance[J]. German Economic Review，2005，6（3）：331-353.

⑧ 李春玲. 社会政治变迁与教育机会不平等——家庭背景及制度因素对教育获得的影响（1940—2001）[J]. 中国社会科学，2003（3）：86-98.

⑨ 李煜. 制度变迁与教育不平等的产生机制——中国城市子女的教育获得（1966—2003）[J]. 中国社会科学，2006（4）：97-109.

高而增加。[①]薛海平通过 CEPS 2014 年的面板数据发现，家庭文化资本对初中生成绩存在显著正向影响。[②]与上述研究结论不同，Robinson 和 Maurice[③]以及 Katsillis 和 Rubinson[④]分别针对法国和希腊的实证研究均未发现家庭文化资本对子女学业成就存在影响。刘志民和高耀的研究发现，父亲的受教育程度对我国江苏高中生的高等教育获得不存在显著影响。[⑤]

2. 家庭社会资本对学校教育获得的影响研究

Levin 在西欧国家的研究发现，父亲的职业与子女受教育的数量与类型存在直接关系。[⑥]Teacherman 针对美国高中生的研究表明，家庭社会资本对学生的高中教育机会获得具有重要的影响。[⑦]Coleman 和 Wong 的研究发现，在美国和捷克斯洛伐克，家庭社会资本均有助于学生获得更高的教育成就。[⑧⑨]在我国，李春玲的研究究发现，在 1940—1990 年，父亲的职位水平对子女的教育获得一直有影响。[⑩]李煜的研究发现，在 1966—2003 年，家庭社会资本（父亲的职业地位）对子女升入高中和大学的概率均存在不同程度的影响。[⑪]杨倩的研究发现，父母处于不同职业阶层的子女接受高等教育的机会存在较大差距。[⑫]薛海平的研究发现，家庭社会资本（父母最高职业分层）对初中生的成绩存在显著正向影响。[⑬]与以上研究结果稍有不同，刘志民和高耀针对江苏学生的研究发现，家庭社会资本（父亲

---

① 杨倩. 家庭背景对高等教育入学机会的影响[J]. 现代教育管理，2011（7）：22-24.

② 薛海平. 家庭资本与教育获得：基于影子教育中介效应分析[J]. 教育与经济，2018，34（4）：69-78.

③ Robinson R V，Maurice A G. Class reproduction among men and women in France：Reproduction theory on its home ground[J]. American Journal of Sociology，1985，91（2）：250-280.

④ Katsillis J，Rubinson R. Culturalcapital，student achievement and educational reproduction：The case of Greece[J]. American SociologicalReview，1990，（2）：270-279.

⑤ 刘志民，高耀. 家庭资本、社会分层与高等教育获得——基于江苏省的经验研究[J]. 高等教育研究，2011（12）：18-27.

⑥ Levin H M. Educational opportunity and social inequality in Western Europe [J]. Social Problems，1976，24(2)：148-172.

⑦ De Graaf N D，De Graaf P M，Kraaykamp G. Parental cultural capital and educational attainment in the Netherlands：A refinement of the cultural capital perspective[J]. Sociology of Education，2000，73（2）：92-111.

⑧ Coleman J S. Social capital in the creation of human capital[J]. American Journal of Sociology，1998，94：95-120.

⑨ Wong R S K. Multidimensional influences of family environment in education：The case of socialist Czechoslovakia[J]. Sociology of Education，1998，71（1）：1-22.

⑩ 李春玲. 社会政治变迁与教育机会不平等——家庭背景及制度因素对教育获得的影响（1940—2001）[J]. 中国社会科学，2003（3）：86-98.

⑪ 李煜. 制度变迁与教育不平等的产生机制——中国城市子女的教育获得（1966—2003）[J]. 中国社会科学，2006（4）：97-109.

⑫ 杨倩. 家庭背景对高等教育入学机会的影响[J]. 现代教育管理，2011（7）：22-24

⑬ 薛海平. 家庭资本与教育获得：基于影子教育中介效应分析[J]. 教育与经济，2018，34（4）：69-78.

的职业等级）对学生高等教育数量获得（是否升入高校）没有显著影响，但对其高等教育质量获得（所升入的高校质量水平）却存在显著正向影响。[①]

3. 家庭经济资本对学校教育获得的影响研究

有研究发现，家庭收入对美国学生的高中教育机会获得有重要影响。[②] McPherson 和 Schapiro 针对美国大学入学新生的调查发现，来自低收入家庭的学生主要进入社区学院，而来自中高收入家庭的学生更多进入四年制大学。[③]李春玲的研究发现，在中国 1940—1970 年，家庭经济资本只对诸如农村人口和女性人口等一些特殊人群存在显著影响，对大多数个人教育获得的影响很小，但在 1970—1990 年，家庭经济资本对个人教育获得的影响逐渐增强。[④]郭丛斌和闵维方认为，更高的家庭收入可以帮助子女获得高等教育的入学机会。[⑤]沈艳和张恺基于 2013 届高校毕业生的调查显示，来自高收入家庭的学生进入“211 工程”院校的比率更高。[⑥]

（三）家庭资本对学生选择参加课外补习的影响研究

1. 家庭文化资本对子女是否参加课外补习的影响研究

Tansel 和 Bircan 针对土耳其中小学生的研究显示，父母文化水平对家庭课外补习支出存在显著正向影响。[⑦]Bray 等基于中国香港中学生的研究发现，母亲的最高学历与参与课外补习的概率存在显著正向影响。[⑧]类似的结论近些年

① 刘志民，高耀. 家庭资本、社会分层与高等教育获得——基于江苏省的经验研究[J]. 高等教育研究，2011（12）：18-27.

② De Graaf N D，De Graaf P M，Kraaykamp G. Parental cultural capital and educational attainment in the Netherlands：A refinement of the cultural capital perspective[J]. Sociology of Education，2000，73（2）：92-111.

③ McPherson M S，Schapiro M O. College choice and family income：Changes over time in the higher education of student from different income background [R]. Williamstown：Williams Project on the Economics of Higher Education. DiscussionPaper，1994.

④ 李春玲. 社会政治变迁与教育机会不平等——家庭背景及制度因素对教育获得的影响（1940—2001）[J]. 中国社会科学，2003（3）：86-98.

⑤ 郭丛斌，闵维方. 家庭经济和文化资本对子女教育机会获得的影响[J]. 高等教育研究，2006（11）：24-31.

⑥ 沈艳，张恺. 家庭背景对我国高等教育入学机会的影响——基于 2013 届高校毕业生调查的实证分析[J]. 教育学术月刊，2005（5）：30-36.

⑦ Tansel A，Bircan F B. Private supplementary tutoring in Turkey recent Evidence on its various aspects[J]. Social Science Electronic Publishing，2008，9（1）：162-171.

⑧ Bray M，Zhan S，Lykins C，et al. Differentiated demand for private supplementary tutoring：Patterns and implications in Hong Kong secondary education[J]. Economics of Education Review，2013，38（1）：24-37.

大量出现在国内学者的相关研究中，这些研究均显示，家庭文化资本对各阶段学生参加课外补习的概率存在显著正向影响。但也存在不同结论，Claudia 等基于美国 1994 年教育纵向调查数据研究发现，父母文化水平对美国高中生是否参加课外补习不存在显著影响。[①]曾满超等基于我国初中生的研究也得出了类似结论。[②]

2. 家庭社会资本对子女是否参加课外补习的影响研究

Smyth 在爱尔兰的研究发现，家庭社会资本越多的学生，其参加课外补习的数量和质量都会得到提升。[③]洪岩璧和赵延东针对我国义务教育阶段的城市在校生的研究发现，父母职业分层等级对其参加课外补习的概率存在显著正向影响。[④]周金燕和邹雪利用 PISA 2012 年数据对比分析了中国和美国父母的最高职业地位对其子女是否参加课外补习的影响，结果发现，这个影响在中国显著而在美国不显著。[⑤]

3. 家庭经济资本对子女是否参加课外补习的影响研究

Tansel 和 Bircan[⑥]以及 Buchmann[⑦]等分别针对土耳其中小学生和美国高中生家庭的研究发现，家庭收入对学生参加课外补习的概率均存在显著正向影响。也有一些国内学者进行了关于家庭经济收入与子女参加课外补习概率之间关系的研究，有些结果类似于以上研究，即显示家庭经济资本对各阶段学生参加课外补习的概率存在显著正向影响[⑧⑨]；也有一些得出了不同结论。例如，曾满超等以父亲月收入为指标，针对甘肃、湖南和江苏 3 省的初中生的调查发现，

---

① Claudia B，Condron D J，Roscigno V J. Shadow education，American style：Test preparation，the SAT and college enrollment[J]. Social Forces，2010，89（2）：435-461.

② 曾满超，丁小浩，沈华. 初中生课外补习城乡差异分析——基于甘肃、湖南和江苏 3 省的初中学生课外补习调查[J]. 教育与经济，2010（2）：7-11.

③ Smyth E. Buying your way into college? Private tuition and the transition to higher education in Ireland[J]. Oxford Review of Education，2009，35（1）：1-22.

④ 洪岩璧，赵延东. 从资本到惯习：中国城市家庭教育模式的阶层分化[J]. 社会学研究，2014（4）：73-93.

⑤ 周金燕，邹雪. 中美学生教育补习机会的影响因素比较——基于 2012 年中国上海和美国 PISA 数据的实证探索[J]. 教育与经济，2016（2）：44-52.

⑥ Tansel A，Bircan F B. Private supplementary tutoring in Turkey recent evidence on its various aspects[J]. Social Science Electronic Publishing，2008，9（1）：162-171.

⑦ Buchmann C，Condron D J，Roscigno V J. Shadow education，American style：Test preparation，the SAT and college enrollment[J]. Social Forces，2010，89（2）：435-461.

⑧ 薛海平，丁小浩. 中国城镇学生教育补习研究[J]. 教育研究，2009（1）：39-46.

⑨ 楚红丽. 我国中小学生课外补习家庭之背景特征及个人因素[J]. 教育学术月刊，2009（12）：22-27.

经济资本只对贫困县城的学生存在负向影响，而对省会城市的学生没有显著影响[①]；薛海平的研究发现，根据基线调查数据调整后的家庭人均纯收入对我国中小学生是否参加课外补习影响不显著[②]。

（四）学生是否参加课外补习对其学校教育获得的影响研究

关于是否参加课外补习对学生学习成绩的影响的研究已经很多，由于学生在校成绩受个体、家庭、学校等多项因素的影响，已有研究可能会存在内生性问题。国内外一些学者采用了各种高级统计方法来解决此类问题，所得结论也各有不同。

Sunderman 等针对印度尼西亚小学四年级学生，运用了工具变量法，结果发现课外补习对学生成绩影响不显著。[③]Dang 同样运用工具变量法，却得出了不同结论，即课外补习支出对越南中小学生成绩排名存在显著正向影响。[④]

德国学者 Guill 和 Bonsen 采用多层线性模型分析课外补习对汉堡市高年级小学生成绩的影响，结果发现不显著。[⑤]Zhang 针对山东省济南市高中生课外补习对其语数英成绩的影响研究也采用了多层线性模型，数据分析结果得出了类似结论。[⑥]而胡咏梅等基于 PISA 2012 年对上海学生数学成绩的调查，运用同样的统计方法却得出了课外补习对学生数学成绩并不存在显著影响的结论。[⑦]

薛海平则采用了另外一种分析方法——倾向得分匹配法，利用 CFPS 2012 年和 CEPS 2014 年的数据进行分析后，得出的结论稍显不同：基于 CFPS 2012 年数据的研究发现，我国中小学生参加数学课外补习有助于提高其数学成绩，但参加语文课外补习对其语文成绩的影响则不显著[⑧]；基于 CEPS 2014 年数据的研究发

① 曾满超，丁小浩，沈华. 初中生课外补习城乡差异分析——基于甘肃、湖南和江苏 3 省的初中学生课外补习调查[J]. 教育与经济，2010（2）：7-11.

② 薛海平. 从学校教育到影子教育：教育竞争与社会再生产[J]. 北京大学教育评论，2015(3)：47-69，188-189.

③ Sunderman G L. Do supplemental educational services increase for minority students?[J]. Phi Delta Kappan，2006，88（2）：117-122.

④ Dang H-A. The determinants and impact of private tutoring classes in Vietnam[J]. Economics of Education Review，2007，26（6）：683-698.

⑤ Guill K，Bonsen M. Leistungsvorteile durch Nachhilfeunterricht in Mathematik am Beginn der Sekundarstufe I?[J]. Unterrichtswissenschaft，2010，38（2）：117-133.

⑥ Zhang Y. Does private tutoring improve students' national college entrance exam performance? A case study from Jinan，China[J]. Economics of Education Review，2013，32（1）：1-28.

⑦ 胡咏梅，范文凤，丁维莉. 影子教育是否扩大教育结果的不均等——基于 PISA 2012 上海数据的经验研究[J]. 北京大学教育评论，2015（3）：29-46.

⑧ 薛海平. 从学校教育到影子教育：教育竞争与社会再生产[J]. 北京大学教育评论，2015(3)：47-69，188-189.

现，我国初中生参加课外补习同时有助于提高语数英三科成绩。①

李佳丽采用固定效应模型，基于西部农村中小学生的研究，不仅没有发现课外补习的提分效果，还发现了其负面效应——数学补习对数学成绩无显著影响，语文补习对语文成绩产生了显著负向影响。②

（五）文献研究总结

综上可知，家庭资本对学校教育机会获得的影响很早便受到了国内外学者的持续关注，而家庭资本对子女参加课外补习的影响是近些年才逐渐得到关注的，究其关注点，也大多集中于学生参加课外补习对其学习成绩的影响，鲜有研究探讨学生参加课外补习对其升学结果的影响。在我国，家庭资本影响学生高等教育机会获得，除了争取特殊政策和直接申请出国留学外，其主要途径还是提高学生的高考分数。而家庭资本影响高考分数的途径，除了子女就读高中的学校质量外，还有课外补习。现有研究大多关注学校教育质量在家庭资本与学生升学结果之间的中介作用，却很少有研究探讨是否参加课外补习在家庭资本与学生升学结果之间的中介作用，也很少有研究去比较学校教育质量与是否参加课外补习在学生升学结果之间的中介作用。本章将高中生就读学校的质量与其是否参加课外补习一起纳入家庭资本影响学生高考升学结果的中介模型，比较分析高中生获得的学校教育质量与其是否参加课外补习的中介效应的大小，探讨高中学校质量和是否参加课外补习这两项因素对高中生获得高等教育机会的数量和质量的影响，并做比较。

二、数据和变量说明

本章使用数据为北京大学中国家庭追踪调查 2010 年、2012 年、2014 年和 2016 年四年的面板数据。本章中的课外补习指正规学校教育外的、为了升学而购买的学术类或兴趣特长类课程补充性教育活动。本章涉及的变量说明见表 10-1。

① 薛海平. 课外补习、学习成绩与社会再生产[J]. 教育与经济，2016（2）：32-43.

② 李佳丽. 参加课外补习对西部农村学生的影响效应研究——基于面板数据的固定效应分析[J]. 基础教育，2018（1）：90-98.

表 10-1 统计分析中的变量说明

变量名	变量定义	变量取值说明
家庭文化资本	高中父母最高学历	1. 文盲/半文盲，2. 小学，3. 初中，4. 高中/中专/职高，5. 大专及以上
家庭社会资本	高中父母最高职业分层	1. 下层，2. 中层，3. 上层
家庭经济资本	高中家庭人均年纯收入分组	1. 低收入组，2. 中低收入组，3. 中高收入组，4. 高收入组
是否参加课外补习	2010 年、2012 年、2014 年和 2016 年就读高中时是否参加课外补习	0. 未参加，1. 参加（课外辅导费>0 取值为 1，课外辅导费=0 取值为 0）
就读高中质量	2010 年、2012 年、2014 年和 2016 年数据中高中生就读高中的质量	1. 普通高中，2. 重点高中
高等教育机会获得	是否升入高校	0. 未升学，1. 升入高校
高等教育质量获得	升入高校类型	0. 大学专科，1. 大学本科
性别	高中生的性别	1. 男生，2. 女生
高中总成绩排名	2012 年和 2014 年数据中高中生最近一次期中或期末性质的大型正式考试总分的全校排名（2010 年样本该指标无可用数据）	自然数连续变量，取值随学生总成绩在校排名次序的升高而提高

本章选取 2010 年、2012 年、2014 年和 2016 年每一年成人库和儿童库中“正在上哪类高中”问题中的“普通高中”样本数据进行合并。基于文献研究以及测量指标数据可得性，本章将家庭资本分为三类，即文化资本、社会资本和经济资本。本章在选取文化资本测量指标时，以学生父母的受教育程度作为依据，最终的指标选用父母一方中的最高学历水平；在选用家庭社会资本测量指标时，借鉴了李春玲的职业分层研究[①]，把学生父母职业按照社会经济地位指数分为下、中、上三层，选取父母一方中最高职业分层作为最终的家庭社会资本测量指标。[②]家庭经济资本测量指标选用家庭经济状况，以数据中“调整后的家庭人均年纯收入”

① 李春玲. 社会政治变迁与教育机会不平等——家庭背景及制度因素对教育获得的影响(1940—2001)[J]. 中国社会科学，2003（3）：86-98.

② 李春玲将职业分为中上中产阶级、中下中产阶级和底层阶级。中上中产阶级包括机关及企事业单位负责人、中层管理人员、中高级职称专业技术人员、一般机关干部公务员、经济业务人员、私营企业主（雇工八人或以上）。中下中产阶级包括基层管理人员、其他专业技术人员/一般技术员、企事业单位职员、技术工人、军人、警察、消防人员、个体户/小业主（雇工八人或以下）。底层阶级包括商业与服务业人员、非技术工人、农林牧渔业人员、自由职业者、无业失业下岗家务人员。本书根据李春玲的分类将中上中产阶级划为上层阶层，中下中产阶级划为中层阶层，底层阶级划为下层阶层。

为依据，将家庭经济状况分低收入、中低收入、中高收入、高收入四组。

在选取“就读高中质量”指标时，分别选用成人库中“您就读学校的类型是”和儿童库中“孩子就读是哪种类型的学校”两个问题各自的“重点学校”和“普通学校”为最终指标，将就读高中学校质量分为重点高中和普通高中。

根据上述文献综述结果，高等教育获得在本章中主要指学生获得的高等教育入学机会和质量。学生升学结果中的“未升学”与“升入高校”之间的差别，反映了学生获得高等教育数量上的差异。而在取得高等教育机会的前提下，根据我国高等教育现状，学生所升入高校是“大学专科”还是“大学本科”之间的差异，反映了学生获得高等教育质量上的差异。本章中，学生高等教育获得包括两个方面：是否升学（未升学/升入高校）、升学类型（大学专科/大学本科）。

第二节 高中生参加课外补习对其高等教育获得影响分析

一、高中生家庭资本、课外补习与高等教育获得统计描述

表 10-2 以 2010 年、2012 年和 2014 年三年的抽样数据中的高中生样本为研究对象，统计了他们就读高中学校的质量与高等教育获得的关系。我们可以看出，重点高中的学生升入高校的比例明显高于普通高中（相差 12.2 个百分点），并通过显著性检验。成功升入高校的高中生中，就读于重点高中的学生升入大学本科的比例同样远高于普通高中（相差 26.3 个百分点），且通过了显著性检验。

表 10-2 2010 年、2012 年、2014 年追踪样本就读高中学校质量类型与高等教育获得

就读高中质量	是否升入高校				升入高校类型			
	有效样本量	未升学（%）	升入高校（%）	p	有效样本量	大学专科（%）	大学本科（%）	p
普通高中	735	23.8	76.2	0.000	560	55.9	44.1	0.000
重点高中	519	11.6	88.4		459	29.6	70.4	

表 10-3 统计了 2010 年、2012 年和 2014 年三年数据中的高中生样本，是否参加课外补习与高等教育获得的关系。我们可以看出，参加课外补习的高中生升

入高校的比例显著高于没有参加课外补习的高中生（相差 10.6 个百分点），并通过了显著性检验。升入高校的样本中，参加课外补习的样本升入大学本科的比例只是略高于没参加课外补习的样本(仅相差 2 个百分点),且没有通过显著性检验。

表 10-3 2010 年、2012 年、2014 年追踪样本是否参加课外补习与高等教育获得

是否参加课外补习	是否升入高校				升入高校类型			
	有效样本量	未升学（%）	升入高校（%）	p	有效样本量	大学专科（%）	大学本科（%）	p
未参加	830	22.2	77.8	0.000	646	44.6	55.4	0.543
参加	388	11.6	88.4		343	42.6	57.4	

表 10-4 以 2010 年、2012 年、2014 年和 2016 年四年数据中的高中生样本为研究对象，统计了他们就读高中学校的质量与其是否参与课外补习的关系。我们可以看出，重点高中的学生参加课外补习的比例明显高于普通高中学生（相差 8.3 个百分点），并通过了显著性检验。

表 10-4 2010 年、2012 年、2014 年、2016 年追踪样本就读高中学校质量类型与参与课外补习

就读高中质量	是否参加课外补习			
	有效样本量	未参加（%）	参加（%）	p
普通高中	1150	73.4	26.6	0.000
重点高中	901	65.1	34.9	

表 10-5 以 2010 年、2012 年、2014 年和 2016 年四年数据中的高中生样本为研究对象，统计了他们的家庭资本类型与其是否参与课外补习的关系。我们可以看出，家庭文化资本、社会资本和经济资本越多的高中生，其参加课外补习比例也越高。

表 10-5 2010 年、2012 年、2014 年、2016 年高中生家庭资本类型与其是否参加课外补习

家庭资本类型		是否参加补习		p
		有效样本量	参加课外补习比例（%）	
文化资本	文盲/半文盲	114	18.4	0.000
	小学	381	18.6	
	初中	949	27.5	
	高中/中专/技校/职高	431	38.5	
	大专及以上	205	50.7	

续表

家庭资本类型		是否参加补习		p
		有效样本量	参加课外补习比例（%）	
社会资本	下层	885	24.3	0.000
	中层	756	32.9	
	上层	215	49.3	
经济资本	低收入组	471	20.4	0.000
	中低收入组	590	27.1	
	中高收入组	510	35.7	
	高收入组	292	45.5	

表 10-6 以 2010 年、2012 年、2014 年和 2016 年四年数据中的高中生样本为研究对象，统计了他们的家庭资本与其就读高中学校的质量的关系。我们可以看出，家庭文化资本、社会资本、经济资本越多的高中生，其就读重点高中的比例也越高。

表 10-6　2010 年、2012 年、2014 年、2016 年高中生家庭资本与就读高中学校质量类型

家庭资本类型		就读高中学校质量类型		p
		有效样本量	重点高中比例（%）	
文化资本	文盲/半文盲	118	36.4	0.000
	小学	385	39.7	
	初中	972	39.9	
	高中/中专/技校/职高	449	49.2	
	大专及以上	228	64.0	
社会资本	下层	910	39.9	0.000
	中层	786	45.4	
	上层	228	62.7	
经济资本	低收入组	475	43.6	0.003
	中低收入组	595	44.2	
	中高收入组	546	44.0	
	高收入组	305	55.4	

表 10-7 统计了 2010 年、2012 年和 2014 年三年数据中的高中生样本，家庭资本与高等教育获得的关系。总体而言，家庭文化资本、社会资本、经济资本越多的高中生，其升入高校的比例也越高；成功升入高校的高中生中，不同家庭资本高中生升入大学本科的比例存在显著差异；家庭文化资本、社会资本越多的高中生，其升入大学本科的比例也越高，而不同家庭经济资本的高中生升入大学本科的比例不存在显著性差异。

表 10-7　2010 年、2012 年、2014 年高中生家庭资本与高等教育获得

家庭资本类型		是否升入高校			p	升入高校类型			p
		有效样本量	未升学（%）	升入高校（%）		有效样本量	大学专科（%）	大学本科（%）	
文化资本	文盲/半文盲	56	37.5	62.5	0.000	35	31.4	68.6	0.001
	小学	209	27.8	72.2		151	54.3	45.7	
	初中	597	15.4	84.6		505	45.5	54.5	
	高中/中专/技校/职高	264	19.3	80.7		213	40.8	59.2	
	大专及以上	119	9.2	90.8		108	30.6	69.4	
社会资本	下层	562	22.1	77.9	0.000	438	47.5	52.5	0.002
	中层	420	15.0	85.0		357	45.1	54.9	
	上层	124	6.5	93.5		116	29.3	70.7	
经济资本	低收入组	236	23.3	76.7	0.001	181	44.8	55.2	0.103
	中低收入组	344	18.9	81.1		279	48.4	51.6	
	中高收入组	338	17.5	82.5		279	43.4	56.6	
	高收入组	191	8.4	91.6		175	36.6	63.4	

二、高中课外补习影响高等教育获得的中介效应分析

（一）课外补习影响高等教育机会获得的中介效应分析

基于以上研究综述和统计描述结论，参照温忠麟等对中介效应的检验方法和程序研究[①]，本章构建了课外补习影响高中生高等教育机会获得的中介模型。由

① 温忠麟，张雷，侯杰泰，等. 中介效应检验程序及其应用[J]. 心理学报，2004（5）：614-620.

于本章的变量多以类别变量形式出现，而 Mplus 软件对于此类变量的处理相对更加精确，产生的误差较小，所以本章采用 Mplus 软件进行中介模型构建。考虑到学生自身成绩的差异性，引入“性别”“高中总成绩排名”作为模型外的控制变量，模型标准化回归路径系数结果如图 10-1 所示。该中介路径模型与数据拟合良好：有效样本量 N=1234，χ^2=41.20，当样本容量很大时，与数据拟合很好的模型都会被拒绝，所以一般不能单靠卡方检验来决定模型的去留。①近似均方根误差为 0.036，区间为[0.022，0.049]；相对拟合指数为 0.942；标准化残差均方根为 0.028。样本中，“是否参加课外补习”在“高中生家庭资本”对“是否升学”的影响中存在显著中介效应，99%置信区间为[0.001，0.050]，相关估计值（β）为 0.025；“就读高中的质量”也同样存在显著中介效应，但置信程度只有 90%，置信区间为[0.000，0.023]。以上结果说明，在高中生样本中，高中生的家庭资本以“是否参加课外补习”和“就读高中学校的质量”为中介共同间接影响“是否升学”，即家庭资本通过影响上述两个因素来间接影响学生升入高校的概率。比较而言，“是否参加课外补习”的中介效应在置信度和相关值两个方面都同时高于就读高中的质量在“高中生家庭资本”与“是否升学”之间的中介效应。

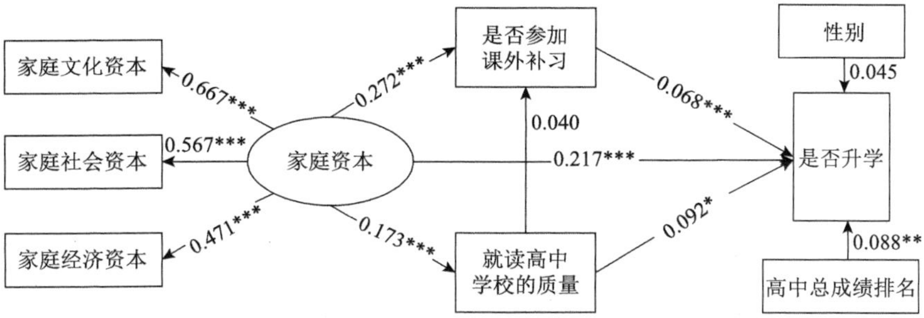

图 10-1 课外补习影响高等教育机会获得的中介模型

（二）课外补习影响高等教育质量获得的中介效应分析

首先筛选出样本中所有成功升入高校的高中生样本，再建立结构方程模型进行分析，该中介路径模型与数据拟合良好：有效样本量为 637，χ^2=24.62，p=0.08>0.05；近似均方根误差为 0.029，区间为[0.000，0.051]；相对拟合指数为 0.968；标准化残差均方根为 0.029。结构方程路径的标准化系数如图 10-2 所示。样本中，

① Hoe S L. Issues and procedures in adopting structural equation modeling technique[J]. Journal of Applied Quantitative Methods，2008（1）：76-81.

“就读高中学校的质量”在“高中生家庭资本”对“是否升学”的影响中存在显著的中介效应，90%置信区间为[0.003，0.048]，相关估计值（β）为0.026；而“是否参加课外补习”则不存在显著的中介效应。综上可知，就读高中学校的质量在家庭资本与高等教育质量获得之间发挥了中介作用，而课外补习在二者之间则无显著中介作用。也就是说，对于具备升入大学水平的高中生而言，存在其家长利用家庭资本的优势，帮助其进入重点高中从而提升其升入大学本科概率的现象。

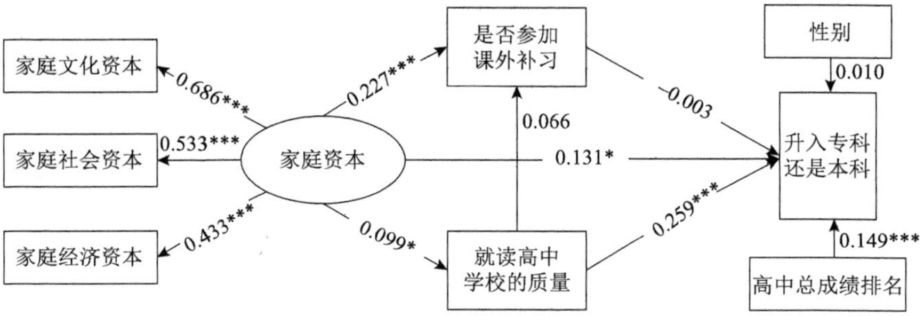

图 10-2　课外补习影响高等教育质量获得的中介模型

第三节　研究结论与政策建议

一、研究结论

1）高中生的家庭资本对其是否参加课外补习和就读高中学校的质量均有显著正向影响，高中生的家庭资本对其是否参加课外补习的影响要大于家庭资本对其就读高中学校的质量的影响。

2）高中生是否参加课外补习和其学校质量对其能否升入高校均有显著正向影响，二者在家庭资本与高等教育机会获得之间均起到了部分中介作用，其中，是否参加课外补习的中介效应略大于高中学校质量。

3）高中学校质量对高中生升入高校的质量有显著正向影响，但高中生是否参加课外补习对其升入高校的质量的影响不显著。由此可知，在家庭资本与高等教育质量获得之间发挥中介作用的也只有高中学校质量，而没有是否参加课外补习。

二、结论讨论

本章的结论表明，高中生的家长纷纷充分利用自身的各种资源优势，通过给孩子报课外补习班和选择更高质量的高中就读的方式帮助其子女获得升入高校的机会，从而圆孩子的大学梦。其中，资本优势家庭首先可以帮助子女进入更高质量的高中以获取更优质的学校教育资源，从而帮助其子女提升成功升入大学的概率，此后还可以选择参加课外补习来进一步提高这个概率；但对于资本劣势家庭来说，一旦子女未能进入重点高中，如果想提升其升入大学的概率，参加课外补习似乎就成了一个必要手段，更何况这个手段的效果看起来可以弥补学校质量带来的差异。

党的十九大报告指出，当前社会主要矛盾是人民日益增长的美好生活需求与不平衡不充分的发展之间的矛盾。这一矛盾具体到我国高等教育领域表现为自高等教育扩招以来，人民群众的教育诉求已经从“有学上”提升到“上好学”，社会各阶层对优质高等教育资源的需求日益强烈，优质资源竞争必然成为新常态。在这一形势下，“望子成龙”“望女成凤”的我国高中生家长给孩子报课外补习班和帮忙择校的目标也必然不会仅限于考上大学那么简单，上本科，甚至上重点本科必然成为家长和其孩子的期望。本章对于“升学类型”的中介模型结果显示，给子女报课外补习班虽然有助于其最终成功升入高校，但对于所升入高校的质量（专科还是本科）却未必会有显著的提升；而选择质量较高的高中就读，则能提升子女考入大学本科的概率。结合薛海平基于 CEPS 数据对于我国中等教育获得的研究结论，即家庭背景较好的初中生利用其家庭资本优势，通过初中学校教育和影子教育双重体系，为其升入重点高中校占据了竞争优势。[①]由此可知，在围绕高考展开的竞争过程中，拥有优势家庭资本的学生总能凭借在各阶段教育机会获得中占据的优势，从而实现家庭资本的社会再生产。简单来说就是，资本优势家庭的学生在中考前，通过之前已经就读的高质量初中和参加课外补习的共同作用，大大提高了其进入重点高中的概率。而孩子一旦进入重点高中，再继续利用资本优势获取课外补习，其成功升入大学本科的概率也将继续大幅提升。这样，不同阶段的学校教育和课外补习就在家庭资本与高等教育获得过程中以双重中介的作用方式建立起了学校教育与课外补习联合社会再生产机制。

① 薛海平. 家庭资本与教育获得：基于影子教育中介效应分析[J]. 教育与经济，2018，34（4）：69-78.

三、政策建议

基于上述主要结论与讨论，本书提出如下政策建议。

我国高中生的高等教育入学机会获得均等化要求高中学校教育和课外补习达到双重均衡。研究结果显示，高中学校质量和课外补习机会获得的差异在家庭资本与高等教育获得之间起到的双重中介作用，致使高等教育升学机会获得在家庭背景不同的学生之间存在显著差异，且相对而言，高中学校质量的影响要略大于课外补习机会获得的影响。因此，不同家庭背景高中生的高等教育升学机会获得的均等化依赖于高中学校教育和课外补习的双重均衡。

具体来说，一方面，我国政府应在贯彻“大力普及高中教育”的同时，关注高中学校质量差异较大的问题。政府首先应继续坚定不移推行基础教育均衡化政策，努力缩小学校教育质量差距，保证为不同家庭背景学生提供质量公平的高中学校教育。另一方面，为缩小家庭资本导致的课外补习获得机会和质量的差距，政府应以合理形式为资本劣势家庭的学生提供课外补习费用补贴。总之，只有高中学校教育和课外补习达到双重均衡，才能有效削弱学校教育和课外补习联合社会再生产作用，真正实现高等教育升学机会均等。

后　　记

从 20 世纪 90 年代开始，国际上开始有学者研究基础教育阶段学生的课外补习问题，并发表了相关实证研究的成果。国内学者虽然也从 20 世纪 90 年代开始关注基础教育阶段学生的课外补习问题，但基本局限于理论探讨，从 21 世纪初开始，国内有少数学者开始采用实证研究方法探讨基础教育阶段学生的课外补习问题。我从 2005 年开始采用定量研究方法探讨基础教育阶段学生的课外补习问题，其中，研究成果《中国城镇学生教育补习的实证分析》被 2006 年中国教育经济学年会会议论文集收录，我也受邀在本次年会的分论坛上做了报告。此后，我一直致力于基础教育阶段学生课外补习问题的研究，如我和丁小浩教授于 2009 年在《教育研究》第 1 期发表了《中国城镇学生教育补习研究》一文，该文荣获第四届全国教育科学研究优秀成果奖三等奖。我于 2013 年申请到国家自然科学基金面上项目“直面影子教育系统：我国义务教育课外补习研究”（项目批准号：71373165）。该项目结题后，有感于国内关于课外补习问题的研究还很薄弱，值得进一步研究，我又于 2015 年申请到了北京市社会科学基金首都师范大学北京基础教育研究基地重点项目“从学校教育到影子教育：教育竞争与社会再生产”（项目批准号：15JDJYA007），2017 年申请到了国家自然科学基金面上项目“家庭资本、影子教育与社会再生产”（项目批准号：71774112）。依托这些项目研究，我和课题组成员以及我的研究生们对基础教育阶段学生课外补习问题进行了系统、深入的研究，陆续发表了几十篇相关论文，完成了近十篇硕博士学位论文。

2005 年至今，我对基础教育阶段学生课外补习问题进行了长达十几年的研究，积累了较丰富的研究成果，我对这些研究成果进行了精选和完善，写成本书。截至目前，国内关于课外补习问题研究的专著非常少，可以说，本书集中呈现了我和项目组成员从 2010 年来对我国基础教育阶段学生课外补习问题研究的代表性成果，也在一定程度上反映了我国基础教育阶段学生课外补习问题研究的最新进展。在本书即将出版之际，对所有参与本书研究的课题组成员以及大力支持本书研究的单位和个人表示衷心感谢。

感谢国家自然科学基金委和北京市社会科学基金首都师范大学北京基础教育研究基地对我主持的基础教育课外补习问题研究的立项支持！

感谢北京大学中国社会科学调查中心、中国人民大学中国调查与数据中心、北京大学中国教育财政科学研究所为本书提供数据的大力支持！

感谢中国人民大学社会与人口学院巫锡炜副教授、首都师范大学教育学院王东副教授、北京大学中国教育财政科学研究所魏易博士参与了本书的研究工作！

感谢我的研究生方晨晨、赵阳、宋海生、许咏越参与本书的研究!感谢我的研究生高翔、师欢欢、刁龙、杨萌、左舒艺、孙慧敏参与本书的文字编辑工作！

科学出版社在本书出版中给予了有力支持，借此机会对科学出版社教育与心理分社相关编辑表示衷心感谢！谢谢付艳分社长、崔文燕编辑、黄雪雯编辑为本书的修改和完善提出的宝贵意见！

由于本书是课题多项研究成果的结晶，各章写作体例风格不尽相同，也鉴于我水平有限，书中不免会存在某些不当之处，恳请读者朋友批评指正！

谨以拙著，献给所有支持本书研究以及关注课外补习问题的朋友！

薛海平

2020年5月